7

Herrn

Sven Findeisen
Unter dem weiten Bogen

Reval/Tallinn

Sven Findeisen

Unter dem weiten Bogen

Mein Leben

R. BROCKHAUS VERLAG WUPPERTAL

ABCteam-Bücher erscheinen in folgenden Verlagen:

Aussaat Verlag Neukirchen-Vluyn
R. Brockhaus Verlag Wuppertal
Brunnen Verlag Gießen und Basel
Christliches Verlagshaus Stuttgart
Oncken Verlag Wuppertal und Kassel

Das zitierte Gedicht von R. M. Rilke S. 293 stammt aus:
Das Buch der Bilder. Sämtliche Werke, hrsg. v. Rilke-Archiv 1902,
© Insel Verlag, Taschenbuch-Ausgabe Frankfurt a. M. 1987

2. Auflage 2003

© R. Brockhaus Verlag Wuppertal 2002
Umschlaggestaltung: Dietmar Reichert, Dormagen
Fotos im Innenteil: privat, außer Seite 2: Andreas Fülberth, Münster
Satz: QuadroMedienService, Bergisch Gladbach-Bensberg
Druck und Bindung: Überreuter Buch-Prod., Korneuburg/Österreich
ISBN 3-417-11822-0
Bestell-Nr. 111 822

Ein Leben, wie es hier erzählt ist, gibt viel zu denken. Das aber sprengt den Rahmen des Erzählens. Weil es für manche von Interesse ist, wurde es hier ausgegliedert, und findet sich in Form von Essays und Anmerkungen im Internet als Homepage mit Forum unter

www.svenfindeisen.net

Ohne Dank kann eine Biographie nicht beschlossen werden. Er richtet sich, neben vielen anderen, an den Redaktionsleiter Ulrich Eggers, der mich zum Aufschreiben brachte. Vor allem danke ich meiner Lektorin beim R. Brockhaus Verlag, Frau Alexa Länge, ohne deren Begleitung in ermutigender Geduld und kompetentem Widerstehen das Buch nicht zur Welt gekommen wäre.

Gewidmet ist das Buch unserem Schwiegersohn Hans-Jürgen Peters, in dem sich familiäre Verbundenheit und die Verbindung zur Studentenarbeit verkörpert. Ihm danke ich unter vielem anderen jene Nähe von Mann zu Mann, die Spannung wagt und Reibung aushält, in der sich »ein Eisen sich am anderen schärft«.

Gewidmet ist das Buch ebenso unseren vier Kindern und den zehn Enkeln. Sie standen mir beim Schreiben immer vor Augen, denn wer in großer Dankbarkeit sein Leben überdenkt, tut es für jene, die nach ihm kommen.

INHALT

1 Der weite Himmel –
die Kindheit

… die Kindheit ist immer,
und alles kommt von ihr her.
Hans Blumenberg

Wie ein heiserer Schrei stieg der Ton der Schiffssirene in den hellen, weiten Himmel, hing als Riesenglocke über unserer Stadt, brach dann auf ihre Dächer herab und zerflatterte in zahllosen Echos an der weit ausschwingenden Bucht. Ich schlich mich aus dem Haus und lief, gezogen von meiner achtjährigen Sehnsucht, den hochragenden Domberg entlang hinunter zum Hafen. Hier hatte ich meinen Platz zwischen Kisten und Tonnen über den Balken, zwischen denen die Wellen emporschwappten. Hier träumte ich im herrlichen Duftgemisch von Teer und Tang über den Hafen hinweg und hinaus zu fernen Horizonten.

Doch heute war es anders. Ich wartete. Ein Schiff hatte sich unserer Stadt angekündigt. Endlich schob es sich langsam ins Hafenbecken – und mir stockte der Atem: Es war ein deutsches Schiff! Bald flogen mächtige Hanftrossen zu den estnischen Hafenarbeitern auf den Pier herab. Die machten sie fest, und langsam, mit klopfendem Herzen näherte ich mich der Reling: »Ob mich wohl die deutschen Seeleute an Bord bemerken? Ob sie sehen: Hier steht ein *deutscher* Junge?« Aber wer nahm schon Notiz von einem Winzling! Ich suchte mich bemerkbar zu machen und sang, mit ängstlichem Blick auf die Esten, so leise, dass ich es selbst kaum hörte: »Deutschland, Deutschland über alles …« Denn wegen des »… Deutschland über alles« hatten uns die Esten unser Lied verboten. An Bord reagierte niemand, und so horchte ich nur noch angespannt zum Deck hinauf: »Ob mir wenigstens ein paar deutsche Worte ins Ohr kommen?« Aber vom Seemannsjargon dort konnte ich nichts verstehen. Waren das wirklich Deutsche? Ein letzter sehnsüchtiger Blick durch die messingumrandeten Bullaugen in der schwarzen Schiffswand – aber dahinter war es dunkel.

Enttäuscht und leicht ernüchtert trottete ich heimwärts. Ich konnte nicht ahnen, dass sich in meiner Sehnsucht, wie im Inneren einer Knospe, etwas vorbereitete, was mich wenige Jahre später das Leben hätte kosten können: Als Vierzehnjährigem stieß mir auf dem Heimweg von der Schule im besetzten Posen der Zeigefinger eines Frontsoldaten mit blutiger Kopfbinde von einem Plakat mitten ins Herz: »Deutschland braucht dich – jetzt!« Das zielte auf mein innerstes Gewissen. Es war im vierten Kriegsjahr, und da war schon »an allen Fronten alles am Laufen«. Ich aber ging direkt zu meinem Vater, der so dachte wie ich: »Vati – ich melde mich freiwillig zur Ostfront.« Was das bedeutete, war uns beiden klar, denn dort, wo heute Reklame seitenlang die Zeitungsspalten füllt, las man damals lauter schwarz umrandete Anzeigen: »Für Führer, Volk und Vaterland starb auf dem Felde der Ehre den Heldentod ...« Und oft folgte darunter: »In stolzer Trauer ...«

Mein Vater hörte mich ruhig an, blickte zum Fenster hinaus und sagte: »Warte, mein Junge, noch zwei Jahre. Mit sechzehn kannst du dem Führer noch besser dienen als jetzt mit vierzehn.« Heimlich atmete ich auf, denn wer wollte schon, wie man damals zynisch sagte, im russischen Eiswinter »als Gefrierfleisch enden«?! Und nach zwei Jahren – da war der Krieg längst zu Ende. Wie grotesk, wahnsinnig, ja völlig unverständlich diese Vorstellungen wenige Jahrzehnte später klingen würden, hätte niemand geahnt.

Vom Hafen aus nahm ich den Weg über die Unterstadt hinauf zum Domberg. Die steilen Giebelhäuser bargen siebenhundert Jahre deutscher Geschichte, seit die Deutschordensritter das Land mit Feuer und Schwert christianisiert hatten. Auf das graue Kopfsteinpflaster war dann durch die Jahrhunderte das Blut von Dänen, Schweden, Russen, Deutschen und wieder Russen geflossen. Und Tallinn, wie die Stadt Reval auch heißt, meint Danske Linn – dänische Stadt.

Oben ergab sich durch die engen Gassen ein erstaunlicher Anblick: Da thronte kugeltürmig die Russische Kirche, wie ein Kuckucksei vom Zaren hier abgesetzt und nach dem Bezwinger der Deutschordensritter, Alexander Newski, benannt. Nun verkörperte sie über der Stadt, wie die Faust eines Riesen, die

»Russifizierung« und mit ihr all das Leid, das immer wieder vom Osten her über dieses kleine Land an der Ostsee gekommen war.

Beim Näherkommen staunte ich: Lauter kleine, schwarz gekleidete Weiblein standen aufgereiht vor den weiten Stufen der Kirche, und jede streckte denen, die aus der Kirche traten, die Bettelhand selbstbewusst entgegen, um ihnen die Wohltat zu ermöglichen. Ich aber sah in ihnen sofort meine »Matrjoschka«, unsere russische Kinderfrau. Nach dem frühen Tod meiner Mutter hatte sie für mich und meinen zwei Jahre jüngeren Bruder Gunnar die Pflege übernommen, und ich liebte meine Njanja mit der ganzen Inbrunst meiner Kinderseele.

Wenn sie mich abends zum Waschen auf den Schemel stellte, damit mein Kinn über den Beckenrand reichte, sah ich Unerfreuliches auf mich zukommen und wehrte mich heftig. Aber dann strich sie flink mit dem Finger durch den eisigen Wasserstrahl, und noch heute höre ich ihre singend helle Stimme hinter mir: »Sieh, sieh, wie die Wasserchen fließt …!« – und schon ließ ich mich willig waschen.

Jene einfache russische Kinderfrau wurde mir zum Fenster für die Schönheit der russischen Volksseele mit ihren empfindungsmächtigen Volksliedern und ihrer großen kirchlichen Liturgie, mit der herrlichen Melodik ihrer Sprache und ihrem urwüchsigen, augenzwinkernden Humor.

Der massige Bau der Russischen Kirche auf der Höhe des Domberges war nach Osten hin orientiert. Und von dort, aus den Tiefen Russlands, sog sie gleichsam das Russische ins Land hinein.

Aus Russland kam auch unsere Familie. In St. Petersburg war mein Urgroßvater Pastor an der lutherischen deutschen Kirche gewesen. Während der Oktoberrevolution 1917 flohen meine Eltern aus St. Petersburg nach Estland. In der Hauptstadt Reval wurde ich im Jahre 1930 als erstes Kind meiner Eltern geboren.

Ein Teil unserer Familie war in Russland geblieben. Die meisten von ihnen endeten im Elend der Verbannung in Sibirien. Meinen Vetter Leo kosteten die Entbehrungen der Zwangsarbeit am Eismeer seinen Glauben. Er starb in Deutschland in brennender Sehnsucht, diesen Glauben wieder zu finden. Kurz vorher schenkte er mir die »Betenden Hände« von Dürer. Mein Vetter Armin wurde in den Erdhöhlen im eisigen Winter Sibiriens zum Nihilisten. Aber als er in Moskau aus einer Kellerwohnung ein Glaubenslied seiner Kindheit hörte, fand er dort zu Jesus Christus.

So verband sich in unserer Familie die Freiheit der herrlichen Weiten Russlands mit dem Grauen vor dem Unmenschlichen. Es wurde uns zum Familienschicksal und hielt die Frage nach dem Sinn, dem »Warum?« wach. Die Grenze im Osten war nahe, und jenseits der Grenze war damals schon diese Frage zu stellen gefährlich und verboten.

Nun ging mein Blick von den breiten Stufen der Alexander-Newski-Kirche über den Domplatz gen Westen. Hier standen struppige Panjepferdchen träumend vor den Kutschen, den baumelnden Hafersack vors Maul gebunden. Über ihnen zogen Taubenschwärme ihre Runden um den Platz und hoch über ihnen wiegten sich die Möwen strahlend weiß im Blau des skandinavischen Himmels, durch das der harte Seewind seine meergewaschenen Wolken trieb.

In diesem Wind flatterte der Stolz und die Freude der Esten: »sini-must-valge« – das Blau-Schwarz-Weiß der Flagge des jungen Staates. Nun hatte das kleine Volk zum ersten Mal in seiner Geschichte seine eigene Regierung, und unter der Fahne, im schlichten Schloss auf dem Domberg, residierte sein erster Präsident, Konstantin Päts – sein breites Gesicht kannte ich von den bunten Briefmarken.

Den Esten waren wir Deutsche »Saksad«, Sachsen also. Doch das gleiche Wort heißt im Estnischen auch »Herr«. Fragte also ein Este nach »dem Herrn«, so erkundigte er sich damit nach einem Deutschen. So tief hatten sich siebenhundert Jahre Herrschaft der Deutschen über die Esten eingeprägt! Das ging, wie die Chroniken wissen, jahrhundertelang nicht gut: Die Esten galten den Deutschen zumeist als faul, diebisch und verschlagen. Dieses Bild änderte sich erst durch die Erweckungsbewegung in Estland im 18. Jahrhundert, die in den Esten vollwertige Menschen, weil »Brüder in Christus« entdeckte. Doch mit der ersten Revolution von 1905 und mit der staatlichen Eigenständigkeit nach dem Ersten Weltkrieg kochte auch die aufgestaute Wut über sieben Jahrhunderte bitteren Unterworfenseins auf und machte sich in Verfolgung und Enteignung von Deutschen Luft: »Moisad põlevad, saksad surrevad« – Güter verbrennen, Deutsche verenden.

Nach solchen Erfahrungen trauten wir Deutschen den Esten nicht zu, einen eigenen friedlichen Staat aufzubauen. Wie staunten wir, mit welcher Umsicht und Klugheit sie darangingen, die deutsche Erfahrung durch eine eigenständige deutsche Kulturverwaltung für das ganze Land fruchtbar zu machen. Dadurch hatten wir viele eigene deutsche Kirchen und Schulen und in Reval ein deutsches Theater und das deutsche Krankenhaus, an dem mein Vater als erster Röntgenarzt arbeitete. Manche alten Straßen behielten neben den estnischen offiziell ihre deutschen Namen, und die alten Wehrtürme wie der »Lange Hermann«, das »Kiek in de Kök« und die »Dicke Margarethe« erinnerten an die deutsche Vergangenheit. Auf den Geldscheinen stand die Unterschrift meines Großvaters, der – als Deutscher! – zweiter Direktor der Estnischen Staatsbank war.

Wir lebten ganz selbstverständlich in einer multikulturellen Gesellschaft. Wie im Geschwirr die Vögel auf dem Domplatz, so fanden sich im Gewirr der Sprachen die Kulturen zusammen, verliefen ineinander und ließen sich doch untereinander den nötigen Freiraum. Esten, Deutsche und Russen begegneten einander mit Achtung, lernten auch das Fremde des anderen – oft zur eigenen Bereicherung – schätzen und fanden im Umgang miteinander zum gegenseitigen Takt. Dabei bewährte sich auch hier gesunde Distanz als das Geheimnis eines guten Verhältnisses nach dem weisen Rat: »Sprich freundlich zu deinem Nachbarn, aber nimm den Zaun nicht weg.« So konnte jede Kultursphäre ihre eigene Identität bewahren: »Das sind wir; das bin ich.« Doch als meine Großtante erfuhr, dass ihr Sohn eine Estin heiraten würde, bekam sie – so erzählte man in unserer Familie – über Nacht schlohweißes Haar.

Die Verbindung der Kulturen zeigte sich vor allem bei den christlichen Festen: Zu Ostern bereiteten wir einige der üppigen russischen Osterspeisen zu, und die Esten begingen Weihnachten auf deutsche Art. Aber auch in unserer Alltagssprache lebten sowohl russische Redewendungen und der Witz der Russen als auch eine Fülle praktischer Ausdrücke aus dem Estnischen. Meine Eltern sprachen vor uns Kindern, vor allem vor Weihnachten, Russisch und ärgerten uns mit dem Rat: »Lernt Russisch, dann versteht ihr alle unsere Geheimnisse.«

Alle drei Sprachen fanden sich am Samstagabend rund um unseren Esstisch zusammen: In große warme Tücher gehüllt wurden wir, frisch gebadet, aus dem »Wannenzimmer« mit seinem bullernden Warmwasserofen ins »Speisezimmer« getragen. Wenn wir so am »Tisch der Erwachsenen« im urgemütlichen Schein der orange-roten Lampe saßen, den glühenden, summenden Samowar neben uns, fielen meine Eltern wie von selbst in das seelenvolle Russisch, während unser Kindermädchen auf Estnisch antwortete.

Doch dieser eine Abend in der Woche war die Ausnahme. Bei allen anderen Mahlzeiten wurden wir Kinder vom Kindermädchen im Kinderzimmer »abgefüttert«. Der Grund war die Entscheidung meines Vaters: »Solange die Kinder noch keine Tischmanieren haben, gehören sie nicht an den Tisch der Erwachsenen.« Als wir uns dann »zu benehmen« gelernt hatten, sahen wir jeder Mahlzeit erwartungsvoll entgegen – nicht nur dem, was auf den Tisch kam, sondern vor allem den Gesprächen.

Ich wuchs zweisprachig auf. Estnisch lernte ich beim Spielen mit Felix aus der Kellerwohnung unseres Hauses in der Dompromenade, der Toompuiestee Nr. 7. Was für ein Spaß, wenn jeder von uns das Gleiche sah, und wenn ich den Mund aufmachte, sagte ich dazu »Schuh«, Felix aber »king«. Dagegen stolperte mein Vater als Erwachsener stets über die komplizierten Wortstämme; und in die wichtige Sprachmelodie, die mir zur Natur geworden war, fand er nie hinein.

Dass die Sprache eines Volkes der Pulsschlag seiner Seele ist, wurde mir früh bewusst. Einem Volk ist seine Sprache »Mutter-Sprache«, denn wie seine Mutter gibt sie ihm als Volk sein Leben. Versiegt die Muttersprache, so stirbt das Volk. Immer wieder hatten die Esten um ihre Sprache zu kämpfen, deren Wurzeln, zusammen mit dem Finnischen und Ungarischen, in den Tiefen Asiens liegen. Noch heute finden sich in der

Alltagssprache in wichtigen Wörtern Anklänge an das Malaiische.

Manchmal nahm meine Mutter Gunnar und mich mit auf den großen Russischen Markt. Er lag nicht weit von der Lehmpforte, dem alten Stadttor zum Hafen hin. Wie drängten sich da die Menschen! Im Gewühl stand ich einmal einer alten Frau gegenüber – ihre hellen, lieben Augen lachten zu mir hinunter, die verschlissene Tracht und ihre abgearbeiteten Hände erzählten eindringlich von ihrem Leben. Sie sprach mich an, ganz lieb, wie man zu Kindern spricht – und mich durchfuhr es wie ein Schock: Fremde, völlig unverständliche Laute kamen aus ihrem Mund! Wo ich doch das, was sie mir da sagte, verstehen wollte!

Wir schoben uns weiter durch die Menge, so neugierig wie ängstlich zwischen dem Fremd-Befremdlichen. Eine tiefe russische Bassstimme dröhnte über das Stimmengewirr hinweg: »Suschki! Suschki!« Wir drängten hin – unter dem gewaltigen schwarzen Bart hatte der Mann an langen Schnüren lauter kleine Brezeln aufgereiht. »Den Bart«, so tuschelte man, »schwärzen sie sich mit Stiefelwichse.« Durch unsere Angst hindurch durften wir uns von der stattlichen Brust ein paar Brezeln lösen – das war immer ein Fest, denn wir hatten wenig Geld.

Meine Mutter blieb vor einem großen Butterklotz stehen. Die Marktfrau – unter einem weiten, weißen Kopftuch – nahm eine Messerspitze der Butter ab, reichte sie meiner Mutter – »maitseb!« – es schmeckt. Nun schnitten geübte Hände mit dünnem Draht ein Stück Butter ab, dann nahmen sie die Handwaage oben am Griff. Am senkrechten Balken war von oben der waagerechte Balken angehängt, und jetzt senkte sich unter dem Gewicht der Butter die linke der beiden Waagschalen tief nach unten. Schon legte die Marktfrau aus der abgeschabten Holzkiste Gewichte in die rechte Schale; mit geschickten Händen brachte sie die Schalen ins Gleichgewicht, und viele Augen ringsum verfolgten den feinen Zeiger, der sich um den Mittelpunkt drehte, wo der senkrechte und der waagerechte Balken miteinander verbunden waren. Hier war der »Mittelpunkt«, um den sich »alles drehte«. Doch alles hing von der senkrechten Achse ab. Nun pendelte sich der Zeiger langsam ein. Der Zeiger am waagerechten Balken bildete mit dem senkrechten jetzt jenen Winkel, den man den rechten Winkel nennt, denn so ist es recht, »ausgewogen« und »es stimmt«. »Was bin ich schuldig?« Die Frau zählte die Gewichte zusammen, nannte die Summe, die den Gewichten entsprach, und meine Mutter holte das Geld hervor. Die Marktfrau packte es klimpernd in die zerbeulte bunte Blechdose, meine Mutter verstaute das Butterstück im großen Marktkorb und der Handel war abgeschlossen. Man war zufrieden.

Durch die Menschenmenge schob sich ein breiter, blauer Mantel. Wir staunten an silbern funkelnden Knöpfen empor in ein kräftiges, rotes Gesicht. Ein scheuer Blick ging zur Mutter, sie nickte: »Der Marktpolizist! Er passt hier auf, dass niemand betrügt – mit falschem Gewicht und schlechter Ware. Dann zeigt der Zeiger an der Waage immer noch richtig an, aber es ist Betrug dabei! Das ist schlimm – und dafür gibt es Strafe!« Das ging mir ins Gewissen wie ein Schlag: Betrog ich nicht auch meinen Bruder beim Spielen zu meinem Vorteil? Hatte ich auch in meinem Innern eine Waage, die so etwas anzeigte?

Durch die Bäume schimmerte etwas hell – wir standen vor einer seltsamen Statue. »Die hat ja die Augen verbunden – die spielt wohl Blindekuh?«, grinsten wir, doch gleich folgte ein Schreck: Ihre rechte Hand umgriff ein breites, blank gezogenes Schwert. »Ist das zum Totmachen?« »Ja, so weit kann es kommen. Das ist die Justitia, die Gerechtigkeit. In ihrer linken Hand seht ihr die Handwaage. Sie zeigt das Recht an; ihr Zeiger steht senkrecht. Bei Unrecht stünde die Waage schräg – dann wäre da Schuld. Dafür muss man wie auf dem Markt bezahlen. Das nennt man dann Sühne. Und die Sühne ist die Strafe – sogar die Strafe mit dem Tod. Das zeigt das Schwert. Dann ist alles wieder recht.« – »Und die Binde vor den Augen?« – »Sie zeigt, dass das Recht für alle gleich gilt.«

Dieses einfache Bild prägte sich tief in uns ein: Was ist Recht – und was ist Unrecht? Daraus erwuchs das Rechtsempfinden, das schließlich das allgemeine Rechtsbewusstsein bestimmt. In ihm wurzelte unsere ganze Rechtsordnung. Das war für uns wichtig, denn nur wenige Jahre später geschah damit Entsetzliches: Justitia trug gleichsam eine Armbinde und auf ihr das

Hakenkreuz. Die Rechtsordnung drehte das Rechtsempfinden um, das Gewissen schlug anders, und das Schwert der Justitia schlug dort zu, wo vorher Recht war, und was bisher als Unrecht galt, sollte nun Recht sein. Da standen die Waagschalen zwar waagerecht, aber der senkrechte Balken, an dem alles hängt, war verändert. Jetzt gab es eine neue »Mitte«, um die sich alles drehte. Ein neues Recht war so aufgerichtet, wie es jetzt der Zeiger der Waage zeigte: »Recht ist, was dem Staate nützt«, las man am Eingangstor eines KZs.

Vom Russischen Markt führte der Weg durch die alte Unterstadt über den Rathausmarkt und dann zwischen alten Stadtmauern einen schmalen Treppenweg hinauf zum Domberg. Hier lag unsere Schule. Hatte uns meine heiß geliebte weißhaarige Lehrerin nicht aus der Bibel vom »Turmbau zu Babel« erzählt? Da erfuhr man ja, wie das passierte, was wir unten auf dem Markt erlebt hatten: dass unser menschliches Sprechen gebrochen und zerstückelt ist in die »babylonische Sprachverwirrung« der vielen Sprachen. Welch ein Bruch gerade dort, wo sich einer dem anderen mitteilen will, damit dieser teilhaben kann! Was da geschah und warum es so kam, wurde mir erst viel später klar, als ich es in der biblischen Ursprache aufnehmen konnte. Aber das Widernatürliche spürte ich schon als Kind, und vielleicht erwuchs daraus die Aufmerksamkeit für Sprache.

Auf dem Weg über den Domberg suchte ich jenen Ort, der mich wie kein anderer in unserer Stadt anzog: Dort traten die Häuser zur Seite und gaben durch eine breite Lücke den Blick frei, weit über die alten Dächer der Stadt hinaus aufs offene Meer. Hier oben hatte ich erlebt, was für mich diesem Ort eine eigene Weihe gab: Eine Frau aus dem tiefen Russland erblickte hier zum ersten Mal das Meer, und unter hellen Tränen rief sie aus: »Das Meer! Das Meer! Das Meer!« Ich konnte sie wohl verstehen, und oft stand ich als Junge hier – schweigend, die Zeit vergessend in staunendem Schauen.

In der Weite von Himmel und Wasser sucht das Auge etwas Festes, und dort ist es: Ein Schiff zieht als kleiner, schmaler Strich seine Bahn. Der Blick folgt der weiten Linie des Horizonts und nimmt dann das wechselvolle Spiel der Winde und Strömungen in sich auf.

Doch dann zieht es das Auge hinauf, und höher und höher wird es emporgeführt zu dem gewaltigen Schauspiel des Lichts und des Dunkels in den Wolken. Da drängt sich ein blendend heller Lichtstrahl durch die Wolken, schießt von oben herab und malt seine silbergleißende Lichtinsel unter sich auf den Wasserspiegel. Der Blick dringt durch die Wolken und hinein in das Geheimnis unermesslich heller, weiter Räume des Lichts – »in den Himmel«. Von dort oben her stammt, was wir als Licht hier unten empfangen, ohne das alles finster wäre.

Nun fährt der schmale, schwarze Rumpf des Schiffes mitten hinein in die gleißende Lichtinsel. Unter der gewaltigen Kuppel und über der abgründigen Tiefe zieht es ruhig seine Bahn. Und ich bin mit ihm vom Himmelsgewölbe umschlossen, das rundum auf den Horizonten ruht.

Als ich mich abwendete, spürte ich eine eigenartige Verwandlung: Das Licht da draußen über dem Meeresspiegel brachte in mir, wie in einem inneren Spiegel, etwas zum Leuchten. Es wurde hell in mir. Aber die dunklen Wolken wirkten in mir ein Ahnen von drohendem Dunkel, in dem der Spiegel meiner Seele verfinstern würde. Denn was für ein Licht entwickelte sich, als wir damals das Lied sangen, das aus Deutschland zu uns gekommen war: »Und wenn wir marschieren, dann leuchtet ein Licht, das Dunkel und Wolken strahlend durchbricht«? In diesem Licht dröhnten später unsere Stiefel im Gleichschritt auf dem Pflaster, jeder exakt auf seinen Nebenmann ausgerichtet, die Finger durchgedrückt, die Arme rhythmisch im Schritt geschwenkt, bis über das Koppelschloss mit dem Hakenkreuz und den Worten »Blut und Ehre«. »Ein Lied!«, bellte jemand, und »zackig« und abgehackt, wie nur wir Deutschen Marschlieder singen, brüllten wir: »Und wenn wir marschieren, dann leuchtet ein Licht ...«

Auf dieses Licht wurden wir eingeschworen: »Achtet auf meinen Daumen!«, hieß es im »Drill«. Deutete der Daumen nach unten, hieß das: »Hinlegen!«, und gleich danach wieder nach oben: »Aufstehen!«, und dann im schwarzen Kasernenhof-Humor und in der Tonlage des Brüllaffen: »Andenhorizontmarschmarsch!« Das taten wir ergeben, denn das gehörte zum Licht, in dem wir marschierten. In diesem Licht erschienen uns auch die Rangabzeichen unserer Vorgesetzten Ehrfurcht gebietend – je höher, desto silberner, und »oben« dann strahlend in Gold. Davor »nahmen wir Haltung an« und standen senkrecht stramm – denn was da »von oben« zu uns kleinen Pimpfen nach unten kam, war unser ganzer Halt, und demgemäß war unser Verhal-ten. Wir lebten in geordneter »Hierarchie«. Sie war die Achse, um die sich alles drehte, und sie gab uns die »Mitte«, in der alles zu seinem Sinn fand.

Doch was war das »da oben«? Was war es für eine Kraft, die deutsche Soldatenstiefel vom Eismeer bis in die Sahara, von der Atlantikküste bis an den Kaukasus in Marsch setzte und Millionen Menschen in Angst und Schrecken versetzte? Was brachte die Bilder in den Spiegel unserer Seele, die uns zu Leitbildern wurden? Was für eine Macht war es, die als »Geist des Nationalsozialismus« in solche Begeisterung versetzte? Das Ende zeigte, wohin es uns brachte, und damit auch, woher es stammte.

Sommer am Meer

Unseren skandinavischen Sommer versteht man nur, wenn man hier auch die dunklen, schweren Wintertage erlebt hat. Wenn der Tag nur vier Stunden dauerte, pflegte man »häusliche Gemütlichkeit«. Alle Fensterrahmen waren in den »Kleisterferien« der Schule mit Werch zugestopft und mit Papierstreifen dicht verkleistert worden. Gelüftet wurde im eisigen Winter nur durch eine kleine Fensterklappe. Der hohe Kachelofen strahlte wohlige Wärme aus und erwartete den hohen Stapel duftenden Birkenholzes. Dann hockten wir im Dämmerlicht mit weit offenen Augen davor: »Mutti – erzähl doch mal von früher ...«

Wenn dann der Frühling kam, brach er mit Macht herein. Im Nu veränderte er unsere Stadt: Die Straßen hallten für einige Tage wider vom hellen Klingklang langer Eisenstangen, mit denen die Männer den Winter in dicken Schichten aus Schnee und Sand und wieder Schnee von den Gehsteigen schlugen. Denn in unserem beständigen, kontinentalen Klima taute es im Winter nicht – es blieb Winter, wie dann auch der Sommer

Sommer blieb. Die Menschen sogen die ersten warmen Sonnenstrahlen in den Straßen auf wie im Rausch – mit geschlossenen Augen hielten sie mitten auf dem Gehsteig an.

Dann explodierten die Kastanienknospen vor unseren Fenstern, in der Schule sangen wir deutsche Frühlingslieder, und schließlich hieß es überall: Wir fahren aufs Land, ans Meer!

Denn der Sommer – das waren für uns drei pralle Ferienmonate am Strand. Doch leider begann er für uns beim Friseur, der uns immer, der zu erwartenden Sandmengen wegen, die Haare erbarmungslos kurz schnitt. Nur ein kleiner Schopf, im Spott »Dummheitsgardine« genannt, blieb uns an der Stirn dank heftiger Proteste stehen.

Dann war es endlich so weit – wir kletterten in den uralten Bus, süßlicher Duft von Benzin und altem Leder begrüßte uns. Der Fahrer stieg aus und warf sich draußen mit aller Kraft auf die große, schwarze Kurbel vor dem Motorkühler, einmal und noch einmal, doch der Motor antwortete nur zischend. Wir bekamen Angst: »Ob er es schafft?« Doch dann knallte der Motor, die Motorhaube flog und schepperte, und der Bus rumpelte los. Wir pressten die Nasen an die Fenster. Neben uns zogen geduldig die Pferde die ratternden Wagen der Bauern. Mit ihrem Prusten und Wiehern, ihren warmen, herb duftenden Leibern waren sie das Leben des Straßenverkehrs, und sie regierten sein Tempo. Noch hielt die »Pferdekraft« mit Ermüden und Erholen den Menschen im Rhythmus des Lebendigen. Sie gab ihm sein Maß vor und die Grenzen, in denen er sich bewegte. In dieser Zeit des Übergangs von der Pferdestärke zur Motorkraft war man noch fern der Faszination immer weiter gesteigerter Geschwindigkeit, in der sich das Maß des Lebens auflöst und wir aus seinem Rhythmus herausfallen.

Durch hohe Geschwindigkeit war unser gemächlicher Rumpelbus nicht gefährdet. Bald zog die estnische Landschaft langsam vorbei. Birken, Kiefern, graue kleine Holzhäuser unter Schindeldächern, ihren Ziehbrunnen neben sich. Wie wir das Land liebten! Dann ein Dorf: »Das ist Kusal!«, mit einer schlichten weißen Kirche, die durch die Bäume schimmerte. Die gelbe Staubwolke, die wir hinter uns herzogen, wehte hinauf zu den höchsten Baumwipfeln. Unweit der Straße kreischte und rumpelte ein Zug, geheizt vom Holz der nordischen Wälder. Geschwindigkeit? Sie war uns fremd.

Dann klapperten wir über die Balken unserer wohl bekannten schmalen Brücke, und mit dem Freudenschrei »Wir sind da!« stürmten wir in unser einfaches Sommerhaus. Zwischen seinen dunkelbraunen Balken hing noch der Winter im Raum, unter jedem Schritt knarrten die Dielenbretter, und Harzduft durchzog jeden Winkel. Bald prasselte das Holzfeuer in der Pliete, dem Herd, und der traute Holzrauch meldete: Hier sind wir wieder zu Hause. Nach der Abendsuppe am riesigen Holztisch unter der Petroleumlampe sanken wir tief glücklich und müde in unsere Betten, neben uns an der Wand ein grobes Tuch, das uns im Schlaf vor den Splittern der rohen Balken bewahrte. Am Morgen weckten uns lustige Sonnenflecken auf der Bettdecke und der Pirol aus der hohen, winddurchharften Birke mit seinem Lied.

Im Wald wehte uns warm der Duft sonnenverbrannter Fichtennadeln entgegen. Prallrot leuchteten die Preiselbeeren. Mein Vater stockte, er blieb stehen – ein Jubelruf: »Da ist sie ja!« Ein verzaubernd zarter Mandelduft strömte uns entgegen. Dann zeigte uns der Vater am Waldboden winzige, unscheinbare Glöckchen, die diesen Duft weit in den Wald hinein verströmten. Wir sogen ihn tief ein, und nun nannte uns unser Vater den geheimnisvollen Namen: »Linnea borealis« – das Nordische Moosglöckchen, die kleine Königin im estnischen Wald. So lehrte er uns, im Unscheinbaren dem Wunder zu begegnen. Von da an zog mich die Sehnsucht nach diesem Duft in die nordischen Wälder.

Als vierjähriges Kind lag ich einmal, wie recht oft, krank im Bett. Da trat meine zweite Mutter ins Zimmer und setzte sich sachte zu mir. Sie erzählte mir mit leiser Stimme, meine richtige Mutter sei nun nicht mehr bei uns, doch das wusste ich wohl, denn sie lebte ja seit längerem in Pernau. »Aber du brauchst gar nicht traurig zu sein«, fuhr sie fort, »denn da, wo sie jetzt ist, hat sie es viel schöner« – sie sei jetzt »im Himmel«. Da begann ich hemmungslos zu weinen, denn mir war sofort klar: Ich habe jetzt keine Mutter mehr. Nie mehr würde ich sie sehen. Und wo ich sie auch suchte, nirgends würde ich sie finden. Danach lag ich wie gelähmt im Bett. Mein Blick ging durch das Fenster hinaus – ins Leere.

Meine zweite Mutter – wir nannten sie nach ihrem Vornamen Inga-Mutti, im Unterschied zu meiner richtigen, der Sigi-Mutti – nahm meinen Bruder Gunnar und mich liebevoll an wie ihre eigenen Kinder Gisela, Monika und Armin, die nach uns geboren wurden. Meine leibliche Mutter, offenbar eine fein empfindende Frau, war nach der Geburt meines Bruders in eine Schwangerschaftsdepression geraten und nahm sich schließlich das Leben. Mein Vater konnte nie mit uns darüber sprechen. Es war zu schwer für ihn.

Dieses Ereignis hat von da an mein Leben bestimmt, denn was ist für einen Jungen die Mutter! Für Jahre ging das zermürbende Sehnen, das bohrende Suchen nach dem Gegenüber der Mutter, der Frau, ins Leere. Eine tiefe Unsicherheit mir selbst und zuerst Mädchen, dann Frauen gegenüber war sicher eine Folge jenes frühen Verlustes. Im Kindergarten malte ich damals ein Bild auf einem großen Blatt Papier: Lauter runde Kullerkreise bedeckten es bis in alle Ecken – die Bullaugen einer Schiffswand. Und von diesem mir unerreichbaren Ort meiner Sehnsucht her ließ ich aus dem mittleren Bullauge »sie« mit dicken Zöpfen hinter Gardinen und einem Blumentopf herausblicken – zu mir natürlich. Ich schenkte »ihr« das Bild. Rosemarie hieß sie – mehr weiß ich nicht.

Nahm ich die fundamentalen »Zeitbrüche« der nächsten Jahrzehnte, welche die Menschen ganzer Kulturen im Existenzkern trafen, darum so deutlich auf, weil ich seit meiner Kindheit auf das Wegbrechen tragender Fundamente eingestellt war?

Doch nun rauschte in den Kieferkronen über uns wieder der Sommerwind, das Brausen der Brandung mischte sich dröhnend hinein, und wir traten aus dem Dämmer ins gleißende Licht des weiten, hellen Sandstrandes. In weitem Bogen öffnete er sich zum Meer hin, und Wald und Wasser, Licht und Sand verbanden sich zur großen Sommermelodie, in der uns die Füße leicht wurden, als höben sie sich zum Tanz.

Zuerst galt es, gegen den kalten Nordwind von Finnland her »Burgen« aus Sand aufzuschaufeln, die uns für die nächsten drei

Sommermonate aufnehmen sollten. Hier trat aus dem Schatten der Bäume in sanften Schwüngen ein kleiner Fluss, und ich hockte mich still in den gelbbraunen Ufersand. Ich konnte mich kaum satt sehen am dunklen, starken Strömen, an den kraftvollen Strudeln vor mir. Da tauchte aus der dunklen Tiefe ein Schatten, stand still gegen die Strömung, dann versank er wieder in geheimnisvollem Dunkel. Ich trank das Bild in mich hinein und blieb dort hocken, bis sich meine Seele satt gesehen hatte.

Langsam stand ich dann auf und folgte dem ruhigen Lauf des Flusses zum Meer hin. Hier teilte er sich in mehrere Arme, wurde unter den glitzernden Sonnenflecken breiter und flacher. Der Seewind darüber packte die kreischenden Möwen und warf sie in das Blau des Himmels empor. In mich sanken diese Bilder ein und wohnten, mit dem Ruf des Pirols aus unserer Birke, bleibend im Grund meiner Kinderseele. Dort sammelte der Sommer Bild um Bild zum reichen Schatz, der lebenslang abzurufen ist als ein »Denken der Seele«, vergleichbar der Dichtung. Die Seele lebt und denkt in Bildern, abstrakte Begriffe sind ihr fremd.

Am Strand führte ein schmaler Holzsteg ins Meer hinaus. Mit einer langen Stange maßen wir die Tiefe des Wassers. »Bis über den Kopf!«, stellten wir mit Gruseln fest, denn wir konnten noch nicht schwimmen. Da trieb uns die Stange weg! Ich beugte mich vor, um sie doch noch zu erreichen, und sah mit einem Mal helle Wasserblasen um mich her aufsteigen. Mit eisigem Schreck wurde mir klar: »Jetzt ertrinke ich, oder ich schwimme, obwohl ich es nicht kann.« Ich entschied mich zu schwimmen und versuchte es nach der »Methode Kutzikas« – Hündchen – wie wir es bei den kleinen Estenjungen gesehen hatten, die mit allen vieren unter dem Bauch paddelten. Ich kam wieder über Wasser und sah in die aufgerissenen Münder meines Bruders und unserer kleinen Freunde oben auf dem Steg, die vor Entsetzen schrien. Ich ertrinken? Schon lachte ich in mich hinein – ich schwamm ja! Ich leistete mir sogar einen eleganten kleinen Bogen im Wasser, bis mich kräftige Männerarme auf den Steg hinaufzogen.

Die estnischen Bauernhäuser trugen ihre tief gezogenen, grauen Schindeldächer auf schweren Balken. Über die hohe Schwelle der niedrigen Tür traten wir in einen dämmrigen Raum, dumpfer Geruch von Holzfeuer, Kohlsuppe und Stiefelwichse hing unter der niedrigen Decke. Meine Mutter zückte die Geldbörse – hier kauften wir ein, was Stall und Garten des Bauern boten. Aus dem Hintergrund drang heftiges Geklapper. »Seht, Kinder! Dort ist ein Webstuhl!« Im großen Holzrahmen waren lauter Fäden senkrecht herabgespannt. Doch was da so viel Lärm machte, flitzte blitzschnell zwischen diesen Fäden hin und her. »Das ist das Schiffchen«, erklärte unsere Mutter. »Es zieht den Schuss durch die Kette.« Welch geheimnisvolle Worte: »Schuss« – den hörte man und sah ihn flitzen. Aber »Kette«? Das waren wohl die senkrechten Fäden, an denen hier, wie an einer Kette eben, alles hing. Wir sahen mit Staunen, wie langsam Zug um Zug ein feines Muster entstand. »Wir weben gerade ein altes Trachtenmuster«, rief die junge Frau vor dem Webstuhl ins Geklapper, blickte zu uns auf und erklärte: »Das Muster entstand vor langer, langer Zeit ... und durch lange Zeiten weben wir es – immer nach dem gleichen Schema, und doch auch immer ganz neu: unsere herrliche estnische Sonntagstracht!«

Höhepunkt des Sommers war das Johannis-Fest, die Sommer-Sonnenwende, während der es nicht dunkel wurde. Zum Abend zogen wir zum Strand hinunter, zum großen Holzstoß, den wir mit den Nachbarn zusammengetragen hatten. Das Meer lag als stiller Spiegel unter dem blasshellen Himmel, und gleich suchte der Blick die weite Bucht ab, ob irgendwo schon ein erstes Feuer herüberleuchtete, das dann die anderen weckte zu der weiten, geheimnisvollen Lichterkette der Johannisnacht. Nach eifrigen Vorkehrungen prasselte auch unsere Flamme in großem Funkenflug empor. Am Horizont »küssten« sich der Schein der untergehenden Sonne und der ihres Aufganges, wie die Esten sagten. Bald sprangen die Paare durchs Feuer; was dann an Wildheit vor sich ging, nahmen wir Kinder nicht mehr wahr. Für uns hieß es: »Jetzt marsch ins Bett – aber sofort!«

Nachher lag ich still unter der Decke, der Blick suchte durch das Fenster den Himmel. »Weißt du, wie viel Sternlein stehen an dem weiten Himmelszelt ...?« Nein, dachte ich zufrieden – warum sollte ich das wissen, denn »Gott der Herr hat sie gezählt, dass ihm auch nicht eines fehlet von der ganzen großen Schar«! Und mit uns Kindern ging es ebenso: Er »kennt auch dich und hat dich lieb«. Diesen »unseren lieben Gott« meinten wir, doch es lag mir nicht am Herzen, zu ihm zu beten. Es genügte ja: »... kennt auch dich und hat dich lieb«. In dieser Ur-Geborgenheit schlief ich ein.

Zu unserem Strandsommer gehörte Jahr um Jahr ein weiteres Erlebnis, das sich uns Kindern tief in die Seele einprägte. Über dem Meer türmten sich gewaltige Wolkenberge. »Kommt schnell an den Strand!«, rief mein Vater. »Wir sehen uns das Gewitter an!« Im Nu waren die Wolken über uns pechschwarz und schwefelgelb zerfetzt, und das dunkle Wasser zeigte seine schmutzig-weißen, bösen Zähne. Begeistert rieb sich mein Vater die Hände: »Ist das nicht herrlich!« Schon klatschten die ersten schweren Tropfen auf uns nieder, und wir rannten ins Haus. »Schnell! Schnell! Das Besteck vom Tisch!«, rief unser abergläubisches Kindermädchen. »Es zieht den Blitz an!« So rasch wir konnten, krabbelten Gunnar und ich auf allen vieren unter den großen Esstisch, in unsere bewährte Gewitter-Höhle. Wir zählten die Abstände zwischen Blitz und Donner, und jetzt knallte es schon über uns und donnerte ohrenzerreißend, als bräche der Himmel ein. Atemlos sahen wir im fahlen Licht der Blitze einander in die angstgeweiteten Augen. Ging die Welt aus den Fugen? Jetzt prasselte es auf unser Schindeldach nieder in sintflutartiger Gewalt. Wir bebten in der Ur-Angst des Menschen – ohnmächtig hier unten dem Himmel ausgeliefert. Doch unser Vater lehrte uns, der Angst ins Auge zu sehen. Seine »Seh-Schule« wurde uns zur Lebensschule, die uns beibrachte, den Härten und Gefährdungen zu begegnen. Oft noch bin ich ihm dafür dankbar.

Als der Regen nur noch sanft niederfiel und die warme Sonne aufbrach, schlurften wir selig durch lange Pfützen, ihren dünnen Schlamm im wohlig warmen Wasser samtweich zwischen den Zehen. Wonnen eines Barfuß-Sommers!

Bald ging es wieder zum Strand. Am Wasser flogen unsere Sachen gleich in den Sand, denn Arbeit wartete auf uns! Dort, wo der Fluss sich in mehrere Arme teilte, musste ein Damm her. Unsere Schaufeln gruben sich in den sonnenwarmen Sand, ein neues Bachbett entstand, und die Sonne war schon hoch am

Am estnischen Strand, 1938

Himmel, als der große Augenblick nahte: der Durchstich! Das aufgestaute Wasser stürzte sich in reißenden Kaskaden, in harten Strudeln in sein neues Bett. Dort verband es sich mit anderen Strömungen. Zufrieden und etwas ehrfürchtig sahen wir zu.

Nach solchen Sommerferien waren wir im Innersten ausgeruht und für neues Lernen frei. Einmal zog mich mein Vater, als er an seinem Schreibtisch saß, auf seine Knie: »Sieh mal, mein Junge – ich zeige dir etwas«, und hob vor mir eine Röntgenaufnahme vor das Fenster: »Wo erkennst du hier die Krankheit?« Die sah ich sofort, denn schwere, schwarze Wülste wälzten sich böse durch das Bild. Doch er lachte: »Nein, das ist nur Luft!« Und dann fuhr er – ich sehe es noch heute vor mir – mit seinem kleinen Finger langsam eine kleine, helle Ausbuchtung entlang. »Hier ist sie. Und wenn wir nicht schnell schneiden, ist der Patient tot.« Ich verstummte. Wie gut, dass ich mit meiner Diagnose nicht der Arzt war.

Mein Vater zeigte mir, wie wichtig die richtige, kritische Beobachtung ist. Von ihm lernte ich aber auch, die Schlüsselfragen zu stellen, die jede ärztliche Diagnose leitet: Wo kommt dies her? Wo führt es hin? Was ist hier los? – Das erforderte allerdings Geduld, weil sich nicht gleich die Antwort auf jede Frage ergibt. Man nimmt daher die Frage wie einen Schlüssel mit, bis sich die Tür, die richtige Antwort, findet.

Das gründliche Fragen wurde für uns bald bitter nötig: Als wir wieder einmal aus den Ferien zurückkehrten – 1939 war es –, zeigte sich der Einfluss der Geschehnisse in Deutschland immer deutlicher. Eine der Strömungen hatte es sich zum Ziel gesetzt, das »Dritte Reich« direkt auf uns zu übertragen. Die andere, in der mein Vater eine führende Position übernahm, versuchte die volksdeutsche Eigenständigkeit als »Volksdeutsche Vereinigung« (VDV) zu wahren. Zwischen beiden ergaben sich bald scharfe Auseinandersetzungen. Doch beide sangen sie einträchtig: »Und wenn wir marschieren, dann leuchtet ein Licht, das Dunkel und Wolken strahlend durchbricht.« Wir meinten mit dem »Strahlen«, dass nach der »Schande von Versailles« unser Vaterland »auferstanden« war und wir endlich wieder »unser Haupt stolz erheben« konnten, weil die deutsche Fahne wieder »strahlend Geltung auf den Weltmeeren« hatte.

Mein Vater zog einmal, als ich in seinem Arbeitszimmer war, den Vorhang zur Seite und zeigte mir ein dahinter verstecktes Bild: Ein Mann an einem Schreibtisch vor vielen Knöpfen und Telefonen, die seine Einflussgewalt unterstreichen sollten. »Das ist Adolf Hitler.« Für uns war Hitler eine makellose, unangreifbare Lichtgestalt. Nichts ließen wir auf ihn kommen. Wer etwas gegen ihn sagte, galt uns als Verräter. Wo etwas nicht gut lief, also unser Idealbild störte, hieß es nur: »Wenn der Führer das wüsste, würde er es sofort abstellen.« Es war wohl der unter uns Auslandsdeutschen verbreitete verklärende Idealismus, der verhinderte, das Bild zu hinterfragen.

Im Sommer 1939 begann sich die Spannung unter uns Deutschen gefährlich aufzuladen. Wir Kinder bekamen das nur am Rande zu spüren. In diesen Ferien hatten wir ein unvergessliches Erlebnis: Wir tollten durch hohes Heidekraut, das uns die Waden zerkratzte. Mit einem Mal blieben wir wie angewurzelt stehen. Direkt vor unseren Füßen war der Boden unter uns aufgerissen, und darunter öffnete sich ein Spalt. Nach vorne hin wurde er breiter und tiefer, und wir wussten: Hier keinen Schritt weiter! Langsam tasteten wir uns vorwärts, die Büsche vor uns neigten sich nach vorne weg, und dann sahen wir mit Entsetzen, dass der Boden, der uns trug, vor uns in die Tiefe wegbrach – wir standen am Abgrund! Ebenso erschüttert wie neugierig wagten wir einen Blick über die Bruchkante: Hier fiel das Land ins Meer. Mächtige Steinquader türmten sich unter uns auf und verkeilten sich ineinander. Niedergebrochene Bäume streckten ihre toten Wurzelballen wie im Aufschrei gen Himmel. Wir standen am »Glint«.

Dann kletterten wir an einer Stelle, wo der Abbruch sanft auslief, vorsichtig hinunter und sahen uns das gigantische Schauspiel von unten an. Wie Riesenspielzeuge, von unbändigen Kräften geschleudert, lagen die Felsbrocken durcheinander. Welche elementaren Energien waren hier am Werke! Von hier unten erkannten wir, wie die Bruchkante über uns von oben bis unten wild ineinander verschobene Schichten zeigte – grau und gelb, rötlich und braun. Wir wussten: Schicht auf Schicht hatte sich in Jahrtausenden so abgelagert. Aber was zeigte sich da zwischen den Felsbrocken? Tief eingeprägt in den Stein – der Abdruck einer riesigen Fußspur mit breiten tatzigen Zehen. Wir waren wie erstarrt: Was begegnete uns hier? Unsere eigenen Fußspuren, die wir in den Sand eindrückten, kannten wir ja. Aber was erzählte dieser Fußabdruck? Welch rasenden Riesen hatte der Abbruch aus einer uralten Gesteinsschicht ans Licht befördert? Der Blick ging in die Steilwand: Was mochte in all den Schichten dort, im ganzen Geschichte verborgen sein? Und was könnten all die Schichten an Geschichten erzählen – »wenn Steine reden könnten«!

Später hatten wir Geschichte in der Schule, lernten Fakten und Jahreszahlen und fragten: »Was bedeuten sie?« Dann brach über uns selbst »die Geschichte« mit all dem herein, was im Zweiten Weltkrieg der gesamten Welt geschah. Das ist inzwischen als eine Schicht mit all den anderen zur »Geschichte« abgelagert. Lange kann man, wie wir oben auf dem Glint, ahnungslos darüber hinweggehen, und erst ein neuer Abbruch weckt aus dem »Schlummer der Selbstverständlichkeit«.

Die Erfahrung des Glints hat mich lebenslang begleitet. Sein Bild stand mir sofort vor Augen, als wir in der Folgezeit in heftige »Zeitbrüche gerieten«. Es half uns, Tragendes wie Trüge-

Sven und Gunnar (rechts) im Sommer an der Steilküste

Am Glint in Estland

risches wahrzunehmen. Nur wenige Wochen später gerieten wir in einen Abbruch, der uns in der Tiefe erfasste und mit sich riss.

Der jähe Abbruch des Friedens begann recht fröhlich, als wir eines Morgens noch wohlig unter unseren Decken lagen. Im hohen Ofen prasselte das frisch entfachte Birkenfeuer, die Tür zum Eltern-Schlafzimmer ging auf, und mein Vater, noch im Nachthemd, stand im Kinderzimmer: »Meine Herren Offiziere (so pflegte er uns manchmal zu nennen): Wir fahren nach Deutschland!« Atemlos vor Überraschung, stumm vor Glück lagen wir reglos in unseren Betten. Dann brach der Jubel los, und wir bestürmten unseren Vater mit Fragen: »Wann? Wie?« Er erklärte uns, dass Hitler uns Baltendeutsche nach siebenhundert Jahren »heim ins Reich« rufe. »Und wann kommen wir dann zurück?«, fragten wir. Da wurde mein Vater ernst: »Nie. Wir bleiben in Deutschland.« Ein lähmender Schreck durchfuhr uns. Den Grund dieser »Umsiedlung« erfuhren wir später: Hitler wollte mit uns die gerade im »Blitzkrieg« in Polen eroberten Gebiete besiedeln, um sie so zu »Deutschlands Kornkammer im Osten« zu machen.

Von nun an mischten sich in uns Freude und Furcht, Erwartungen und Befürchtungen. Klar war jedenfalls: Die uns verbleibende Zeit mussten wir für den letzten Abschied nutzen. Meinen Bruder zog es dazu immer wieder in die Stadt, und auch ich besuchte meine Lieblingsplätze, um ihnen Lebewohl zu sagen. Aber am Aussichtspunkt auf dem Domberg fand ich nicht, was ich dort bisher gefunden hatte. Das helle Strahlen der Herbstsonne über dem Meer erreichte mein Inneres nicht mehr. In mir blieb es leer und grau.

So verließ ich den Domberg, das Schloss und die russische Kirche und wandte mich zur Unterstadt. Dort, zwischen engen Gassen, fällt der Blick auf eine glatte, hochragende Mauer und geht dann sogleich senkrecht nach oben: Vor den ziehenden Wolken ragt der gewaltige Turm der Olai-Kirche. Lange war er der höchste Kirchturm Skandinaviens gewesen, ein wichtiges Seezeichen der Schifffahrt. Hier, nahe dem Hafen, war es die Kirche der estnischen Fischer, Schiffer und Handwerker gewesen, bis die deutsche Bürgerschaft sie übernommen hatte.

Das war »unsere« Olai-Kirche, und wir sprachen ihren Namen mit Liebe aus. Hier war ich getauft worden. An jedem Weihnachtsabend brachte uns ein Pferdeschlitten durch knirschenden Schnee hierher, und nur noch unsere rot gefrorenen, neugierigen Kindernasen guckten unter der großen Lederdecke hervor. Bald überdröhnten die gewaltigen Olai-Glocken das fröhliche Klingklang der Pferde-Schellen, und die Kirche nahm uns auf in ihr warmes, weihnachtliches Licht. »Welt ging verloren – Christ ist geboren« – wie klang das wider im ergriffenen deutschen Gemüt, und »Christ der Retter ist da«.

Wer ahnte damals, dass nur wenige Jahre später unsere Welt sinnlos zerstört wurde, eben »verloren ging«? Das erlebten wir. Doch hatten wir nicht zu Weihnachten gesungen: »Christ ist geboren«? Warum sagte es uns dann nichts mehr? Warum kam uns der Gedanke nicht, dass Christus als »Retter da ist«? Wieso verhallte die Tradition unserer schönen Weihnachtsgottesdienste im Leeren – gerade als es aktuell und nötig wurde?

Wir waren getauft. Es war so selbstverständlich, dass »man« als »anständiger Mensch« auch Christ war.

Es war christlich-kirchliche Tradition, die uns alle zur Taufe und dann zum Weihnachtsgottesdienst brachte. »Warum feiern die meisten Menschen Weihnachten?«, fragt Kurt Tucholsky, und er antwortet: »Weil die meisten Menschen Weihnachten feiern.« Es ist die »Traditionskraft«, die uns zu Christen machte. Wir waren Traditionschristen unserer Traditionskirche, und aus Tradition sangen wir: »Christ, der Retter ist da.« Warum taten wir es? Tradition kennt kein »Warum«. Und zudem verband sich bei uns Auslandsdeutschen christliche mit deutscher Tradition so innig, dass bei uns beide Traditionen voneinander lebten, weil sie sich gegenseitig bestätigten und stärkten.

Vor dieser Traditionskraft erschauerte ich als kleiner Junge unter dem gewaltigen Turm der Olai-Kirche. Woher kam diese Kraft? Zeigte sie ihr Geheimnis etwa dort, wo in der Mitte der dämmerigen Kirche auf dem Altar das aufgeschlagene Buch lag?

Aber uns erreichten die Worte der Bibel kaum. Sie blieben gleichsam zwischen den Buchdeckeln stecken. »Christ der Retter ist da« – wozu hätten wir ihn nötig? Von der Kanzel hörten wir, durch unsere Taufe hätten wir schon alles, mehr sei nicht nötig.

*Der Urgroßvater Armin Findeisen,
Pastor in St. Petersburg bis 1903*

Hätte jemand das hinterfragt, wäre er dadurch gleich verdächtig, ja gar sektiererisch gefährlich erschienen.

So dachten wir. Doch las man es so auch in jenem Buch im Mittelpunkt der Kirche, in der Bibel? Ich wusste damals nicht, dass vor zweihundert Jahren auf der Kanzel unserer Olai-Kirche ein Mann aus Deutschland, Graf Zinzendorf, so gepredigt hatte, dass es nicht zwischen den Buchdeckeln stecken blieb. Er zeigte aus der Bibel: »Ihr seid mit Christus gestorben durch die Taufe und mit ihm auferstanden durch den Glauben.« Er stellte Jesus Christus lebendig vor Augen. Und er zeigte, dass der Glaube dann lebendig ist, wenn man mit dem lebendigen Jesus Christus lebt, und wie man dazu findet. Da entstand eine Bewegung, die durch das ganze Land lief. Wo so die Menschen zur Bekehrung fanden, veränderte sich mit ihrem Leben auch das Verhältnis der Deutschen und der Esten zueinander. Als eine vornehme Gesellschaft den Festsaal auf einem deutschen Rittergut betrat, rümpften sie die feinen Nasen: »Hier stinkt es ja nach Stall!« Der

Hausherr erklärte freundlich: »Das stimmt – heute Nachmittag habe ich hier im Saal eine Bibelstunde für unsre estnischen Stallknechte gehalten.«

Zu diesen »Erweckten« hatten auch mein Urgroßvater und mein Großvater gehört. Aber in unserer Familie war dieser Glaube nicht weitergegangen. Wir hielten uns für ausreichend »gute Christen«.

All das war mir nicht bewusst, als ich von der Olai-Kirche Abschied nahm. Aber wir fragten uns: Was wird aus unserer Kirche, wenn jetzt die Bolschewiken kommen? Wenn der Traditionsstrom versiegte, weil keine Generation mehr der nächsten unser Christentum weitergab, würde die Olai-Kirche leer und sinnlos. Wie eine leere Schale ohne Frucht, ohne Inhalt würde sie auch äußerlich verkommen und verfallen.

Damals wusste ich nichts vom Geheimnis der Bibel: dass ihre Worte, wie sie selbst sagt, die Kraft eines »Samens der Wiedergeburt« haben. Dieser Same schafft sich seine Frucht selbst. Das geschah dann sogar unter bolschewistischer Herrschaft.

Mich zog es in jenen Tagen mächtig zum Hafen. Eines Tages erblickte ich weit draußen auf der Reede graue Kriegsschiffe. Ich stürzte heim: »Sie sind da – unsere deutschen Kriegsschiffe, die uns über das Meer begleiten!« Aber bald erwies sich das Gegenteil: Es waren bereits sowjetische Einheiten, die den Einmarsch der Roten Armee in Estland einleiteten. Das hatte Hitler den Sowjets dafür zugestanden, dass sie uns Deutsche aus dem Land ließen.

»Mögen wir auch untergehn«

Die kommenden Wochen vergingen wie im Fluge in der Vorbereitung der großen Umsiedlung Hunderttausender von Baltendeutschen. Endlich kam der 28. Oktober 1939 – der von uns Kindern ersehnte Tag. Das Taxo, wie das Taxi auf Estnisch heißt, brachte uns zum Hafen, und vor uns ragte der schwarze Rumpf »unseres« Schiffes, der »Eider« auf. Hoch hinauf ging es auf schmaler Gangway und dann wieder steil hinab auf schwankender Leiter in den dumpfen Laderaum. Hier, wo sonst Bananen lagerten, wurden wir auf Strohsäcke verfrachtet.

Meinen Bruder und mich hielt es dort nicht, denn schon kündigte das Vibrieren des Schiffes das Ablegen an. Von hoch oben sahen wir auf dem Pier unter uns eine estnische Musikkapelle, und als die Trossen gelöst wurden, klang es fröhlich zu uns herauf: »Muss i denn, muss i denn zum Städtele hinaus …« Doch dann wurde es ernst: »Deutschland, Deutschland über alles …« – unser bisher verbotenes Lied! Welch ein Gruß an die scheidenden »Saksad«. Dem folgte die estnische Staatshymne: »Mu Isamaa« – Mein Vaterland. Vielen Esten war bange vor dem, was auf sie zukommen würde, wenn nach den Deutschen die Russen einziehen würden. Damals sah man in den Augen mancher Esten Tränen. Bange war auch uns, als das Schiff ablegte und Kurs nahm in die Dunkelheit.

Als der nächste Morgen graute, kletterte ich nach oben an Deck. Endlich selbst an Bord eines Schiffes! Und endlich zum ersten Mal auf See! Doch oben versank der Blick in wattedichtem Nebel. Nichts war zu sehen von der ersehnten Weite des Horizonts, der blauen Helligkeit des Himmels. Ich fröstelte im herbstkalten, feuchten Seewind und hatte mit meinen neun Jahren hier wohl zum ersten Mal eine Ahnung vom »Hineingeworfensein ins Nichts«, dem Satz der »Existenzphilosophie«, der mich später noch oft beschäftigte. Unaufhaltsam pflügte der schwarze Schiffsbug tief unter mir das Meer in Richtung Deutschland, und mit jeder Umdrehung der Schraube versank hinter uns, was uns zeitlebens Heimat blieb – Estland, das helle Sonnenland unserer Kindheit.

Auf der Brücke über mir war es ganz still. Von Zeit zu Zeit durchschnitt das Signalhorn die Nebelwand. Der Wachoffizier hatte sein Fernglas weggelegt. Es war jetzt nutzlos. Durch eine große Lupe blickte der Rudergänger auf den messingglänzenden Kompass. Auf jeden feinen Strich kam es hier an.

Durch ein Fenster sah ich, wie der Steuermann unter einer tiefen Lampe mit Zirkel, Lineal und Winkelmesser über seiner Seekarte unsere Kurslinie durch alle Zahlen, Linien und Kreise zog. Daran hing nun alles für uns: Ob er den Kurs richtig berechnete, ob die Zahlen auf Karte und Kompass stimmten, ob der Rudergänger jedes Nebelsignal wahrnahm. Daran hing unser Schicksal. Aber hing es nicht sehr viel mehr von etwas anderem ab, das der Nautiker nicht berechnen konnte, weil es in Zahlen und Linien nicht zu fassen ist?

Denn eine Frage beschäftigte uns die ganze Fahrt: Bald kommen wir in Deutschland an – und was kommt dann auf uns zu? Regiert die Zukunft der Zufall? Aber woher fällt der uns zu? Der Blick geht nach oben – denn nur von oben fällt etwas. Unser Schicksal liegt im Nebel. Wer »schickt« es? Was »von oben« kommt, ist doch das, worauf alles ankommt, worum sich letztlich alles dreht und wendet. Es ist die Senkrechte. Man nennt sie auch, wie ich später lernte, »die Vertikale«, die senkrechte Achse. Wohin wendet sich unser Leben – zu Wohl? Oder Wehe? Das Bild ist mir ja nicht fremd, denn es begegnete mir schon im senkrechten Waagebalken, dann im Lichtstrahl aus der Höhe über dem Meer und im Blitz, vor dem wir uns unterm Tisch verkrochen hatten. Das alles liegt im Nebel. Ich sehe es nicht. Aber da ist etwas, das über mich entscheidet. Das waren für einen Neunjährigen seltsame Gedanken in einer seltsamen Zeit.

Früh am Morgen lief unser Schiff in Danzig ein. Am Hafeneingang passierten wir die Stelle, wo der Krieg gegen Polen begonnen hatte – die Westernplatte. Mit ihren zertrümmerten Hafenanlagen hatte uns das Gesicht des Krieges erreicht. Wir starrten hinüber – »wir«, die Sieger, die das bewirkt hatten!

Am Pier erwarteten uns ein Meer von Hakenkreuzfahnen, stramme Marschmusik und viele braune Uniformen. In einer dämmrigen, riesigen Lagerhalle erhielten wir an langen Holztischen mit ausgerolltem grauem Packpapier unsere erste Mahlzeit in Deutschland – und damit unseren ersten Schock: Wie konnte man nur so graues »Mischbrot« essen?! Bei uns schmeckte Brot ganz anders! Und was für eine befremdliche Schmiere – mit dem wohlklingenden Namen Margarine – fand sich darauf? Wir kannten nur Butter. Und was sollte jener graue Klotz, der als Kunsthonig bezeichnet wurde und dabei weder mit Kunst noch mit Honig etwas zu tun hatte? Es war unsere erste Lektion, die uns lehrte, dass wir uns in Kriegsland befanden.

Nun waren wir Deutsche unter Deutschen. Aber schnell war klar: Wir waren »in der Heimat« anders groß geworden als »die im Reich«. Wir bewunderten sie in ihrer »deutschen Tüchtigkeit« und dem hochentwickelten Organisationsvermögen. Aber wir litten unter einem für uns übertriebenen Ordnungssinn. Für uns ergab sich erst in einer gewissen Unordentlichkeit »Gemütlichkeit«.

Fremd waren uns die vielen Zäune überall, und wir meinten sie auch in nicht wenigen Köpfen wahrzunehmen. Wie befremdeten uns auch die Witze, die man hier über menschliche Ausscheidungen machte, um dann wiehernd darüber zu lachen! Gewiss trafen wir in den besetzten Ostgebieten nicht immer die edelsten Vertreter »aus dem Reich«, und bald stieg in uns die ungute baltendeutsche Überheblichkeit auf (»Heute einen Balten getroffen – endlich wieder ein Mensch!«). Doch später verabscheuten wir diesen Heimatdünkel. Wir wollten nur Deutsche unter Deutschen sein, auch wenn uns der spezielle »Stallgeruch« blieb, an dem wir uns als Balten schnell erkennen. So trösteten wir uns mit der baltendeutschen Selbstdefinition: »Was ist ein Balte? Ein Balte ist ein Mensch, der bis an sein Lebensende zu den schönsten Hoffnungen berechtigt.«

Wir waren im Ostseebad Zoppot untergebracht, und in Gdina (Gdingen), das damals stolz »Gotenhafen« hieß, wurden wir nach Prüfung unserer »Reinrassigkeit« (ob sich auch keine jüdische Großmutter unter den Ahnen tummelte?) »eingedeutscht«. Von dort aus erfolgte »die Verteilung«, und mein Vater erhielt seine Röntgenarzt-Anstellung am Krankenhaus der Stadt Thorn an der Weichsel. Dort war unsere »Ansiedlung« vorgesehen.

Dorthin fuhr mein Vater uns voraus. Als wir im vom Krieg gezeichneten Bahnhof der Stadt Thorn ankamen, erfuhren wir, dass die Stadt selbst auf der anderen Seite der Weichsel lag und die einzige Brücke zerstört war. Die Nacht brach schon herein, als meine Mutter mit hartnäckiger Durchsetzungskraft unten am Strom ein Boot besorgte, das uns hinüberrudern sollte. Die Weichsel war hier einen dreiviertel Kilometer breit und führte ihr November-Hochwasser. Mit unserer zweijährigen Schwester Gisela und allem Gepäck kletterten wir in den mächtig schwankenden Kahn. Ganz dicht neben uns gurgelten die Fluten auf uns zu, dann packte uns die Strömung, die Ruder klatschten in der Dunkelheit ins Wasser, rechts von uns ragten abgeknickte Brückenpfeiler in die Nacht. In der Mitte des Stromes sahen wir mit Entsetzen breite Strudel aufquellen, die auf uns zujagten und uns in die Tiefe hinunterzuziehen drohten. Kalte Angst ergriff uns, wir klammerten uns an unser winziges Boot und wurden von der starken Strömung mitgerissen. Hoffnungslos weit trieben wir von unserem Ziel am anderen Ufer ab. Noch nie war ich solchem Entsetzen, solch Grauen vor Untergang und Abgrund ausgeliefert. Dann kollerten Ufersteine unter uns – grau und abweisend ragte vor uns die gewaltige Stadtmauer des alten Thorn empor. Wir waren gerettet.

In Thorn war uns die Wohnung eines polnischen Apothekers zugewiesen worden. Mein Vater hatte, als er vor uns ankam, noch benutzte Teller auf dem Esstisch vorgefunden. Die Familie war in der Nacht davor von der SS ausgewiesen (»Zwei Stunden habt ihr Zeit!«) und nach Warschau verfrachtet worden. An der Wand hing ein Hitler-Bild, das sich als Schutz-Ikone zu schwach erwiesen hatte. Meinem Vater war dies alles entsetzlich. Als Abschiedsgruß hatte der Apotheker die Badewanne mit tiefblauen, ätzenden Essenzen zerstört.

Wir Jungen besaßen genug Sinn für Ritter- und Indianerromantik, um die alten Stadtmauern mit unserer Phantasie zu bevölkern, denn wie in Reval, so erzählten auch in Thorn die Mauern von der Zeit der Deutschritter. Die große, gedrungene Kirche duckte sich hinter Wehrmauern und Trutztürmen.

Thorn ist die Stadt des Kopernikus. Unter seinem Namen erfasste das Abendland in der »kopernikanischen Wende« eine schicksalsschwere Veränderung: Statt dass, wie bisher gedacht, die Sonne und die Planeten um die Erde kreisten, kreisten in Wirklichkeit die Erde und die Planeten um die Sone. Nicht mehr war die Erde der Mittelpunkt des bekannten Universums, sondern die Sonne. In der Stadt des Korpernikus erreichte auch mich eine folgenschwere Wende: Ich hörte auf zu beten. Von meinen Kindergebeten war ohnehin nicht viel zu halten, dachte ich, aber bisher hatte in mir noch das Kinderlied geklungen:

»Weißt du, wie viel Sternlein stehen …?« – Das wusste ich jetzt: Hunderttausende! Und das »… an dem blauen Himmelszelt«? Ich erfuhr von den unermesslichen, leeren Weiten des Weltalls »da oben«. Wo sollte dort ein »Gott im Himmel« sein, der sogar mich »kennt und liebt«? Die neue Wahrheit, wie sie nach der Aufklärung Philosophen des 19. Jahrhunderts verkündeten, war: Ich bin in diesem riesigen Weltall nichts als ein winziges, bedeutungsloses Staubkorn unter Milliarden anderer. Und unsere Erde ist in Wirklichkeit nur wie ein Sandkorn unter ungezählten anderen am Meer. Das waren doch wissenschaftlich bewiesene Fakten. Aus ihnen zog ich den Schluss: Wieso soll ich mit jemandem »da oben« sprechen, den es gar nicht gibt? Und selbst wenn es dort irgendeinen Gott gäbe – vermessen wäre es zu erwarten, dass er sich um mein Stimmlein kümmerte. Es war für mich ein Gebot der Vernunft, mit dem Beten aufzuhören. Und ich fühlte mich gut dabei, bis ich – viel später erst – merkte, was es aus mir machte.

Meine Eltern fragten mich damals: »Betest du noch?« »Nein!« Und sie fragten nie wieder. Denn so dachten alle bei uns. Es war logisch, normal und modern, und modern und normal – das wollte ich sein.

Jetzt trat für mich der sichtbare Kosmos – also unsere horizontale Welt – an die Stelle der vertikalen, des ewigen, darum unsichtbaren Himmels. Damit geschieht etwas Unerhörtes: Die Horizontale kehrt sich »nach oben« und stemmt sich mit unsagbarer Energie empor als Vertikale. Sie ist jetzt Himmel als »das Universum« und All. Dieser so genannte »Paradigmenwechsel« wurde mir, als das Schicksal des abendländischen Menschen, selbst zum Schicksal.

Von Thorn aus wurde mein Vater an das Rote-Kreuz-Krankenhaus in Posen, der Hauptstadt des Warthe-Gaues (die Einteilung des Reiches erfolgte damals nach germanischem Vorbild in »Gaue«), berufen. Dort erwartete er uns. Doch der Weg zum Bahnhof führte nun wieder über den Fluss, der jetzt krachenden Eisgang führte. Am Ufer fanden wir eine aufgeregte Menschenmenge – alle wollten hinüber, doch Soldaten hielten sie in Schach. An eine Bootsüberfahrt war im Geschiebe der riesigen Eisschollen nicht zu denken.

Meine Mutter entdeckte, dass es über die Brückentrümmer für die Soldaten einen schmalen Holzsteg aus zwei Brettern ohne Geländer gab. Vor seinen dünnen Balken staute sich das Eis, und die Trümmer sollten darum jetzt mitsamt dem Steg weggesprengt werden. Obschon alles zur Sprengung abgesperrt war, überzeugte meine Mutter einen Offizier, uns noch von einem Soldaten hinüberzugeleiten zu lassen. Die Dunkelheit brach herein, und wir setzten eilig, aber vorsichtig unsere Füße Schritt um Schritt auf die schmalen Bretter. Beim Blick in die Tiefe graute mir – dort türmten sich graugelb die Eisschollen im schwarz gurgelnden Wasser. Meine Mutter trug meine kleine Schwester auf dem Arm, und ich ging dicht hinter ihr und dem Soldaten. Plötzlich trat meine Mutter zu weit nach außen, sie kippte zur Seite, auf den Fluss zu. Mit eisigem Schreck sah ich sie schon in den Abgrund stürzen, doch da packte der Soldat zu und rettete so meiner Mutter und meiner Schwester das Leben.

Wir »übernahmen« in Posen, wie man damals sagte, von unseren Vormietern alles bis zum Geschirr und Essbesteck. Mein Vater hatte ihre Betten noch warm vorgefunden. Ihn quälte dies in seiner »baltendeutschen Anständigkeit« so, dass er ihre Anschrift in Warschau ausfindig machte und ihnen heimlich jeden Monat Geld zukommen ließ.

Den Garten am Haus sah ich mir am liebsten von oben an, kletterte darum auf den höchsten Birnbaum und zimmerte mir dort einen Aussichtsplatz. Von dort genoss ich den Blick in die Weite durch ein altes Kapitänsfernrohr – und das Alleinsein unter wohlschmeckenden Birnen.

Unter den Stachelbeeren fanden wir Brüder eine elende, nur noch schwach atmende Taube. Wir nannten sie zärtlich »Tui«, und voll innigen Erbarmens nahmen wir uns ihrer an. Da sie zu unserem Kummer nicht fliegen konnte, warfen wir sie zur Übung aus dem Fenster, doch sie sackte kläglich flatternd durch und schlug auf wie ein Stein. Unter ihren spärlichen Federn schimmerte es bläulich, und so beschlossen wir, dass sie friere. Zum Aufwärmen platzierten wir sie in eine Bratpfanne überm lodernden Herdfeuer. Als es dann versengt zu riechen begann, griff meine Mutter entsetzt ein, und wir merkten, dass wir wohl des

Guten zu viel getan hatten. Eines Tages war die Taube Tui zu unserer Bestürzung verschwunden. Hoffentlich hatte sich eine Katze ihrer erbarmt.

Unter den »vorgefundenen« Sachen war zu unserer Begeisterung auch ein alter Plattenspieler. Die polnischen Lieder waren uns langweilig, und so ließen wir zum Studium der Fliehkraft Sand auf der Schallplatte fahren, woran sich der Sänger verschluckte. Die Platte ließen wir danach gegen den Wind in die Höhe fliegen. Unseren unersättlichen Experimentier- und Entdeckerdrang kommentierte mein Großvater zutreffend: »Kleine Jungen denken von früh bis spät nur darüber nach, welche Dummheiten sie als Nächstes machen könnten.«

Als sich einmal bläulicher Rauch aus den Büschen kringelte, verpfiff uns die polnische Köchin beim Vater, um einen eventuellen Verdacht wegen der geklauten Glimmstängel von sich abzuwenden. Die anschließende saftige Tracht Prügel – vor allem wegen des Diebstahls – befreite mich fürs ganze Leben von der Qualmerei.

Damals fochten wir Brüder endlose Rivalitätskämpfe miteinander aus, verbunden mit entsetzlichen Drohungen (von: »Ich schenke dir nichts zu Weihnachten – nicht einmal ein Buchzeichen!«, bis zu: »Ich wünschte, du wärest tot!«). Unsere Verfolgungsjagden tobten rund um den Esszimmertisch, so dass die Standuhr von der Erschütterung außerplanmäßig zu schlagen begann. Wurde aber einer von uns alleine angegriffen, kämpfte der andere für ihn mit Zähnen und Klauen. Den Trost geplagter Eltern lernte ich erst später kennen: »Geschwisterstreit ist das Zeichen einer glücklichen Familie.«

Mit dem »Totsein« wurde es einmal fast ernst: Beim Baden in der Warthe geriet ich in einen Strudel und wurde von ihm unter Wasser gezogen. Für einen Moment brachte der Strudel mich wieder an die Oberfläche, und ich schrie aus Leibeskräften: »Hilfe! Hilfe! Ich ertrinke!« Ich sah noch gerade, wie mein Bruder und unsere Freunde sich vor Lachen ausschütteten, weil ich das so echt »nachmachte«. Wieder unter Wasser kochte ich vor Wut und Entsetzen, dass wir diesem Ruf vorher durch unsere Späße den nötigen Ernst genommen hatten. Doch da packte mich unter Wasser eine Faust und zog mich heraus. Ein polnischer

Fischer hatte mich gerettet, wofür er anschließend von anderen Polen ausgeschimpft wurde: Wieso er einen Deutschen rettete! Sollte der doch untergehen!

Damals entwickelte ich eine starke Freiheits- und Erlebnissehnsucht. Anfangs bestand meine Mutter darauf, dass ich am Sonntagvormittag zum Kindergottesdienst ging, doch mich interessierten viel mehr die Kino-Matineen zur gleichen Zeit. Da meine Mutter es überprüfte, knüpfte ich ein raffiniertes Netz von Fakten, um vor ihr die Wahrheit zu vertuschen. Wenn sie mich dann fragte, brauchte ich nur zu sagen: »Frag doch nach, dann erfährst du, dass ich wirklich im Kindergottesdienst war.« Daraus lernte ich, wie eine Lüge umso verlogener wird, je mehr Zutreffendes sie einbezieht.

In jene Jahre fielen bei mir die ersten Wirren der Pubertät. Damals sprachen Eltern mit ihren Kindern nicht »über so etwas«, und so wurde ich auf der Gasse – genauer: in der Gosse – »aufgeklärt«. Ich erfuhr, mit welchen Techniken und Tricks eine Frau zu »erobern« und zu »besiegen« sei, und so waren Kampf und Krieg die Leitbilder, die sich in der Seele festsetzten. Daraus konnte nicht viel Gutes werden.

Da wir in einer Jungenschule waren, fand die erste Begegnung mit Mädchen im Konfirmandenunterricht statt. Meine Unsicherheit versteckte ich hinter wilden Zoten. Meinem Freund wurde das zu viel: »Wenn du mit deinen Sauereien nicht aufhörst, bin ich nicht mehr dein Freund!« Ich war geschockt, denn ich wollte vor anderen Eindruck machen. Doch jetzt schämte ich mich: Ich hörte auf und lernte daraus, dass einem ein guter Freund auf die Zehen tritt, wenn es nötig ist, auch wenn es wehtut. Doch meine kaputten Leitbilder wurden in ihrer dummen Lächerlichkeit erst im Anfang unserer Ehe aufgedeckt, so dass wir sie – Gott sei Dank! – gemeinsam überwanden.

Dagegen gestaltete sich während der Sommerferien am See der Kontakt zu einem jungen Mädchen völlig anders. Wir wanderten abends stundenlang durch die Felder und sprachen »über den Mond am Himmel«. Doch meine Mutter unterband es: »Jungen und Mädchen gehen nicht abends so lange zusammen aus!« Warum? Ich verstand es nicht. Wie leicht wir Erwachsenen doch unsere Welt in die der Kinder hineinlegen.

*Sven und Gunnar (rechts) mit ihrer Schwester Gisela
bei Posen 1940, nach einem HJ-Lager*

In Posen begegneten mir zwei meiner vorgesetzten HJ-Führer mit ausgesuchter Freundlichkeit. Ich genoss es, mich beachtet und damit aufgewertet zu sehen. Selbst als ich Eifersucht zwischen ihnen bemerkte, begriff ich in meiner Naivität nicht, was da ablief. Mein Vater erkannte es rechtzeitig und unterbrach den Kontakt. Ich aber lernte, wie blind es machen kann, sich schmeicheln zu lassen.

Wie soll ich schildern, was neben fröhlichem Kinderspaß und harmlosem Kinderstreit in jenen vier Kriegsjahren mit mir und uns allen vorging? Erst im Rückblick wird fassbar, was damals mit uns geschah: Wir wurden wie an Stromkabel angeschlossen und mit ihrer Energie bis in die Haarspitzen aufgeladen. Diese Hochspannung setzte uns – und mit uns Millionen anderer – in Marsch: »Die Bewegung« hatte unsere Herzen ergriffen. Sie kostete in sechs Jahren fünfzig Millionen Menschen das Leben.

Ich war gerade zehn geworden, als ich mich freiwillig für die sechs Wochen der Sommerferien zu einem Hitler-Jugend-Lager anmeldete. Dort erfuhr ich, was mich schon als »kleiner Pimpf« begeisterte: Neben guten Kameradschaftserlebnissen lernte ich, mich richtig im Gelände zu bewegen, mich zu tarnen, anzuschleichen, Karten zu lesen, bei scharfem Drill die Zähne zusammenzubeißen, um dann fröhlich zu schmettern: »Es ist so schön, Soldat zu sein, Rosemarie – ein jeder Tag bringt Sonnenschein …« Als ich dann, so braun gebrannt wie mein Braunhemd, heimkam, war mir das Marschieren so zur Natur geworden, dass ich tagsüber mit ausschwenkenden Armen und durchgedrückten Fingern umherlief. Ich war an den neuen Stromkreis angeschlossen.

In der Schule begann jede Unterrichtsstunde mit gemeinsam gebelltem »Heil Hitler!«. Beim Lernen hoffte ich, wenn ich abgefragt wurde, schon damals auf die »Kreativität des Chaos« und rechtzeitige Intuition. In Latein klappte das nicht, und »amo, amas, amat« bekam ich nicht an die Tafel. Der Lateinlehrer holte mit der linken Hand aus und schlug dann mit der rechten zu. Die Tafel hatte die Länge der ganzen Wand, und da prügelte er mich entlang, einmal hin und wieder zurück. Da ich die Schultern anhob, traf mich kein Schlag wirklich. Etwas benommen setzte ich mich wieder hin, und die Zumutung der Bandwurmsätze des Cicero knackte ich später mit dürftigem Erfolg.

Waren jene – heute als barbarisch verschrienen – Erziehungsmethoden vertretbar? Sie passten zu jener Zeit. Niemand nahm Anstoß. Haben sie mir geschadet? Meine Antwort heißt: Nein. Sie zeigten mir »handfest«, dass eine Verfehlung ihre spürbare, ja schmerzhafte Konsequenz hat. Darüber blieb die regelmäßige Bemerkung in meinem Zeugnis: »Könnte bei mehr Fleiß mehr leisten.«

Unsere behäbige Englischlehrerin hatte nur ein legeres »Heil Hitler« übrig, zu dem sie ihre feiste Hand nach hinten klappen ließ. Sie erzog uns, indem sie die kurzen Haare über unseren Ohren in die Höhe zwirbelte und uns an ihnen schmerzhaft emporzog. In ihren Goldring am Finger hatte sie, statt eines Brillanten, eine Kaffeebohne einarbeiten lassen, an der sie – als Ersatz für die fehlende Tasse Kaffee – schnupperte. Not macht erfinderisch.

Unser Deutschlehrer erklärte uns, dass dort, wo früher auf dem Nachttisch des Deutschen Bibel und Gesangbuch gelegen hätten, nun Hitlers »Mein Kampf« und Rosenbergs »Mythos des 20. Jahrhunderts« ihren Platz hätten.

Das also war die »neue Vertikale«, um die sich alles zu drehen hatte. Und alles kam zur Ruhe und ins Gleichgewicht, wenn man sich sagte: »Der Führer wird es in Ordnung bringen.« – Doch ein Biologielehrer, der zugleich Pastor war, beeindruckte mich auf andere Weise: Er sprach mit Ehrfurcht von »der Schöpfung« – das war mir ein Klang aus einer anderen Welt. Warum prägte es sich mir – an meiner »kopernikanischen Wende« vorbei – so tief ein? Noch Jahre später wirkte es in mir als Wegweiser: Es gibt noch diese ganz andere Welt. Woher nahm der Mann den Mut dazu?

Als hoch effektive »Kabel« für den neuen »Starkstrom« erwiesen sich die Lieder, die wir »zackig« zum knallenden Marschtritt schmetterten:

»Ein junges Volk steht auf, zum Sturm bereit! Reißt die Fahnen höher, Kameraden! Wir fühlen nahen unsere Zeit, ja, die Zeit der jungen Soldaten. Vor uns marschieren mit sturmzerfetzten Fahnen die Toten, die Helden der jungen Nation; und über uns die Helden-Ahnen: Deutschland, Vaterland, wir kommen schon!«

Das waren Stromstöße, die archaische Energien mobilisierten. Als wir einen Klassenkameraden zu Grabe trugen, der sich mit der Dienstpistole seines Vaters vor dem Spiegel versehentlich selbst erschossen hatte, hieß es über seinem Grabe: »Grüß die Ahnen!«

Tief hat sich meinem Bruder und mir die grandiose Zeremonie unserer Vereidigung, genauer: unserer Auslieferung an Adolf Hitler eingeprägt. Zu Hunderten standen wir auf dem abendlich dunklen Posener Rathausplatz. Da blendeten Scheinwerfer auf und strahlten nur die langen, roten Fahnen mit dem Hakenkreuz an, dem altgermanischen Sonnensymbol, während wir im Dunkeln waren. Die Schwurformel hieß: »Ich schwöre, in der Hitler-Jugend allzeit meine Pflicht zu tun, in Liebe und Treue zum Führer und seiner Fahne. So wahr mir Gott helfe.« Dumpf war mir bewusst: Dieser Schwur kann deinen Tod bedeuten. Dann folgte das HJ-Fahnenlied, gedichtet vom »Reichsjugendführer« Baldur von Schirach selbst: »Vorwärts! Vorwärts!, schmettern die hellen Fanfaren. Vorwärts! Vorwärts! Jugend kennt keine Gefahren! Deutschland, du wirst leuchtend stehn, mögen wir auch untergehn«, denn: »Führer, dir gehören wir, wir Kameraden dir!« Und: »Unsre Fahne flattert uns voran. Unsre Fahne ist die neue Zeit. Ja, die Fahne ist mehr als die Ewigkeit, ja, die Fahne ist mehr als der Tod.«

Heute erscheint dies als unverständlicher, lächerlich kitschiger Unsinn. Aber es floss ungehemmt in uns ein, und niemand fragte nach Einsicht: Wo kommt das her? Wo führt es hin? Was macht es aus uns? Wir waren »begeistert«: Nun durften wir am Koppel das HJ-Fahrtenmesser tragen, auf dessen Klinge »Blut und Ehre« stand. Als Zehnjährige wurden wir so zu Helden erzogen – und zum Helden-Tod.

Die regelmäßige »Weltanschauliche Schulung« fand ich interessant. Hier lernten wir, unsere Welt zu verstehen, und empfingen das neue »Bewusstsein«. Die Weltanschauung hatte nichts mehr mit dem Weltbild des 19. Jahrhunderts zu tun. Nun war der »leere Himmel« randvoll erfüllt von den tiefen Mythen unserer Ahnen und Vorfahren. Das galt als unser Ursprung, als die Wurzeln, von denen her wir die waren, die wir sind, aus denen unser Leben seinen Sinn empfing und unser Sterben seinen Wert: Wir waren aus der ganzen Menschheit heraus berufen, als »Arier« Vertreter der neuen Weltordnung zu sein.

Das war das neue, das »nationalsozialistische Bewusstsein«, auch für einen Zehnjährigen leicht fassbar. Man kannte das Gute, erkannte das Böse und konnte die Welt danach übersichtlich einteilen. Jeder wusste, wo er selbst und der andere hingehörten, wie er richtig zu denken und zu handeln hatte, und wie er sein Leben sinnvoll für das Heil der Welt und zum Sieg über das Unheil einsetzte: »Sieg Heil!«, skandierten wir als Schlachtruf dieses Kampfes. Denn der »Sieg«, das kann man nicht deutlich genug herausstellen, war selbstverständlich.

So galt die neue Welt als machbar. Ihr Evangelium war die Darwinsche Evolutionslehre, untermauert durch »die Forschungsergebnisse der Wissenschaft«. Durch sie hätten wir »von der Natur gelernt«, dass wir kraft ihrer »ehernen Gesetze« die Starken und die Guten seien und dadurch »berufen«, die Schwachen und die Schlechten auszumerzen. Was bei Pflanzen und Tieren durch »natürliche Auslese« und Züchtung bereits selbstverständlich und allgemein bewährt sei, gelte es logisch nun auf den Menschen zu übertragen, um »der Natur gehorchend ihr zu dienen«. Der zuverlässige Weg dazu sei mit der Entdeckung der Mendelschen Erbgesetze erschlossen. Die lernten wir darum in der Schule wie die Zehn Gebote, um so »der Natur zu folgen«. Daraus erwuchs uns »die heilige Verpflichtung«, unser »heiliges Erbgut« zur Zucht der »Edelrasse« des »Edelmenschen« zu nutzen. Jedes Zuwiderhandeln war folglich »Rassenschande« und damit als »Versündigung am Blut« eine schwere Verfehlung des »Höhepunktes der natürlichen Schöpfungsgeschichte«. Es wurde entsprechend geahndet.

Als »Edelmensch« galt der »germanische«, der »nordische Mensch« darum, weil er mit seinem blonden, hellen Haar und seinen strahlend blauen Augen das Licht, das Helle verkörpere. Dadurch sei er »von der Natur berufen«, die dunklen Menschen des Südens – und damit das Dunkle in der Menschheit – auszumerzen. Zudem zeige sein hoch gewachsener, kräftiger Körperbau mit gerader Stirn und Nase, dass er »von Natur aus« verpflichtet sei, über die Kleinen – und damit über das Kleine und Krumme – zu herrschen. Diesen baren Unsinn demonstrierte ich später als Lehrer in einer Klasse: Seht euch um – alle, die hier blond und blauäugig sind, wären dadurch Lichtbringer und also berufen, die anderen unter euch zu beherrschen und sie letztlich zum »Wohle der Menschheit« auszurotten. – Der Lerneffekt zum Thema Ideal und Ideologie war schlagend.

Den »Herrenmenschen« kehrten wir gerne beim Marschieren heraus, wenn wir nebenher den polnischen Schuljungen auf dem Bürgersteig die Lederriemen von ihren Schülermützen rissen, denn »Schule« galt für sie nicht. Als »slawische Untermenschen« durften sie gerade noch das Einfachste vom Schreiben und Rechnen lernen. Jeder Unterricht darüber hinaus wurde mit KZ bestraft.

Beim Riemen-Abreißen machte ich mit, um meinen Stolz als »Herrenmensch« auszukosten. Doch als ich zu Hause meiner Mutter die Trophäe zeigte, war sie, statt mich zu loben, entsetzt: »Wie kannst du nur einem armen, kleinen Polenjungen einfach seine Mütze kaputtmachen!« Ich war geschockt. Da hatte meine Mutter wohl noch nicht »das rechte Bewusstsein«! Aber sie blieb dabei. Vermutlich hatte sie Angst um mich. Und leise begann ich zu spüren, dass sie in den Polen Menschen mit ihrer Würde sah, was uns gezielt aberzogen wurde. Ahnte ich, dass mir dabei selbst etwas Menschliches verloren ging? Auch dann, wenn es für uns hieß: Ein Hitlerjunge – als Herrenmensch – bittet und dankt nicht, »er knallt nur die Hacken zusammen«. Der Geist des Nationalsozialismus hatte über das Gefühl – etwa als Nationalempfinden und das Wir-Gefühl der »Volksgemeinschaft« – das Empfinden der Menschen erobert.

Die neue »Senkrechte« stand uns im Lodern des Lagerfeuers vor Augen, wenn wir ergriffen sangen: »Flamme empor!« – Dies Feuer brannte in uns bei unseren Fackelzügen, wenn wir mit dem Ruf »Deutschland erwache!« zur mächtigen Erweckung riefen, und bei den Sonnenwendfeiern, zu welchen man das Weihnachtsfest umzuformen suchte, klang es: »Heilig Vaterland, in Gefahren deine Söhne sich um dich scharen ... sieh, hier stehen wir Hand in Hand.« Wen kümmerte es da, ob sich die Erde um die Sonne oder die Sonne um die Erde dreht? Denn nachdem »der Himmel« entleert war, konnte er mit derlei »Urgewalten« störungsfrei aufgeladen werden.

So verband sich in Deutschland als dem Schmelztiegel Europas »das Rassische« dem »Völkischen«, wie ich es an der Wand unserer HJ-Dienststelle in Posen las: »Du bist nichts, dein Volk ist alles!«

Dazu gehörte ein unbedingter Gehorsam. Als einmal beim »Antreten« unsere Kleidung überprüft wurde, herrschte mich mein HJ-Führer an: »Der linke Knopf an deinem Braunhemd ist offen.« Das war wirklich schlimm, das durfte nicht sein. Ich blickte hin – er war geschlossen. Doch da erfuhr ich von ihm: »Wenn ich als dein Führer dir sage, dass er offen ist, so ist er offen.« Dieser Drill auf Kadavergehorsam kam mir in meinem baltischen Freiheitswillen etwas lächerlich vor. Kein Wunder, dass Autorität später in einer antiautoritären Bewegung als autoritär diffamiert wurde.

Unser »Dienst« in der Hitlerjugend wurde gezielt am Sonntagmorgen vor den Stufen der Kirche zur Gottesdienstzeit angesetzt. Doch einmal öffnete sich die Tür der Kirche, und im hohen Klang der Orgel strömten die Menschen aus dem Gottesdienst. Ich blickte durch die Tür hinein wie in einen warmen, hellen, von Frieden wie von Rauch erfüllten Raum, wie in eine

47

andere, jenseitige Welt. Viele Menschen hatten Tränen in den Augen. Diese weinenden und doch tief getrösteten Menschen – waren sie nicht menschlicher als wir, für die galt: »Ein Hitlerjunge weint nicht«, um für Hitler »hart wie Kruppstahl« zu sein? Das ließ mich nicht los.

So begann ich etwas von zwei Welten zu ahnen: Ich hatte meine kopernikanische Wende in mir und vor mir das »Großdeutsche«, ja, das »Tausendjährige Reich«, strahlend als »Vermächtnis der Geschichte«. Als »ein Volk, ein Reich, ein Führer« hielten wir zusammen. Die höchsten Werte fasste das Programm der NSDAP, der Nationalsozialistischen Deutschen Arbeiterpartei, wie im Brennpunkt zusammen, wie wir an den Anschlagsäulen der Straßen lasen: »die Nation« als Auftrag der Geschichte; »Sozialismus« als Sieg der Gerechtigkeit über Unterdrückung; »Deutsch« als Kraft von Heimat, Volk und Vaterland; »Arbeiter« als Inbegriff der Schaffenskraft; »Partei« – die Verkörperung der Volksgemeinschaft. Wer wollte sich diesem »Vermächtnis der Geschichte« entziehen – bis hin zum »Helden-Tod für Führer, Volk und Vaterland«? Das war »unsere Welt«.

Auch von »positivem Christentum« war im Programm zu lesen. Dabei gab die Partei vor, was als »positiv« gelten durfte. In ihrem Sinne kamen dann auch »der Herrgott« und »die Vorsehung« gelegentlich in Reden vor, und in Kindergärten wurde gebetet: »Hände falten, Köpfchen senken, nur an Adolf Hitler denken.«

Der Gruß »Heil Hitler!« meinte genau, was er sagte: Heil durch Hitler. Als Zeichen dessen galt das Hakenkreuz, altes indogermanisches Sonnensymbol, dem ich später auf Bali an Opfersäulen und in hinduistischen Tempeln begegnet bin. Im Vorspann der Wochenschau gingen die Strahlen dieser Sonne über den ganzen Himmel – der war jetzt nicht mehr leer!

Im Bäckerladen las man: »Trittst du in ein Geschäft hinein, so soll dein Gruß Heil Hitler sein.« Und wenn »der Führer« über den Rundfunk sprach, erhoben wir uns alle vor dem Radio und sangen, den Arm »zum Deutschen Gruß erhoben«, laut das Deutschland- und Horst-Wessel-Lied mit. Dieser angebliche Schwert-Gruß unserer germanischen Ahnen verband uns dem Ursprung unserer »erwählten nordischen Rasse«. Dafür »schlug unser Herz« und »brannte uns das Gewissen«.

Manchmal sah man am Rande der Straße eine Gruppe dunkler Menschen, die auf uns fremd und unheimlich wirkten. Sobald ein Deutscher – und auch wir Kinder – vorbeigingen, verneigten sie sich stumm, dazu gezwungen, weil sie – der gelbe Stern zeigte es – Juden waren. Da sie sich als »erwähltes Volk« ansahen, doch wir uns kraft unseres germanischen Ursprungs und Volkstums erwählt wussten, wie wir meinten, war es sonnenklar: Bei zwei erwählten Völkern war eines zu viel. Darum war bei ihnen alles Böse dieser Welt zu orten: »Die Juden sind an allem schuld« und »unser aller Unglück«. So lag das gute Gewissen bereit, als jene Gruppe eines Tages verschwunden war: Keiner fragte nach ihnen – man »wusste nichts«. »Selektion« – ein zentrales Wort der Darwinschen Evolutionstheorie – war angesagt, und »das musste sein«. Antisemitismus findet sich zwar auch bei anderen Völkern, aber nur wir schrieben ihn in »deutscher Gründlichkeit« in den »Nürnberger Rassegesetzen« juristisch fest. Die Konsequenzen sind bekannt.

Wie konnte so etwas nur passieren? Auf diese Frage gab gleich nach dem Kriege das Buch eines Schweizers, des Philosophen Max Piccard, Antwort. Schon sein Titel machte Furore: »Hitler in uns«. Damit richtete er, während damals alle Welt nur vom »hässlichen Deutschen« sprach, den Finger auf den »braven Schweizer« und damit auf jeden Menschen: Hitler in dir! Denn unter bestimmten Bedingungen bist auch du, wie jeder Mensch, für die abgründigste Verführung offen.

Hier setzt darum die ernüchterte Kritik an dem ein, was unter Hitler geschehen ist: So steht es um den Menschen – und nicht nur um »die bösen Nazis« oder »den hässlichen Deutschen«.

Die Bilanz zeigt: Was bei mir mit »Denken« angefangen hatte, mündete ins Unausdenkbare. Was mit wissenschaftlich nüchternen Berechnungen und Beobachtungen begann, führte in schiere Begeisterung in dem braunen Geist, der allein noch zählte. Wo am Anfang »die Vernunft« auf den Thron gehoben war, galt dann »Fanatismus« als Tugend, der jeder Vernunft spottete, aber als vernünftig galt. »Aufklärung« gaben nun die Strahlen des Hakenkreuzes, und saugten das »Licht der Vernunft« in sich auf. So war ins vertikale Vakuum der späten Aufklärung eine neue Wert-Achse eingezogen: das »Heil durch Hitler«.

Meine Eltern bestanden auf meiner Teilnahme am Konfirmandenunterricht. Das war damals ungewöhnlich. Welch abseitige, für mich überholte Welt! So platzierte ich mich dort auf die hinterste Bank hinter dem breitesten Rücken, um zu tun, was ich wollte. Doch wie kam es, dass ein Bild sich bei mir einhakte, das unser Pastor Erich Walter, der schon in Reval unser Familienpastor an der Olai-Kirche gewesen war, uns vor Augen stellte? »In meinem Garten steht ein Baum, und wenn ich ihm die Wurzeln abschlage, geht der ganze Baum ein«, sagte er und meinte damit die damals gängige Auffassung, das Alte Testament sei als »jüdische Viehtreiber- und Zuhältergeschichten« für Christen abzuschaffen, wie es Alfred Rosenberg als Chefideologe des »Dritten Reiches« lehrte. Welch gefährliche Sätze für einen Pastor! Woher hatte er die Kraft, sich gegen »unsere Welt« zu stellen? Kannte er eine größere Kraft als wir? War das etwa der Grund, warum ich mir als Konfirmationsspruch wählte: »Ich schäme mich des Evangeliums von Christus nicht, denn es ist eine Kraft Gottes zu retten, die daran glauben« – obwohl ich nicht daran glaubte?

Zeigte sich da in mir, tiefer als die nationalsozialistische Begeisterung, eine andere Schicht, die »eine andere Welt« suchte? Warum ging ich damals sonntags immer wieder in eine Kirche, in der Propst Waldemar Thomson predigte? Er war dabei so ergriffen, dass er auf der Kanzel fast nur mit geschlossenen Augen sprach. Verstand ich etwas von dem, was er sagte? Gewiss nicht. Aber da musste »etwas dahinter sein«, das mich anzog, ohne dass ich es verstehen musste. Allerdings kamen die Gottesdienstbesucher erst in die Kirche, als seine Predigt begann, und sie gingen hinaus, wenn er sie schloss. Die gottesdienstliche Liturgie davor und danach galt als entbehrlich. Erst im Bekenntniskampf jener Zeit wurde sie als das stabilisierende Knochengerüst der Kirche wieder entdeckt und als solche bis heute gepflegt.

Der Krieg selbst erreichte uns im Pfingstlager der Hitler-Jugend 1944. Wir waren bei strahlendem Frühlingswetter unterwegs, als wir ein leises, eintöniges Brummen vernahmen, das den Himmel zu erfüllen schien. Ein Blick nach oben: Eine unübersehbare Fülle winziger weißer Flugzeuge zog am tiefblauen Himmel entlang, begleitet von zwei unruhigen, dunklen Punkten, die zwischen ihnen kurvten. Ein tiefer Schreck packte uns: Das sind die viermotorigen Bomber! Da flog über uns der Tod unter leichten weißen Wolken unbeirrbar und gradlinig auf unsere Stadt zu. Um uns her lachte der Frühling, die Vögel zwitscherten vergnügt, herrliche Frühlingsblumen verschwendeten ihre Schönheit in der Sonne …

Unser Zug wurde umgeleitet, denn der Bahnhof war getroffen. Welche Angst auf dem Heimweg: Steht das Haus noch? Sind unsere Leute noch am Leben? Eine dichte Wolke von Staub und Qualm versperrte uns die Sicht, dann tauchte das Haus darin auf – es stand noch. Nur ein Bombensplitter, der durch ein Fenster eingedrungen war, lag auf dem Küchentisch. Ich betrachtete ihn wie einen mit fremder Macht geladenen Fetisch. Mein Großvater war, wie man damals sagte, »ausgebombt« und wohnte nun bei uns. Die Polen waren vom britischen Geheimdienst aufgefordert worden, die Stadt an diesem Feiertag zu verlassen.

Bald war die heranrückende Ostfront zu spüren. Sechs Wochen vor der Flucht sammelten wir uns in der Sakristei der Kirche, um uns auf die bevorstehende Konfirmation vorzubereiten. Da fing ich einen Blick auf, den ich zeitlebens nicht vergessen habe: Unser Pastor sah uns mit Augen an, aus denen eine tiefe, bekümmerte Liebe sprach – es war der Blick des Guten Hirten. Wie konnte ein Mensch andere Menschen so ansehen? Wieder stand ich vor dem Geheimnis einer anderen Welt, die doch unter uns ist. Das blieb mir von der Konfirmation – alles andere verstand ich nicht.

Bald zeichneten sich Zusammenbruch und Auflösung im Osten auch unter uns ab. Wie über Nacht verloren die großen Parolen ihre Kraft. Die hehren Ziele, für die wir unser Leben gelassen hätten, schwanden dahin wie gespenstische Schatten, und die eiserne Befehlsstruktur löste sich auf wie Spinnweben. Niemand achtete mehr auf flammende Appelle – sie gingen ins Leere. Ich war mit meinen vierzehn Jahren noch zum »Bann-Feldscher« für ganz Posen berufen worden – darüber konnte ich jetzt nur noch lachen: Da war doch niemand mehr, der auf mich hören würde! Jeder suchte nur noch für sich selber durchzukommen.

Am 18. Januar 1945, einem grauen, schneetauenden Tag, war das Donnern der Stalinorgeln, der sowjetischen Raketenwerfer, vor Posen nicht mehr zu überhören. Meine Mutter packte für uns fünf Kinder das Nötigste zusammen. Mein Bruder hatte sich noch zu Weihnachten einen kleinen Papagei gekauft. Ich dagegen vergrub mich bis zur letzten Sekunde in Felix Dahns »Ein Kampf um Rom« – das schien mir jetzt angemessen: »Gebt Raum, ihr Völker, unserem Schritt, wir sind die letzten Goten, wir tragen keinen König mit, wir tragen einen Toten. – Und Schild an Schild und Speer an Speer ziehn wir nach Nordlands Winden, wo wir im fernen, grauen Meer die Insel Thule finden. Das soll der Treuen Insel sein ...« Damit lieh ich mir Flügel, um dem Abbruch um mich her zu entfliehen. Als ich die letzte Seite beendet hatte, brachen wir zur Flucht auf. Mein Bruder ließ seinen kleinen Papagei zum Abschied frei durch die verlassene Wohnung flattern. – Mit nicht mehr als dem, was wir in der Hand tragen konnten, und das waren vor allem unsere beiden kleinen Geschwister, gingen wir auf die Flucht.

Den ganzen Bahnhofsvorplatz füllte eine hoch nervöse Menschenmasse – jeder wollte mit und das Gerücht sagte, der letzte Zug fahre gerade ab. Da packte uns mein Vater, der als Arzt noch in Posen blieb, und schob uns durch das Fenster eines Rote-Kreuz-Zuges. Unsere undramatische Flucht endete gegen vier Uhr morgens an unserem Ziel, in Leipzig.

Bomben und Hunger

Beim Aussteigen türmten sich vor uns haushohe Gesteinsmassen in aschgrauer Beleuchtung, denn das Dach des größten Bahnhofs Europas war unter den Bomben auf den Bahnsteig niedergebrochen. Ein schmaler Holzsteg führte uns, wie damals über die Weichsel, durch die Trümmerberge.

Der Morgen dämmerte, als wir unsere Verwandten in der Gustav-Adolf-Straße 13 suchten, die uns geschrieben hatten: Wenn ihr wegmüsst, kommt zu uns. Jetzt standen wir unangemeldet zu sechst vor der Tür, wurden von unserer Tante Hertha lieb aufgenommen (»Da seid ihr ja, ihr kleinen Geisterlein …!«) und erhielten zwei Zimmer. Mein Vater kam bald darauf nach.

Wie in Reval und in Posen, so suchte ich mir auch hier gleich meinen Aussichtsplatz. Ich fand ihn auf dem Dach in einem Winkel neben dem wohlig warmen Schornstein, hoch über den Dächern der Innenstadt. Hier war ich allein. Und hier konnte ich den Abbruch, in dem wir standen, durch meine Seele ziehen lassen. Ich war vierzehn Jahre alt und hatte zweimal meine Heimat verloren. Was blieb mir, wenn alles wegbrach? Noch vor sechs Wochen hatte ich zur Konfirmation ein schönes, größeres Kapitänsfernrohr geschenkt bekommen. Das war nun bei den Russen und Polen. Und ich merkte: Alles Äußere kann verloren gehen. Du hast eigentlich nur, was du in dir trägst. Aber was ist das?

Ich machte bei mir eine Art Kassensturz und wunderte mich über mich selbst: Die Bibelworte, die wir im Konfirmandenunterricht gelernt hatten, tauchten in mir auf. Damals hatten sie mich nicht interessiert, doch jetzt besorgte ich mir antiquarisch ein Neues Testament, las sie nach, unterstrich sie, schrieb sie ab und sandte sie an diejenigen meiner Posener Freunde, deren Anschrift ich nach der Flucht kannte. Warum tat ich das? Es war wie ein freundlicher, warmer Zug, der mir die Worte zuführte – denn verstanden habe ich sie auch da nicht. Aber ich stand, wie damals am Glint, an der Bruchkante, und so kam zum Vorschein, was unter vielem anderen verdeckt war und sich jetzt als tragend erwies. Es waren vor allem frühe Bilder:

Meine erste Mutter und ich saßen auf einer lichten Frühlingswiese zwischen leuchtend weißen Birkenstämmen. Meine erste Erinnerung an sie war meine Frage: »Warum heißen die Himmelschlüsselblumen so? Schließen die den Himmel auf?« Das Birkenlaub leuchtete im frischen Grün, und ich höre noch ihre leise singende Stimme: »Sieh dir diese Blumen an. Und jetzt – sieh hinauf zum Himmel: Sind die Blumen nicht hell und gelb wie dort die liebe Sonne? So gehören sie zusammen wie der kleine Schlüssel, der dort eine Tür aufschließt.« Ich verstand sie kaum, aber von dort an haftete eine Ahnung in mir, dass sich in dem, was wir sehen, lichte Geheimnisse erschließen.

Mit den Eltern sangen wir abends: »Guten Abend, gute Nacht … mit Näglein besteckt …« Das mit den Näglein verstand ich nicht. Da nahm meine Mutter meine kleinen Finger in ihre Hand: »Sieh dir deine Fingerchen an: Da hat Gott in jeden einen kleinen Nagel hineingesteckt, so dass du auch ganz fest damit zupacken kannst. Sonst würden sie ja ganz weich umklappen.« Das leuchtete mir gleich ein, denn ich fand es sehr praktisch. Und es blieb mir etwas vom Wunder in den kleinen Dingen der Schöpfung.

Meine zweite Mutter erzog meinen Bruder Gunnar und mich, in nicht hoch genug zu verehrender Weise, wie ihre leiblichen drei Kinder Gisela, Monika und Armin. Sie hatte es, wie man verstehen wird, mit mir nicht leicht. Unvergesslich ist mir, wie wir einmal Ludwig Richters stilles Bild zum »Mond, der aufgegangen« ist, betrachteten: »... er ist nur halb zu sehen und ist doch rund und schön.« Damals fasste ich den Entschluss, dass ich einmal nicht zu denen gehören wollte, die etwas nur darum, weil sie es nicht sehen können, »getrost belachen«. Das hatte ich dann in meiner kopernikanischen Wende vergessen. Doch unter der Oberfläche lag es in einer tieferen Schicht bereit und kam jetzt im Abbruch – wie die Tiefenschichten am Glint – hervor. Als ich später bei einem Interview nach meinem prägendsten Kindheitserlebnis gefragt wurde, nannte ich spontan dieses.

Doch bald bestimmten nur noch zwei Dinge unsere Zeit: die Bomben und der Hunger. Fast alle der vielen ausgebrannten Kirchtürme in der Stadt zeigten die gleiche Zeit an: vier Uhr. Das war die Nacht, in der am 4. Dezember 1943 in einem ersten, fürchterlichen Bombenangriff ein großer Teil der Stadt in Trümmer gesunken war. Nun heulten die Sirenen fast jede Nacht. Im Luftschutzkeller erwartete uns das unheimliche Tak-Tak-Tak, das die verschlüsselte Luftlagemeldung im Volksempfänger ankündigte: »Vier-Mot-Verbände in Ludwig-Emil-Acht, Ludwig-Emil-Acht – Detonationen.« Das war unser Planquadrat, und schon hörte man das Herankrachen der Bomben, in Bruchteilen von Sekunden lauter und lauter – wir zitterten im dumpfen Gefühl: Trifft die nächste uns? Dann schwankte der Keller und hüpfte in den Druckwellen wie ein Schiff im Sturm, das Licht erlosch, und im Dunkel fiel der Putz auf uns nieder. Viele schrien, Kinder wimmerten in Angst. Betete jemand von uns? Ich weiß es nicht.

Nach dem Dauerton der Entwarnung stieg ich zu meinem Aussichtspunkt auf dem Dach. Gespenstisch stand um mich her eine schwarze Rauchwand, durchsetzt von brandrot flackerndem, unheimlichem Feuerschein. Wo war da noch die hehre Hakenkreuz-Sonne am Reichsadler-Himmel? Jetzt waren es die Bomben, um die sich alles drehte. Und was waren sie für uns – Schicksal? Zufall? Verhängnis? Oder – Fügung? Wer sind wir? Wofür hatte ich bisher gelebt? Woran hatte ich geglaubt, woran mich gehalten? Das war nun alles leer und sinnlos, doch anders, als ich es als »Wahrheit« im Höhenrausch des korpernikanischen Denkens begrüßt hatte. Jetzt ging es uns an den Kern.

Dazu kam der Hunger. In meinem Alter konnte ich unbegrenzt essen. Wir bekamen »auf Marken« zu wenig zum Leben – in der schwersten Zeit waren es vier Scheiben Stroh-Brot und zwei Kartoffeln am Tag, und in der Woche 50 Gramm Butter. Bald war ich so geschwächt, dass ich zu uns in den zweiten Stock nur wie ein Greis die Treppe Stufe um Stufe hinaufkam. Danach musste ich mich zwanzig Minuten aufs Bett legen, weil meine Beine mich nicht mehr trugen.

Wie fand man in der Großstadt etwas zu essen? Wir hatten nach der Flucht nichts, um uns wie andere etwas einzutauschen. Manchmal gab es bei einem Schlachter so genannte Fleischbrühe – das war das Spülwasser vom Säubern seiner Kessel, auf dem einige heiß begehrte Fettaugen schwammen. Von morgens um vier Uhr an stand bei 20 Grad Kälte eine lange Schlange von Menschen stundenlang danach an. Wir wechselten uns als Familie ab. Als eine Frau in der Schlange laut klagte, sie habe »solche Hungerschmerzen!«, blickten wir uns nur an: Wer die hat, der hat noch etwas zusätzlich zu essen – wir waren schon zu schwach, um Schmerzen zu haben.

Selbst in dieser Zeit hat meine Mutter ihren Vorsatz verwirklicht, der Familie jeden Sonntag einen Kuchen zu backen. Doch wie sah er in der schlimmsten Zeit aus? Sie drehte die Schalen von Pellkartoffeln zu einem Brei durch den Wolf, gab etwas Kornschrot, Salz und Kümmel dazu und backte es nachts um vier in kleinen Portionen, weil man nur zu der Zeit Gas zum

Kochen hatte. Als wir 1974 ihren siebzigsten Geburtstag mit einem schönen Festmahl feiern konnten, legten wir vorher jedem Gast genau so einen »Kuchen« auf den leeren Teller und aßen ihn dann in Dankbarkeit gegen unsere Mutter. Welch stilles Heldentum zeigte sich damals!

Bomben und Hunger hatten ihre Auswirkungen nach innen: Was ist das Leben, wenn es im Nu ausgelöscht werden kann? Weiß ich, ob ich morgen noch lebe? Was ist es denn wert? Und dazu kam eine entsetzliche Erfahrung: Im Hunger lernte man sich als wildes, rücksichtsloses Raubtier kennen. Da ging es ums nackte Überleben und sonst um nichts, und man spürte, wie man dafür zu allem fähig wurde. Die nett anerzogene baltische Wohlanständigkeit flatterte davon wie die Feder im Sturm, und die Klassik mit ihrem »Edel sei der Mensch, hilfreich und gut« erschien als blanker Hohn. Da wurde das Wort von Sören Kierkegaard verständlich: Wenn ein Mensch dem anderen begegnet, begegnet ein Abgrund dem anderen. Das war eine grundstürzende Einsicht. Da erwiesen sich Titel und Würden, Bildung und Anstand als leere Masken, hinter denen nun das wahre Gesicht hervortrat: »Ein Mensch ist des anderen Wolf« – »homo homini lupus«.

Dem äußeren Einbruch entsprach bei mir eine innere Auflösung. Was galt noch? Es hatte seinen Grund, dass mein Vater damals von mir zu meinem Großvater sagte: »Aus dem Jungen wird nichts.« Ich hörte es durch die Tür mit und ging wütend die Treppe hinunter und aus dem Haus, mit dem Gedanken: Ich wandere »nach Amerika« aus, dann komme ich zurück, und dann werde ich es euch zeigen. – Wenn ich später mit schwierigen jungen Leuten sprach, kam mir das zugute: »Von mir hieß es auch: Aus dem Jungen wird nichts …«

Ich träumte mich damals gerne in die Welt Ernst Wiecherts und seiner »Wälder und Menschen« hinein. Die Romantik seines »einfachen Lebens« beeindruckte mich weniger als jener junge Mann, der in flammendem Protest gegen das Unechte in der Kirche auf die Altäre sprang und dort die Goldkreuze niederriss. So wollte ich mich wohl auch sehen. Daneben lernte ich Rilke auswendig. –

Wir hingen ständig am Radio: Wann setzte Hitler endlich »die Wunderwaffe« ein? Ihretwegen glaubten wir auch dann noch an den deutschen »Endsieg«, als die Alliierten bereits in Kassel einmarschiert waren. Etwas anderes anzunehmen war uns unvorstellbar. Meinem Bruder und mir klingt bis heute die sonor schwebende Stimme von Joseph Goebbels im Ohr, als er zu Hitlers Geburtstag am 20. April 1945 aus dem »Führerhauptquartier« sagte: »Ich habe den Führer noch nie so siegesgewiss gesehen wie heute ...« Wir atmeten auf: Der Führer glaubt noch. Und so glaubten auch wir mit ihm. Als dann die Nachricht aus dem Führerbunker in Berlin kam, er sei »gefallen«, blickte mein Vater lange Zeit aus dem Fenster, dann sagte er tonlos: »Jetzt hat man nicht einmal mehr einen Führer, für den man leben kann.« So waren wir Balten, »unverbesserliche Idealisten«. Jetzt zeigten sich die Ideale als götzenhafte Trugbilder, und wir lernten den französischen Philosophen Henri Bergson zu verstehen: »Ideale sind Lügen.«

Dann kam der Tag, an dem die Sirenen fünf Minuten lang heulten: Panzeralarm! Wir durften erst wieder aus dem Keller, wenn Entwarnung gegeben würde – doch die kam bis heute nicht. Mein Erlebnishunger trieb mich aus dem Keller, und ich schlich mich nach oben in unsere Wohnung, um durchs Fenster zu sehen, was sich tat. Am Ende unserer Straße kreiste ein amerikanischer Panzer immer in der Runde. Da hörte ich neben meinem Kopf ein hartes »Klatsch«. Ich sah hin: Eine Kugel war im Erker dicht neben mir eingeschlagen. Da zog ich den Kopf schnell ein und ging in den Keller zurück. Als ich vierzig Jahre später den Einschuss meinen Kindern zeigte, wurden sie blass. Doch mir machte es nicht viel aus.

Im Hof unten gab es Lärm: Ein schwer bewaffneter SS-Mann holte alle aus dem Keller, weil eine weiße Fahne aus einem Fenster unseres Hauses hing. Darauf stand der Tod. Der, dessen Fenster es war, zitterte wie Espenlaub um sein Leben – noch nie hatte ich ein so erbärmliches Häuflein Mensch gesehen. Er hätte doch nur sein Handtuch zum Trocknen hinausgehängt! Der SS-Mann hob die Maschinenpistole gegen ihn: »Für dich Schwein ist eine deutsche Kugel zu schade!« Dann verschwand er. Das

Todeskommando der SS war unsere letzte Erfahrung mit »dem Reich«.

Der Einzug der Amerikaner geschah mit viel Kaugummi, Schokolade und fröhlichem Jazz. Vor der Stadt hatten Soldaten fünfzehnjährigen Jungen, die als »Volkssturm« Leipzig verteidigen wollten, überm Knie die Hosen abgeschnitten, sie mit Schokolade eingeschmiert und nach Hause geschickt. Von den Panzern strahlten schwarze Soldaten zu uns herunter: »End of war!« Ich wurde zum Ziegelputzen in den schier endlosen Trümmerfeldern unserer Nachbarschaft eingezogen. Das war mit leerem Magen harte Arbeit.

Eines Morgens fand sich an der Trümmerwand, bei der wir arbeiteten, ein kleines, schwarzweißes Plakat. Darauf sah man, mit entsprechendem Text, die heute allgemein bekannten Fotodokumentationen der Leichenberge, welche nach dem Einmarsch der Sieger in die Konzentrationslager von Bulldozern zusammengeschoben wurden. Meine erste Reaktion war: »Feindpropaganda!« Aber es ließ mich nicht los. War etwas dran? Und wenn ja – was war das? Im entsetzten Nachdenken öffnete es sich wie ein Abgrund: War es das, wofür ich mein Leben gegeben hätte? In mir war kaum ein Schuldgefühl, eher eine lähmende Einsicht, dem »mit Herz und mit Hand« ausgeliefert gewesen zu sein. Wenn das dabei herausgekommen war – was war dann darin? Und also auch – in mir selber?

Als ich danach auf dem Heimweg die von Brandbomben zerrissene Fahrbahn kreuzte, holperte ein Ami-Lastwagen auf mich zu. »Warum gehe ich nicht langsamer?«, fragte ich mich. »Ob der hier einen Käfer auf der Straße platt macht oder mich – was ist der Unterschied?« Dies war wohl der Tiefpunkt der Einsicht in die völlige Sinnlosigkeit, in die letzte Wertlosigkeit meines Lebens. Und es war gut so. Rückblickend weiß ich, dass bei mir damals jegliche geistige Bindung an den Nationalsozialismus bis auf die Wurzel weggebrannt wurde.

In jene Zeit fiel eine eigenartige Erfahrung: Morgens beim Waschen fiel mein Blick auf den Spiegel, fand dort in meine eigenen Augen hinein und sank in den eigenen Pupillen immer tiefer wie in einen endlosen Tunnel, in dem sich unzählige

Augen immer weiter und kleiner in sich spiegeln, um dann in hintergründiger Endlosigkeit auszulaufen – wie ins Nichts einer letzten Leere. Ein ohnmächtiges Innehalten: Wenn es so ist – wer bin ich dann? Als Jungen hatte uns unser Vater, wenn wir uns zu gerne im Spiegel betrachteten, an beiden Ohren hochgezogen: »Willst du ›nen Aff‹ sehen? Da siehst du ihn.« So trieb er uns die Selbstbespiegelung aus. Aber jetzt war etwas anderes mit mir geschehen. Ich war gefangen im Spiegel-Tunnel reinen Selbstbezuges.

Doch das Leben ging weiter seinen Gang. Die Bedrohung durch die Bomben und zum Schluss durch Tiefflieger, die auf alles schossen, was sich bewegte, war nun vorbei. Die strenge Verdunkelung wurde aufgehoben und etwas Normalität kehrte ein. Doch das Schlimmste blieb: der Hunger. Wir hörten von einem Getreidefeld bei Schkeuditz, auf dem man Ähren lesen könne. Wir fanden das Feld unter einer großen Staubwolke, in der lauter gebeugte Menschen ein paar Ähren suchten. Wir selbst fanden kaum noch etwas im grauen Boden, doch jede kleine Ähre war kostbar.

Inzwischen waren die Russen eingezogen, und mit ihnen war die Welt grau geworden. Lautsprechersäulen wurden überall in der Stadt installiert, die Sowjet-Propaganda dröhnte uns ständig in den Ohren und Hymnen eines Massenchores: »Dank euch, ihr Sowjetsoldaten …« mit dem Refrain: »Es floss für dich, für dich das Blut der Sowjetunion.«

Eines Tages tauchte unser Großvater bei uns auf – welche Freude! Er war mit dem Fahrrad auf die Flucht gegangen, weil er sich so zwischen den Flüchtlingstrecks und Frontverläufen bewegen konnte. In einem Dörflein bei Grimma in Sachsen fand er Obdach in einer winzigen Umkleidekammer neben der Bühne des Dorfkrugs. Ein Bett, ein Tisch, ein Stuhl und ein kleiner Kanonenofen – für mehr war kein Platz. Wenn nebenan die Tanzkapelle aufspielte, konnte man es vor Lärm bis tief in die Nacht nicht aushalten. Aber »unser lieber Großpapa«, Theodor Pielbaum, der ehemalige Zweite Direktor der Estnischen Staatsbank, war es so zufrieden. Wir bewunderten ihn als »Lebenskünstler«. Als Direktor hatte er 1919 von der estnischen

Der Großvater Theodor Pielbaum, um 1950

Regierung den Auftrag erhalten, einen Teil des zaristischen Kronschatzes, den die junge estnische Regierung als Reparationsleistung von der Sowjetunion erhielt, aus Leningrad nach Stockholm in Sicherheit zu bringen. Er erzählte uns, wie er sich dafür einen schäbigen, alten Pappkoffer besorgte, weil der am unauffälligsten war. So brachte er die unbezahlbare Fracht sicher ans Ziel. Noch mit Siebzig machte er einen Kopfsprung vom Dreimeterbrett, für den er unsere tiefste Bewunderung erntete, und den Sinn fürs Segeln und handwerkliche Arbeiten verdanken wir ihm.

Nun lud er uns Jungen zu sich ein: »Wenn ihr bei mir seid, könnt ihr euch waschen, ihr müsst aber nicht!« Wir waren entzückt – denn wir wuschen uns in diesem Alter nicht gerne. Und schlafen durften wir auf dem Fußboden des Gasthaussaals. Doch wie sollten wir hinkommen? Kein Zug, kein Bus fuhr. Also machten wir uns zu Fuß die zweiunddreißig Kilometer auf den Weg, aus unserer Trümmerwelt hinaus, voll innerem Sehnen nach etwas Wald und grünen Wiesen.

Unterwegs stießen wir auf ein großes Plakat mit einem Ausspruch Stalins: »Die Hitler kommen und gehen, aber das deutsche Volk, die deutsche Nation bleibt bestehen.« Wie dankbar waren wir zu erfahren, dass die Sieger uns nicht auslöschen wollten! Doch wir hörten auch vom »Morgenthau-Plan«, nach dem das besiegte Deutschland »zum Kartoffelacker« werden sollte. Damals meinte ich, nie in meinem ganzen Leben satt zu werden – doch würde es wohl wenigstens genug Kartoffeln zu essen geben!

Die hastig durchgeführte Bodenreform bewirkte, dass die Ernte weithin auf dem Halm verkam, während rundum die Menschen fast verhungerten. So begann ich im Mondschein ein Maisfeld »abzuernten« und schleppte den Ertrag in einem großen Rucksack zum acht Kilometer entfernten Bahnhof in Grimma. Unterwegs hielten mich in einem Waldstück einmal russische Soldaten an: »Dokjument!« Doch in Wahrheit hatten sie etwas anderes im Sinn: »Urr! Urr!«, sagten sie – und schon war ich meine Taschenuhr los. Ich erinnere mich an einen Kinofilm, in dem »Väterchen Stalin« mit verklärtem Blick in schneeweißer Jacke unter schmetterndem Vogelgezwitscher hastig um blühende Apfelbäumchen herumgräbt. Dann sah man ihn beide Hände dem Vertreter eines sozialistischen Brudervolkes zum Gruß entgegenstrecken – und jemand rief dazu laut im Schutz des stockdunklen Kinosaals: »Urr! Urr!« Der Saal barst fast in der schützenden Dunkelheit vor brüllendem Gelächter …

Aber es gab auch andere Erlebnisse. Als wir einmal Pilze suchen gingen, rupfte mein Großvater im Vorübergehen eine Blattrispe vom Baum: »Sieh doch, wie wunderbar dies ist – alles aufs Feinste gestaltet … Und wenn man erst bedenkt, was für ein Wunderwerk hier eine einzige Zelle ist …« Damit war eine Frage gestellt: Wessen Wunderwerk? Wir beide glaubten nicht an Gott. Aber mein Großvater ließ es offen und sagte nicht einfach, »die Natur« habe es »geschaffen«.

Doch mein Großvater konnte zeitlebens nicht zum Glauben finden, obschon er sich fast danach verzehrte. Den Grund erzählte er mir: Er und sein Bruder hätten einmal ihren Vater in den üblichen Zweifelsfragen um Antwort gebeten. Doch der erwiderte: »Lasst mich, beunruhigt mich nicht damit. Ich will in meinem Glauben leben und sterben.« Das hatte die jungen Leute tief befremdet, denn sie mussten daraus schließen, dass an einem solchen Glauben nichts dran sei. – Diese Sperre hat sich in meinem Großvater nie gelöst. Ich aber entschloss mich, einer Zweifelsfrage – weder bei mir selbst noch bei anderen – nie aus dem Wege, sondern konsequent auf den Grund zu gehen, um von daher auch den Zweifel zu bezweifeln. Das kam später mir selbst und auch den Hunderten von Studenten, doch vor allem meinen eigenen Kindern zugute.

Wir mussten wieder zur Schule gehen, die jetzt Karl-Marx-Schule hieß. Da die meisten Lehrer in Hitlers NSDAP gewesen waren, wurden so genannte Jung-Lehrer von der Straße engagiert. Als einer von ihnen eine Lateinarbeit schreiben wollte, stellten die Schüler ihn in den Papierkorb und zündeten darin Feuer an. Als das »Atze«, ein bewährter Alt-Lehrer, hörte, lief er in Verzweiflung schreiend durch die Schulflure.

Unserem Geschichtsunterricht diente als Grundlage die Schrift von Friedrich Engels »Der Anteil der Arbeit an der Menschwerdung des Affen«. Die begann mit der Nachricht, am Anfang seien die Menschen Schmalnasenaffen gewesen und hätten in Rudeln auf Bäumen gelebt. Unser Biologielehrer wollte sich durch Zoten bei uns anbiedern und verlor darüber jede Autorität.

Als uns der Hunger so schwächte, dass wir beim Lernen nichts mehr behielten, gingen wir morgens nur noch in die Klasse, um unser Hunger-Brötchen in Empfang zu nehmen, trugen uns dann als fehlend ins Klassenbuch und verschwanden. Man sagte schon nichts mehr dagegen.

Mein Vater arbeitete damals als Röntgenarzt in einer Russen-Kaserne. Als »Deputat« durfte er sich im Keller aus einem großen Haufen verfaulter Kartoffeln herausklauben, was noch essbar war. Er empfand es als sehr demütigend, doch für uns tat er es.

Damals bewarb ich mich als jugendlicher Sprecher beim Leipziger Rundfunk, war dort dank fehlendem sächsischem Akzent konkurrenzlos und sprach in der Kategorie »Frischer Junge« etwas stumpfsinnige sozialistische Texte. Vom Verdienst erfüllte ich mir einen Traum: Ferien am Meer – endlich wieder unter freien, weiten Horizonten! Im überfüllten Zug saß ich glücklich außen auf dem Trittbrett bei herrlich langsamer Fahrt von morgens bis abends durch den Sommer gen Norden, wenn nicht gerade ein Feuerfunke von der braunkohlegetriebenen Lokomotive mir im Kragen steckte. In Prerow auf dem Darß genoss ich die weiten, leeren Strände, aber die Erfahrung der Kindheit wollte sich nicht einstellen.

In Leipzig hatte meine ältere Cousine, Bärbel Reuter, mich beobachtet, wie ich aus dem Fenster sah und vor mich hin sagte: »Ich weiß gar nicht, was ich studieren soll – eigentlich interessiere ich mich für alles.« Nun nahm sie mich mit meinen sechzehn Jahren zur Uni mit, und ich hörte Theodor Litt über »die Aufklärung«. Im Nu war ich fasziniert von dieser in sich schlüssigen Denk-Welt. Das leuchtete mir ein. Im »Licht der Aufklärung« stimmte alles. Aber war es die Welt, die wir jetzt erlebten? Da stimmte nichts. Und ich dachte weiter: Das Problem liegt nicht in »der Welt« – es ist im Menschen selbst.

Ich besorgte mir also Bücher über Psychologie. Aber bald war klar, dass ihre Antworten zu kurz griffen. Jedermann machte damals intensivste Erfahrung darin, wie sich unheimliche Mächte des Menschen bemächtigen. Immer wieder sagten die Leute: Auch wenn ich nicht an Gott glaube – dass es einen Teufel, eine auf das Böse, auf Vernichtung zielende Macht gibt, das weiß ich jetzt. Also wandte ich mich dem zu und begann mich mit Esoterik und Okkultismus zu beschäftigen. Wenn mir später die gängigen Zweifel begegneten, konnte ich immer meinen Hut ziehen und sie als alte Bekannte begrüßen. Doch meine innere Verfassung erreichte damals einen Tiefpunkt.

Es war ein trüber, nebelnasser Novemberabend, als ich in solcher Stimmung an der Thomaskirche vorüberging. Ich erwartete nichts vom Leben, und das Leben wohl auch nichts von mir. Da hörte ich Musik aus der Kirche herausdringen. Ich ging hinein und fand mich allein in dem weiten, dunklen Raum. Über mir auf der Empore probte der Thomanerchor. Doch ich erstarrte fast. Was war das für eine unfassbare Jubelmusik! Dann vernahm ich den Text: »Wir setzen uns mit Tränen nieder ...« aus dem Schlusschor der Matthäuspassion. Das war mir unbegreiflich – ich war wie erschlagen: War so etwas möglich? Die Tränen kannten wir: Wir lebten in einer Welt der Tränen. Aber Jubel? Dem misstrauten wir. Der konnte in dieser Welt nur verlogen sein. Aber dass man unter Tränen jubeln könnte ...? In mir erwachte in der

Erschütterung eine Ahnung, dass es noch etwas völlig anderes geben könnte als all das, was ich bisher erfahren und aufgenommen hatte – eine andere Welt. Und das – für uns Menschen? Dann etwa auch für mich?

Von da an beschloss ich, diesem Gedanken nachzuspüren. Ich wollte zwar baldmöglichst aus der Kirche austreten, weil ich ehrlicherweise nicht zu etwas gehören wollte, was ich nicht mitvollzog. Ein Christ, so sah ich es, muss auch als Christ glauben, also verstand ich mich nicht als Christ. Doch von nun an ging ich regelmäßig in die Thomaskirche, setzte mich in die Bank, wo jeder so viel Abstand vom anderen nahm wie möglich, und hörte immer wieder von der Kanzel: »Wir Christen, wir glauben doch alle …« In mir sammelte sich ein Ingrimm: Wusste der da oben nicht, dass hier jemand sitzen konnte, der nicht glaubte? Dann hieß es: »Wir sind getauft, also haben wir doch alles …« – und es folgten große Worte wie Gott und Gnade. Dabei ging mein Blick rechts und links in die Bänke – nirgends fand ich auch nur eine Spur von dem, was die großen Worte im Leben bewirken sollten, und auch bei uns zu Hause war es nicht anders.

Von Mal zu Mal wuchs mein Unmut. Schließlich sagte ich mir: »Entweder ist an der Sache nichts dran – dann kann ich sie fahren lassen. Oder sie ist uns zu hoch und zu schwer, um sie so zu vermitteln, dass wir sie verstehen können. Also – was soll das Ganze!« Und so schwor ich mir in meinem sechzehnjährigen Zorn eines Sonntags, dass ich nie mehr einen Fuß über die Schwelle einer Kirche setzen würde, und mit diesem Schwur setzte ich meinen Fuß über die Schwelle der Thomaskirchentür – und trat so aus der Kirche aus.

Damals bearbeitete mich eine ältere Dame, ich solle zum Jugendkreis der Thomaskirche gehen. Ich hatte nicht das geringste Interesse daran, und schüchtern war ich außerdem. Schließlich, und nur um vor ihr Ruhe zu bekommen, ging ich »nur einmal hin«. Aber wie erstaunt war ich: Noch nie war ich so feinen Mädchen begegnet, die mich frei und unkompliziert begrüßten und fröhlich und natürlich mit mir als Jungen umgingen. Wie anders waren sie als alle anderen Mädchen, die ich bis dahin kennen gelernt hatte. Diese Freude wollte ich mir noch einmal machen, und so fand ich mich dort wieder ein – nur wegen der Mädchen. Doch nebenbei bekam ich einiges Interessante mit, das uns der Diakon Herbert Dost, ein weltoffener und zutiefst frommer Mann, auf angenehme Weise vermittelte. Und einmal geschah etwas Unvergessliches: Ein Theologiestudent, Sohn des Missionsdirektors Ihmels, hielt eine Bibelarbeit, von der ich wieder so gut wie nichts verstand. Aber warum war ich zutiefst gepackt, wie ich es noch nie erlebt hatte? War es das erste Mal, dass ich lebendiger Verkündigung begegnete?

Als mich mein Vater damals vor seinen Röntgenschirm stellte, erschrak er: Er sah einen Schatten auf meiner Lunge, Zeichen einer einsetzenden »Hunger-Tuberkulose«. Damals hörte ich von einem Balten-Internat in Wyk auf der Insel Föhr. Da wollte ich unbedingt hin! In »den Westen«! Ans Meer! Und sogar auf eine Insel! Mein Vater fragte im Internat an und erhielt eine Absage. Doch dann fuhr mein Vetter Robert nach Wyk – und wurde, weil er nun schon einmal da war, auch aufgenommen. »So mache ich es auch!«, sagte ich meinem Vater, doch sein baltisches Anstandsgefühl sperrte sich dagegen. Er schrieb noch einmal hin. Die Absage war nun noch eindeutiger. Da bearbeitete ich meinen Vater zwei Wochen lang, mich trotzdem fahren zu lassen. Die Schatten auf der Lunge waren mein Argument, denn im Westen war die Ernährung besser. Zudem war der junge Ihmels ins ehemalige KZ nach Bautzen gekommen, das jetzt den Sowjets als furchtbares Lager diente. Dort hielt er den Mitgefangenen Bibelstunden, bevor er starb. Ich stufte mich wegen meiner Zugehörigkeit zum selben Jugendkreis als gefährdet ein, und schließlich ließ mein Vater mich ziehen: »Es ist eine Unverschämtheit, mit zwei Absagen in der Tasche hinzufahren. Du kommst auch nicht über die Grenze! Und wenn du hinüberkommst, wirst du nicht aufgenommen. Und selbst wenn du aufgenommen würdest – wer soll das bezahlen? Ich habe kein Geld!«

Ich hatte mir auf der Landkarte einen Grenzort im Harz ausgesucht, weil ich meinte, in einer unübersichtlichen Landschaft am besten über die Zonengrenze zu gelangen. Der Zug dorthin war prall voll mit Grenzgängern – nicht wenige aus dem Vogtland mit Strümpfen in der Tasche, die sie in Bremerhaven gegen einen Eimer Heringe eintauschten, um ihn dann – wieder über die gefährliche Grenze – zu Hause auf dem schwarzen Markt zu verscherbeln. Es lohnte sich damals. Im Zug war es auch bei Tage dunkel, weil alle Fenster kaputt und mit Pappe verschlossen waren. Ich stand auf der langen Bummelstrecke zwischen den Bänken und wenn ich einschlief, fiel ich den Sitzenden auf den Schoß.

Als der Zug in Ilsenburg am Harz eintraf, waren die Leute wie elektrisiert, denn der Bahnhof lag stockdunkel da. Das war kein gutes Zeichen! Blitzschnell sprach es sich herum, er sei von Polizei umstellt, die jeden, der keinen Ausweis für Ilsenburg hatte, festnahm und zurückschickte. Nun wollten die Leute nach hinten über die Gleise fliehen, doch im gleichen Augenblick hieß es »TAKTAKTAK!« – dort schossen die Russen sofort auf uns. Also doch vorne heraus aus dem Zug! Ich sah mir von der Bahnhofstür her die Lage an – es gab nur einen einzigen Ausweg: im Bahnhof selbst zu bleiben und abzuwarten, was sich tat. So bestellte ich mir in aller Ruhe in der Wartehalle das damals übliche »Heißgetränk« – nichts als gefärbtes heißes Wasser.

Nach einiger Zeit schaute ich hinaus: Die Luft war rein. In der Tür stand ein Mann mit dem Hut tief im Gesicht: »Willst du rüber?« Ich dachte: Das ist die Chance – denn in der Nacht würde ich meinen Weg nicht finden. »Fünfzig Mark!«, sagte er und zeigte mir, wo ich mich einfinden sollte. Dort lagen auf einer Veranda schon einige schlafende Menschen.

Um Mitternacht weckte er uns. Dann ging es zuerst im bleichen Mondschein auf einer Straße entlang, bis wir in einen Wald einbogen. »Nicht auf Zweige treten!«, sagte er – aber wie sollte das gehen, wenn man im Dunkeln seine eigenen Füße nicht sah! Ich ging hinter ihm und seinem Jungen, der ihn begleitete. Der Mann trug einen schwarzen Mantel, so dass ich ihn im Finstern kaum wahrnehmen konnte. Schließlich erreichten wir die gefährliche Zone. Da trat eine Großmutter, die mit ihrem Enkel in der Gruppe war, auf einen Zweig, der mit lautem Knacken brach. Sofort blendete ein Scheinwerfer gegen uns auf. »Hinlegen!«, zischte unser Führer. Mit lautem Geknacke und Gekrache warfen wir uns auf den Boden. Der lange Licht-Finger suchte uns, kam auf uns zu – war jetzt gleich alles vorbei? Wir warteten atemlos – doch da zog er dicht über uns dahin. Er hatte uns nicht erfasst!

Allmählich kam wohl die Zeit des Wachwechsels, die wir zum

Übergang benutzen konnten. Bald waren wir am Grenzflüsschen, der Oker, die zu dieser Zeit recht viel Wasser führte. Auf der anderen Seite des Flusses ging es steil hinauf. Doch wie hinüberkommen? Da schickte der Mann seinen Sohn zuerst ans andere Ufer, und im Schein einer kleinen Taschenlampe spannten sie einen Bindfaden entlang einiger Trittsteine über das strudelnde Wasser. Dies hatte keinen anderen Sinn, als uns zu zeigen: Es geht – du kannst hinüberkommen! In den nächsten Minuten folgte für mich die entsetzlichste Anstrengung meines Lebens: Ich musste an der anderen Seite die steile Böschung hinauf, auf dem Rücken den schweren Rucksack, in jeder Hand eine Tragetasche, und der Abhang war vom Regen glatt wie blankes Eis. Wie sollte ich, da ich mich nirgends halten konnte, jemals dort hinaufkommen? Doch schließlich war es geschafft, unser Führer kassierte von jedem sein Geld, und wir hatten Glück, er war ehrlich und hatte uns nicht zuerst das Geld abgeknöpft und uns dann in der Wildnis stehen gelassen, wie das immer wieder vorkam.

Todmüde, wie wir waren, galt es noch den Weg bis Bad Harzburg zum nächsten Bahnhof zu bewältigen. Als ich gegen den Hunger das Brot auspacken wollte, das mir meine Mutter mitgegeben hatte, fand es sich nur als Staub am Boden der Tasche – es hatte sich aufgelöst. So war damals die Qualität des Brotes.

Als ich am Morgen endlich im Zug gen Norden saß, war es, als hätte ich eine andere Welt betreten: Die Abteile hatten verglaste Fenster, und die Lokomotive zog uns mit weißem Dampf zügig voran. Über den zerschossenen Bahnhof Hamburg-Altona ging es dann weit hinauf in die grüne Marsch unter hohem Himmel bis zur Nordsee. Über dem blauen Meer zeigte sich am Horizont umrisshaft eine Insel – Föhr, der Ort meiner Sehnsucht. Ich ahnte nicht, dass sich mein Leben dort radikal verändern würde.

Die so genannte Balten-Schule, und damit das Balten-Internat, nahm mich nicht auf! Die Rektorin nannte mein Anliegen »unverschämt«. Mir war sogar das Betreten des Schulgeländes verboten. Über viele Wochen beherbergte mich ein Freund meines Vaters. Dann geschah, woran sich nur noch mein Bruder aus meinen damaligen Erzählungen erinnert: Ich begrüßte die Rektorin einmal mit einem artigen Handkuss, wie es im Baltikum üblich war. Das soll ihr steinernes Herz erweicht haben: Nach Weihnachten war ich in die Schule und damit auch ins Internat aufgenommen.

Zum Handkuss hatte ich selber ein eher gespanntes Verhältnis. Ich war wohl vier Jahre alt – die Szene bei der Karlskirche in Reval sehe ich noch heute vor mir –, als mein Vater eine Dame begrüßte und auch ich ihr »artig« meine Patschhand nach oben reichte. »Entschuldigen Sie, gnädige Frau«, griff da mein Vater ein und machte dazu, wie bei uns üblich, einen »Kratzfuß« mit leichter Verbeugung, »… aber mein Sohn muss es lernen, einer Dame die Hand zu küssen!« – Und ich musste zu meinem Entsetzen die peinliche Prozedur wiederholen. Der Schock saß tief.

Nordsee-Brandung

Die Wanderer am Südstrand von Föhr blieben verwundert stehen: Aus wildem Gespritze und Getobe im schlickgrauen Wasser hörte man begeistertes Schreien: »Herr Pastor! Herr Pastor!« Am Strand ein Kopfschütteln: Ein Pastor? Mitten in dieser Kindermeute? Na so etwas!

Unter einigen schief gewehten Bäumen nahe dem Strand flog der Basket-Ball unter lautem Geschrei: »Du Esel, pass doch auf! Du Idiot!« Jeder wollte der Erste, der Beste sein. Ich achtete dabei genau auf einen der Jungen. Nie war er der Beste, und oft ging bei ihm der Ball zu Boden. Doch wieso konnte er dabei lachen, sogar von Herzen? Und warum ärgerte er sich bei unseren Fehlern nie so wie wir anderen? Er war überhaupt anders. Was war mit ihm anders?

Unter den Bäumen lagen zwei verfallene Baracken der Luftabwehr aus dem Krieg. Hier saßen wir, gebeugt über schmutzig graues, holziges Papier und schrieben, schrieben. Es gab keine Bücher, und so diktierte uns der Lehrer jeden Satz. Der Deutschlehrer hatte eine Schwäche für Goethe. Aber »Edel sei

»Haus Nordmark«, das Jungen-Internat in Wyk auf Föhr

der Mensch, hilfreich und gut« – das hatte für uns die Echtheits-
probe nicht bestanden. Und »Wer immer strebend sich bemüht,
den können wir erlösen« erst recht nicht. Die Wirklichkeit hatte
uns anderes gezeigt. Für uns war Goethe durchgefallen!

Durch die dünnen Barackenwände hätte man zugleich an
zwei Unterrichtsstunden teilnehmen können. Hans-Jürgen, den
ich beim Sport so scharf beobachtet hatte, saß bei der Mathe-
Klausur hinten mit hochrotem Kopf. Wir Obersekundaner nutz-
ten alle unsere langjährig erprobten Tricks beim Abschreiben,
doch man wusste: Hans-Jürgen schrieb nicht ab. »Warum nicht?
Das erwarten doch auch die Lehrer!« Aber er meinte nur:
»Wieso? Ich kann es nicht. Und wenn ich etwas anderes zeige,
wäre es unehrlich.« Was sollte man dazu sagen?

Oft steht mir der Abend vor Augen, als ich in unsere »Bude«
einzog. Acht Jungen schliefen hier im kleinen Raum, einige von
uns in Drei-Stock-Betten. Die schaukelten wie ein Schiff bei
Sturm, wenn sich einer von uns umdrehte. Ich war schüchtern,
ich hatte Angst: Würde ich mir hier Geltung verschaffen können?

Neben mir schlief Hans-Jürgen, den Nachttisch teilten wir
uns. Er griff sich ein Buch. Was las er wohl? Da packte mich ein

kalter Schrecken: War der denn verrückt? Gleich würden sich die anderen wie Raubvögel auf ihn stürzen und ihn zerreißen! Er las die Bibel! Ich verstand die Welt nicht mehr: Alles blieb ruhig. Sie wussten, dass er so war, und sie akzeptierten es. Wo war ich denn nur hingeraten? Das hier war nicht meine Welt. Von diesem ersten Abend an beobachtete ich Hans-Jürgen scharf: War der echt?

In die Dunkelheit unseres Schlafraumes, ins Schnarchen und Pfeifen der Schlafenden öffnete sich die Tür, im Lichtspalt erschien ein markantes Profil, und dann, monoton schnarrend, die Stimme: »Mor-gen-lauf!« Rings aus den Betten Grunzen, ein Aufstöhnen: »Der Papst! Ist der wahnsinnig!!« Vor den Fenstern heulte der Sturm, toste die Brandung, und eisiger Nordsee-Regen klatschte in dunkle Pfützen. Aber es half nichts – schnell waren wir vor dem Haus, dort wurde abgezählt, und dann ging es barfuß, platschplatsch durch die Pfützen ab in die Dunkelheit.

Bald mochte man das nicht mehr missen. Unvergesslich jener Wintermorgen: Unter unsagbar hohem, lichtblauem Himmel lief ich hinaus ins stille Watt. Eisnadeln brannten sich in die Sohlen, und wie im Rausch kehrte ich heim wie auf kochenden Füßen. Das gehörte bald zum Leben. Jahrzehntelang hatte ich meine festen Morgenlaufstrecken in Uni-Städten – in Erlangen am Burgberg, in Marburg entlang der Lahn, in Tübingen hinter dem Albrecht-Bengel-Haus, in Münster, wo ich Studentengruppen besuchte, und auf dem großen Spielplatz vor unserem Hause – die täglichen »Wonnen des Morgenlaufs«.

Im »Vatikan«, dem stets für uns offenen Arbeitszimmer des »Papstes«, saßen wir mit ihm rund um den Tisch. Ich war neugierig: Er hatte zu einer Bibelstunde eingeladen. Ich hörte kaum hin, denn ich wusste, das war nicht meine Welt. Ich sah auf seine kräftigen Hände, die kurzen Finger – ich wusste, dass er gut boxen konnte. Nun faltete er sie. »Herr, nimm an unser Gebet …«, hörte ich. Und dann: »… wenn wir nun, laut und gemeinsam, einer mit dem anderen, und einer für den anderen zu dir rufen, wie du es uns gelehrt hast: Vater unser, der du bist im Himmel …« Ein Mann, dessen Hände so boxten wie beteten – das war mir noch nicht vorgekommen. Beten kannte ich nur bei

Am Sportplatz des Internats

alten Frauen – denn »Männer beten nicht«. Doch was hakte sich da wieder in mir fest? Wurde hier etwa die Festung meines Weltbildes unterspült? In meinem Lebenshunger hatte ich damals den Wunsch, »im Leben alles mitzunehmen«.

Pastor Hans Lohmann (»der Papst«),
Internatsleiter in Wyk auf Föhr

Im Internat herrschte eine gesunde Autorität. Die Ordnung und Disziplin tat uns wohl in einer Zeit, die ins Anarchische abzusinken drohte. Hier erfuhren wir Zucht als Stabilisierung, das nötige innere Gerüst, um leben zu können. Und das knüpfte nicht am Drill und Kadavergehorsam der erst vor drei Jahren vergangenen Zeit an. Wo lag das Geheimnis dazu, und wo der Mut?

Bald merkte ich: »Der Papst« war kein Schimpfname, sondern eher ein Ehrenname unseres Internatsleiters, Pastor Hans Lohmann. An ihm lernte ich mit siebzehn Jahren, was gesunde Autorität ist, und noch mehr: dass es sie geben muss. Das schloss Strenge und Strafe nicht aus. Gelegentlich bekamen die Kleinen etwas leicht mit dem Kleiderbügel übergezogen. Ich hörte, wie ein Junge sich danach lachend den Hosenboden rieb: »Ich kann euch sagen – der drischt mit Liebe!«

Bald darauf saß ich an einem kleinen Schreibtisch einem Herrn gegenüber, der mich mit klugen Augen hinter freundlichen Brillengläsern anschaute: »Tennus (das war seit der Schulzeit in Posen mein Spitzname), wir müssen für dich ein Stipendium beschaffen. Und vorher musst du ins Auffanglager – du brauchst ja einen Ausweis für unsere britische Besatzungszone.« Es war Herr von Roth, der Gründer unseres Carl-Hunnius-Internates in schwerster Zeit. An der Wand über ihm las ich einen kleinen, handgeschriebenen Spruch: »Nur auf Jesus sehen.« Was sollte das? Vor ihm häuften sich die Akten und mit ihnen die Probleme: Wo sollte in der Hungerzeit jeden Tag das Essen für uns einhundertsiebzig Internatler herkommen? Wie sollte es in einer Flüchtlingszeit, wo niemand Geld hatte, bezahlt werden? Und über dem allen: Nur auf Jesus sehen? Ich war damals hoch allergisch gegen oberflächlich dahergeredete christliche Worte und bezeichnete sie als »Seelenknietsch«.

Doch dies war das Ziel ebenso wie die Kraft des Internats: Es sollte entwurzelten Flüchtlingskindern, vor allem baltendeutschen, eine Lebensgemeinschaft ermöglichen. Der Gründer und seine Frau hatten zwischen den Kriegen in Möttlingen in Württemberg zu Jesus Christus gefunden, wo die Arbeit des berühmten Pfarrers Johann Christoph Blumhardt nachwirkte. Nun versuchten sie das Internat im christlichen Sinne zu führen. –

Nach der Flucht in den Westen, März 1948

Im Auffanglager Lübeck-Pöppendorf tauchte ich tief ein in die graue Masse tausender entwurzelter, hoffnungsloser Menschen. Das Grauen der Zeit und mit ihm der Trieb zu überleben standen vielen im Gesicht. Der Einzelne war damals niemand, wenn er nicht jenes heiß begehrte Stück Papier empfing, das ihm »Identität« gab und ihm damit zu leben gestattete. Ich ließ mich in der Masse mittreiben, aber ich hielt mich an meinem Namen fest.

Unter den Leuten waren nicht wenige, deren Fotos noch nach dreißig Jahren auf Plakaten in Behörden und Postämtern aushingen. Neben ihnen stand in großen Buchstaben: »Wissen Sie, wer ich bin? Woher ich komme? Wie ich heiße?« Neben einem Bild konnte man etwa diesen Text lesen: »Name: vermutlich Peter. ›Peter‹ wurde im Februar 1945 an der Elbe gefunden. Er war in eine Decke eingewickelt.« – Als das Rote Kreuz diese Suchaktion nach drei Jahrzehnten beenden wollte, waren es noch etwa zweitausend Menschen, die nicht wussten, wer sie waren.

Von Pöppendorf aus, im glücklichen Besitz des so wichtigen Papiers, fuhr ich nach Bethel bei Bielefeld. Hier sollte ich beim

73

Baltischen Hilfsverein um ein Stipendium bitten. Dessen Leiter, Pastor Herbert Girgensohn, nahm mich mit an den Abendbrottisch seiner Familie. Jeder sah, wie schmal die Kost war. Warum luden sie mich ein? Das war ungewöhnlich. Dann sah ich, wie er über dem Teller die Hände faltete. Und nun erlebte ich, wie er die unsägliche Not der Menschen zu demjenigen brachte, den er mit »Vater« anredete. Zum ersten Mal erschien es mir nicht fremd. War es etwa gut, beten zu können? Mein Weltbild erhielt weitere Risse.

Im Internat führten wir das Rüpelspiel aus dem »Sommernachtstraum« von Shakespeare auf. Ich spielte den Pyramus, den dümmlichen Liebhaber. Dabei vermittelte ich den trügerischen Eindruck eines fröhlichen Gemütes und ahnte nicht, was mir bald danach widerfahren würde.

Drei Monate später standen wir in unseren feldgrauen »Ami-Jacken«, die oft geflickte Einschussstellen hatten, im Hafen von Wyk auf Föhr am Pier. Der kleine Dampfer vom Festland lief ein. Wir warteten stumm. Der Ladebaum hob langsam einen Sarg aus dem Schiff. Als wir ihn zur Kirche in Boldixum hinübergeleiteten, ging ich neben ihm und dachte immer: »Es ist, als wäre der Sarg neben mir leer.« Kurz vor seinem Tod nach einem Blinddarmdurchbruch hatte Hans-Jürgen von Holst mir noch sagen lassen: »Sag Tennus: nicht weinen, nicht trauern – Freude, Freude, Freude!«, und als Begründung: »Es ist ja alles da …!« In der Kirche sang der Schulchor. »… kein Aug' hat je gespürt, kein Ohr hat je gehört solche Freude …« Darüber sprach Hans-Jürgens Vater als Pastor am Sarg seines Sohnes, und Pastor Lohmann sagte am offenen Grab: »Er wollte Missionar werden – mit seinem Sterben hat er uns den größten Missionsdienst erwiesen.« Die Besucher blieben noch am Grab stehen: ein schlichtes, geschnitztes Holzkreuz, und darauf war nur zu lesen, was das Erleben dieses Tages zusammenfasste: *Jesus ist Sieger*. Dieses Wort steht noch jetzt, nach fünfzig Jahren, vor mir auf dem Schreibtisch, während ich dies schreibe.

2 Im Umbruch – Jugend, Studium und erste Schritte in der Gemeinde

»Suchet mich, so werdet ihr leben.«
Amos 5,4

Die nächtlichen Straßen hallten von meinem Schritt, als ich, den alten Rucksack geschultert, zum Wyker Hafen hinunterging. Das Schiff zum Festland legte, der Tide wegen, schon um vier Uhr ab. Die kurzen, schwarzen Wellen des Wattenmeeres klatschten während der Fahrt hart gegen die Bordwand, und ich versuchte, in der pechschwarzen Finsternis etwas zu erkennen. Nach einer Weile zeichnete sich in der Dunkelheit, kaum ahnbar, im Osten der Horizont ab, dann zeigte sich ein feiner, schmaler Silberstreif – langsam wurde er breiter und immer heller, und da überwältigte mich die Frage: Gibt es das auch für mich – einen »Silberstreif am Horizont«? In mir war Nacht. Und dort kam der neue Tag herauf – was kam auf mich zu?

Vor Ostern hatten wir im Internat eine Einladung der Kirche zu einer Abiturientenfreizeit an der Evangelischen Akademie in Hermannsburg in der Heide erhalten. Kurz vorher hatte ich wieder ein Spiegel-Erlebnis: Eines Morgens ergab es sich im Waschraum, dass Günther von Holst – der Bruder von Hans-Jürgen – und ich zugleich in denselben Spiegel schauten. Ich sah mein Gesicht neben dem seinen – und mich durchfuhr der Schreck. Mein Gesicht zeigte mir im Vergleich zu seinem, wie kaputt ich bereits mit meinen siebzehn Jahren war. Warum war seines so anders – von Ordnung und gesundem Leben geprägt? Aus dieser Erschütterung wuchs harter Neid. Wie jeder junge Mensch wollte ich aus meinem Leben das Beste machen – warum gelang es ihm, mir aber nicht? Als ich sah, dass sich Günther für Hermannsburg anmeldete, tat ich es auch. Bei der Abfahrt sah mich der Sohn des Mathe-Lehrers sorgenvoll an: »Tennus – komm bloß so wieder, wie du jetzt wegfährst!«

Bei der Fahrt zwischen Hamburg-Altona und dem Haupt-bahnhof blickte ich stumpf aus dem Fenster – Trümmerfelder dehnten sich straßenlang bis an den Horizont, Brandruinen rag-ten heraus, dazwischen ein ausgehöhlter Kirchturm, ein geborstener Schornstein. Wie viel Leben war hier in Trümmer gesunken! Drei Jahre waren vergangen, und wie eine freundliche Decke hatte sich ein hellvioletter Schimmer über die Trümmerlandschaft gebreitet – dort blühte nun die Trümmer-blume, das unscheinbare Waldweidenröschen. Aber sie zeigte mir nur das Gegenbild meines eigenen, inneren Zustandes: oberflächlich überdeckte Trümmer. Und dumpf lastete in mir die Frage: »Leben! Ich suche Leben. Aber was suche ich da eigentlich?« Die ratternden Räder unter mir trieben mich einer ungewissen Zukunft entgegen.

Einige unscheinbare, aber für mich wichtige Ereignisse der letzten Wochen gingen mir durch den Sinn:

An einem Sonntag hatte mich Hans-Jürgen angestrahlt: »Tennus, komm doch mal mit in die Kirche! Es ist schön da!« Ich war verblüfft. Wenn er es nicht gewesen wäre, der das sagte – ich hätte ihm ins Gesicht gelacht. Aber weil es Hans-Jürgen war … So beschloss ich, meinen Schwur probeweise zu brechen – getreu Bert Brechts Spruch, dass, wer A sagt, nicht auch B sagen muss, wenn er einsieht, dass A falsch ist. Und so machte ich mich am nächsten Sonntag zaghaft zur alten Friesen-Kirche in Boldixum auf. Unter den Leuten dort benahm ich mich stets verkehrt: Stand man auf, blieb ich sitzen, und wenn man sich setzte, stand ich noch. Von dem, was dort ablief, verstand ich nichts. Doch merkwürdig: Danach fühlte ich mich wie erfrischt – wie man gereinigt aus einem Wasserbad kommt. Bald mochte ich diese angenehme Erfahrung nicht mehr missen. Und ich entschloss mich, erst nach zehn Gottesdienstbesuchen zu ent-scheiden, ob ich bei meinem Schwur bleiben wolle.

In jenen Tagen las ich von Albert Schweitzer, er sei als Urwalddoktor nach Lambarene gegangen, um dem Vorbild Jesu zu folgen. Das hakte sich in mir fest: Wenn Jesus heute noch so ins Leben hineinwirkt – wer ist Jesus?

Damals luden mich Hans-Jürgen und Günther von Holst zu einem Gebetskreis für Internatler ein. Da wir uns bei der Frau des Leiters, Frau von Roth, trafen, sagte ich aus Schüchternheit nicht ab. Ich war verwundert über die frischen »Sieges-Lieder« zur Ziehharmonika, die man dort von Jesus sang. Dann wurde reihum frei gebetet. Die Reihe kam immer näher auf mich zu – was sollte ich tun? Als es bei mir ankam, wartete man still. In mir brodelte es: Was tu ich bloß? Es blieb mir nichts übrig als zuzugeben: »Ich kann noch nicht beten.« Das fand man so in Ordnung. Aber mich ließ es jetzt nicht mehr los. Warum hatte ich »noch« gesagt? Könnte man denn beten lernen, wenn man es »noch« nicht kann? Ist Beten wirklich etwas so Schlimmes oder Dummes – nur für alte Frauen? Mein Urgroßvater Armin Findeisen hatte doch gewiss auch gebetet – und der war als junger Pastor in die dumpfen Keller der deutschen Straßenkehrerfamilien in Paris gestiegen. Da stimmten wohl sein Beten und sein Leben überein.

An einem jener entscheidungsträchtigen Tage erhielt ich von Tante Hertha in Leipzig, die uns so lieb bei sich aufgenommen hatte, als wir aus Posen kamen, eine Spruchkarte. Die pinnte ich mir hoch oben unter die Zimmerdecke über mein Bett – ich schlief damals im »3. Stock«. Warum? Verstand ich denn den Text? »Was stehst du auf dir selbst und stehst doch nicht? Wirf dich auf Gott! Und fürchte dich nicht, er wird nicht weichen und dich fallen lassen! Nein! Wirf dich ruhig auf ihn, er fängt dich auf und wird dich heilen. – Augustinus.« Was bedeutete dies für meine in Grübeleien zerlöcherte, in sich selbst gefangene, ins Nichts hineingestoßene Seele? Nein! Wirf dich ruhig auf ihn …

Die Erfahrungen jener Tage schossen meine Bastion sturmreif. Als in unserer Jahrgangsstufe die Tanzschule begann, wusste ich, dass bei mir, wenn ich ein Mädchen im Arm hielte, »ganze Güterzüge in Bewegung« kämen. Und es war klar, dass ich dann von dem abgezogen würde, was jetzt für mich anstand: Die Klärung meiner Stellung zum Glauben. Ich stand vor der Entscheidung – und entschied mich für den Glauben. Das andere – es mochte später folgen.

Nach der Ankunft in Hermannsburg lag mir nun alles daran, den anderen Teilnehmern ein gutes Bild von mir zu zeigen. Doch bei der Vorstellungsrunde verhaspelte ich mich so hoffnungslos, dass ich nur noch dachte: Du bist jetzt bei allen unten durch. Ich verkroch mich in mich selbst und ins Schweigen. In den kommenden Tagen erwies es sich: Es war gut, dass mir mein eigenes Spiegelbild zerbrach.

Hermannsburg ist ein frommer Ort. Durchs Fenster beobachtete ich erstaunt, wie die Menschen in großen Scharen zu den Passionsandachten in ihre drei Kirchen strömten. »So muss es wohl sein, wenn Menschen es ernst nehmen, was Jesu Leiden für sie bedeutet«, dachte ich.

In einer der Kirchen hielt der Kirchenhistoriker Kurt Dietrich Schmidt einen Vortrag über »Luthers Weg zum Reformator«. Dieser Vortrag traf mich tief. Wie hatte Luther Gott ernst genommen! Und ich? Ich diskutierte bestenfalls über Gott. Aber wenn Gott wirklich war? Dann hatte das Konsequenzen. Dieser Gedanke machte mich unruhig. Während des gemeinsamen Vaterunsers stand ich neben Günther von Holst, und ich versuchte an seinem Gebet zu ergründen, wie ernst er Gott wirklich nahm.

Nun wollte ich unbedingt hinter sein Geheimnis kommen. Ich wusste, es musste mit der Bibel zusammenhängen. Darum griff auch ich mir eine Bibel und verzog mich in eine Ecke des Speisesaales. Als ich die Bibel aufschlug, fiel mein Blick auf einen Vers im Titusbrief: »Sie sagen, sie erkennen Gott; aber mit ihren Werken verleugnen sie es. Und diese sind es, die Gott ein Gräuel sind.« Das schlug bei mir ein wie ein Blitz, und sofort wusste ich: Wenn ich jetzt sterbe, wache ich im Abgrund, in der Hölle auf – und das, obwohl ich als aufgeklärter Unterprimaner »wusste«, dass es »so etwas natürlich nicht gibt«.

Es war am Gründonnerstag, als mir dämmerte, was mit mir – und mit uns – los war. Ich war alleine im Schlafraum und stand vor einer beschlagenen Fensterscheibe. Dort hinein zeichnete ich mit dem Finger langsam eine gerade Linie. Das war mein Weg. Und wenn ich ihn geradlinig weiterging, wusste ich, wo ich landen würde: in der Hölle. Jetzt würde ich mühelos der radikalste Nihilist werden, den die Welt kannte. Ich kannte die Wirklichkeit. Dann zog mein Finger auf dem Fensterglas eine Linie, die seitwärts von der ersten abzweigte. In ihr lag eine Frage: Jesus? Ob es ihn gab? Ob womöglich das, was von ihm geschrieben war, auch mir galt? Es stand da. Stand es auch für mich da?

Diese Zeichnung vor Augen entschloss ich mich: Ich würde es jetzt ausprobieren. Wenn nichts dran war, blieb mir der gerade Weg in den nihilistischen Abgrund immer noch offen.

Am Karfreitag war ein herrliches Frühlingswetter. Ruhelos streifte ich durch die Heide. Wir hatten den Kanon gesungen: »Alles ist eitel. Du aber bleibst, und wen du ins Buch des Lebens schreibst.« Das Erste kannte ich: Alles ist eitel. Doch was meinte das Nächste? Ich suchte jetzt dringend ein Gespräch mit Günther. An einem Baum wollten wir uns treffen. Ich wartete, doch er kam nicht. Ich war erbittert und sagte mir: Wenn er sich jetzt faul herausredet, bin ich mit allem fertig. Als wir uns trafen, lachte er nur: Er sei auf einen Baum geklettert, und dort sei es so schön gewesen, dass er nicht heruntersteigen mochte. Das war jedenfalls ehrlich. Und mir hatte es den Raum vertieften Schweigens gewährt, den ich jetzt wohl brauchte. Damals meinte ich, ich könne jetzt ohne Schwierigkeit Trappist werden – ein Mönch, der lebenslanges Schweigen gelobte.

»Welt ging verloren, Christ ist geboren«

Über der alten Eingangstür der Akademie, die früher das Missionsseminar gewesen war, sah ich, auf blauen Holzgrund mit weißen Buchstaben gemalt, ein Schild: »In Christus liegen verborgen alle Schätze der Weisheit und Erkenntnis.« Ich verstand den Spruch nicht, doch beim Lesen zog er in mich ein wie ein neuer, guter Gedanke: Hier wäre der Weg in unserer Welt, die mit ihrer »Weisheit und Erkenntnis« am Ende ist. Und ich sah den zweiten Strich an der Fensterscheibe vor mir. Was hieß »in Christus«?

Nun begannen meine Gedanken wie in der Erwartung von Unbekanntem um ein Wort zu kreisen, das für mich neu war: Offenbarung. Etwas, das ganz von außen, »von oben« kommt, völlig anders, als ich es kannte, das nicht aus mir und doch zu mir kommt, in mein Leben! In einem Gespräch unter den Teilnehmern erwähnte ich es, woraufhin mich einer unserer Referenten, der Theologieprofessor Helmut Kittel, angriff: Es sei doch schlimm, dass heute junge Menschen, statt sich an »Schrift und Bekenntnis« zu halten, nach eigenen Offenbarungen trachteten. Ich wunderte mich. Sprach denn »die Schrift« nicht durchgängig selbst davon? Und hatte Luther einen anderen Weg zum Reformator gehabt? Diese kleine Kontroverse zeichnete mir bereits den Weg vor, den ich später gegenüber rein konservativer Kirche und Theologie zu gehen hatte.

Vom ersten Tage an hatte ich einen anderen Dozenten mit Verachtung bedacht. Über seiner ausgemergelten Gestalt hing ein zerknittertes Jackett, und wenn wir ihm unsere kecken Abiturientenfragen stellten, schwieg er lange, und manchmal sagte er dann nur: »Das weiß ich nicht.« Ich erhob mich über ihn und meinte, wenn die Kirche uns kritischen jungen Leuten solche »Platzpatronen« vorsetzte, sollte sie sich nicht wundern, wenn wir uns von ihr abkehrten. Doch bald ging mir auf: Wenn es überhaupt einen grundaufrichtigen Menschen gab, dann war er es, und nun fand ich Gold in seinen sparsamen Worten – und in seinem Schweigen. Er war gerade aus entsetzlichen Erfahrungen in Königsberg gekommen, der Arzt Hans Graf von Lehndorff, dessen »Ostpreußisches Tagebuch« zum Besten, weil Echtesten gehört, was ich bis heute kenne. Er hatte in Königsberg auch noch während der Belagerung durch die Rote Armee unter unvorstellbaren Bedingungen Hungernde behandelt und viele gerettet, während die meisten Gesunden schon mit den Trecks nach Westen gegangen waren.

Am Ostersonntag saß ich in der weiten, hellen lutherischen Freikirche. Ich hörte den Pastor von »Taufe« und »Wiedergeburt« reden. Wieder verstand ich nichts und war innerlich zu aufgewühlt, um aufzupassen. Dann bestieg der Pastor die Kanzel und begann mit dem biblischen Wort: »Die Gnade unseres Herrn Jesus Christus und die Liebe Gottes und die Gemeinschaft des Heiligen Geistes sei mit euch allen …« Das waren wenige Worte. Jedes schlug bei mir ein und drang in mir bis in den Kern. Ich konnte es nicht fassen: JESUS! Und: GNADE! Und beides zusammen! Die Tränen stürzten mir aus den Augen, bald bildeten sie auf dem Holzboden unter mir einen großen, dunklen Fleck. Das Leben brach in mir durch in unbeschreiblicher, stiller Freude und in ganzer Gewissheit: Jesus lebte. Und er lebte so, wie wir es in der Bibel lasen. Es galt alles auch mir. Von nun an lebte ich – mit ihm.

Bekehrungen waren damals oft mit tiefen Erschütterungen und Strömen von Tränen verbunden. Da weinte man wohl den ganzen Jammer hinaus, die Verlorenheit, die Sinnlosigkeit, die sich im Leben gesammelt hatte. Und all die zerstörten Hoffnungen: »Welt ging verloren«. Das steckte jedem unter der Haut. Welche Befreiung, als klar wurde: »Christ ist geboren – freue dich …!«

Bald nach meiner Rückkehr nach Wyk deckten mir die Internatseltern von Roth zu meinem achtzehnten Geburtstag einen kleinen Geburtstagstisch. Da lag für mich – ich konnte es nicht fassen! – eine US-Konserve mit Corned Beef. Niemand veschenkte in der Hungerzeit so etwas! Ich sah die Geber an – das waren andere Menschen, die so etwas taten! Diese kleine, bunte Konserve wurde mir wie ein Anker, an dem ich festmachte.

Frau von Roth merkte die Veränderung bei mir. Sie erkannte mit klarem Blick, dass Gott in mein Leben getreten war. Als sie mich darauf ansprach, verneinte ich es, denn mir fehlte, was ich für ehrlich gehalten hätte, ein Empfinden der Reue »in Sack und Asche«. Doch als ich das sagte, traten mir die Tränen in die Augen. Sie zeigte mir dann, wie ich zum Frieden mit Gott kommen könne, und ich fand zur Lebensbeichte. Doch blieb ich eine Woche lang zerrissen und vergrübelter als zuvor. Dann sangen wir einmal im Gebetskreis, zu dem ich jetzt gerne ging: »… er sandte Jesus, den treuen Heiland, er sandte Jesus und macht' mich los. Drum sag ich noch einmal: Gott ist die Liebe – er liebt auch mich!« Da war es, als täte sich der Himmel über mir auf, und ich wusste: So ist es! Das gilt! Und weil es mir gilt, ist jetzt alles gut. Ich fand zu einem tiefen Frieden und wusste: Wenn ich jetzt sterbe, werde ich nicht verloren gehen. Mir ist die ewige Herrlichkeit durch Jesus bereitet. Ich hatte zur Gewissheit meines Heils gefunden. Und ich hatte den »Geist der Kindschaft« empfangen, in dem ich mit Gott wie ein Kind mit seinem Vater leben darf, als »neue Kreatur«.

Kurz darauf hatte ich einen entsetzlichen Gedanken: Wer sagt dir denn, dass das alles nicht eine einzige große Einbildung ist?

Man kann sich ja viel einbilden … Der Ur-Zweifel packte mich. Da erinnerte mich Frau von Roth an das Wort, das ich über dem Schreibtisch ihres Mannes gelesen hatte. »Nur auf Jesus sehen« – und also nicht auf die Zweifel, denn »Jesus ist Sieger« – auch darüber. Das half mir, mich nicht vom Negativen bannen zu lassen und auch »den Zweifel zu bezweifeln«.

Aus der nachfolgenden Zeit stehen mir vor allem die gewaltigen Sonnenuntergänge vor Augen, unter denen ich Abend für Abend stundenlang den Südstrand entlangwanderte, getragen vom weiten Atem der lautlos ablaufenden und wieder aufkommenden Flut, und hineingenommen ins unfasslich schöne Widerspiegeln des Abendhimmels über der vor mir liegenden Insel Amrum, das meinen Sinn zur himmlischen Heimat lenkte. Mit meinen achtzehn Jahren hatte ich dreimal meine Heimat verloren. Hätte ich ohne dies nach der Heimat gesucht, die man nie verliert?

Natürlich kann eine Bekehrung zu Jesus Christus auch ganz anders verlaufen. Wichtig ist nicht, wie sie erlebt wird, sondern dass sie zum neuen Leben mit ihm führt. Zur Zeit Luthers fragte man nach der Gerechtigkeit vor Gott, später, in der Aufklärung, nach »der Wahrheit«. So stellt sich auch Jesus uns vor: »Ich bin der Weg, die Wahrheit und das Leben.« Ich suchte »das Leben« und hatte es gefunden.

Ich wusste, wie es »einst« war und wie es »jetzt« geworden ist. Dafür bin ich dankbar.

Auf diesen Abendwanderungen konnte ich das, was ich am Tage neu erlebte, in stillen gedanklichen Gesprächen aufarbeiten. Sie stehen mir wie in einzelnen Tagebuchnotizen aus jener Zeit vor Augen:

Wie sollte ich heute damit fertig werden? Mit einem Kameraden bei uns war ich doch gut ausgekommen. Heute Morgen stand er, seine großen Fäuste vor Wut geballt, dicht vor mir und schrie mir ins Gesicht: »Du bist der fieseste Kerl, den ich kenne! Ich könnte dich stundenlang in die Fresse hauen!« Seine Augen waren gelb vor Zorn. Was hatte ich getan? Nur, dass ich mich jetzt morgens mit den Brüdern von Holst im Zimmer vom Papst traf, um Stille Zeit zu halten. Oder störte ihn als Literaten etwa das Augustin-Wort oben über meinem Bett?

Am Nachmittag jagten wir vom Sport mit dem Schlachtruf »Stullus!« (der latinisierten Form von »Stulle« – unsere Marmeladenbrote) hungrig wie die Wölfe die Treppe hinauf. Doch nichts war da! Ein großes Krakeelen: »Welche Sau hat uns die Stullen geklaut! Den machen wir fertig!« Als ich an meinen Spind ging und ihn öffnete, lag der Kasten mit allen Broten vor mir. Ich war sprachlos. »Aha!«, hieß es nun. »Jetzt sehen wir, was für einer du bist!« Aber jeder wusste wohl, dass sie mir jemand hineingestellt hatte.

Heute hörte ich, dass ein Lehrer mit dem Kultusministerium in Kiel Verbindung aufgenommen hatte, um die Verstaatlichung unserer Schule und des Internates zu betreiben. Seine Begründung gegenüber Pastor Lohmann war: »Wenn du Findeisen deckst, sehe ich die Verantwortung, hier alles dem Staat zu unterstellen.« Bei der Schule hatte er es schließlich geschafft, nicht beim Internat.

Am Abend in der Andacht erinnerte Frau von Roth an die Seligpreisung Jesu: »Selig seid ihr, wenn euch die Menschen um meinetwillen schmähen und verfolgen und reden allerlei Übles gegen euch, wenn sie damit lügen.«

Gestern Abend beim Strandgang betete ich inständig darum, dass ich das, was ich bei unseren Andachten erfuhr, mein ganzes Leben über bewahren und darin leben würde. Dabei war das, was ich dort von Möttlingen und von Friedrich Stanger hörte, entscheidend. Er war Fabrikarbeiter und Trinker gewesen, als er durch die Begegnung mit Jesus Christus frei wurde. Jetzt war er Hausvater eines von ihm gegründeten Erholungsheims in Möttlingen. Seine Sprache war direkt, klar und natürlich, meilenfern von abstrakter Begrifflichkeit.

Mir wurde dort am Strand klar, dass ich hier den Echtheits-Erweis gefunden hatte, den ich brauchte, um mein ganzes Leben vom Glauben an Jesus Christus erfassen und prägen zu lassen. Hier begegnete ich dem »Beweis des Geistes und der Kraft«. Auf andere Weise wäre ich nie »abgeholt« worden, etwa durch bloße Worte oder auf so genanntem hohen Niveau. Dazu waren wir schon zu sehr enttäuscht worden.

Dass in Möttlingen »Wunder«, vor allem Heilungen, erfahren wurden, war mir jetzt von der Bibel her selbstverständlich. Davon

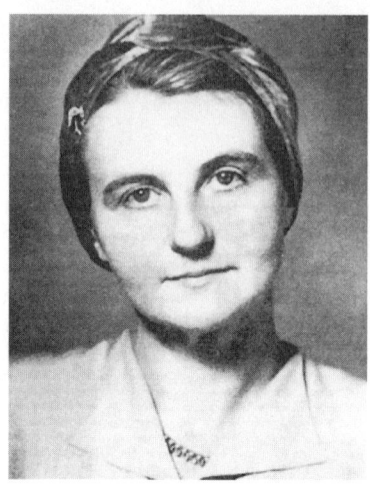

Walter von Roth, Gründer und
Unterhaltsträger des Internats

Anna Margarete von Roth

machte man auch in Möttlingen kein Aufhebens. Es war doch logisch, wenn Jesus heute lebte und selbst unter uns war, dass wir dann auch heute unter uns erfuhren, was die Bibel von damals berichtete. Denn »Jesus ist Sieger« – das war in Möttlingen, wie zu Pfarrer Blumhardts Zeiten, offensichtlich. Von einer ungesunden Faszination durch übernatürliche Erfahrungen waren wir frei.

Frau von Roth erzählte uns: Als einmal wohlhabende Herren aus Pforzheim anreisten, weil sie in Möttlingen geheilt werden wollten, fragte Vater Stanger, ob sie denn auch zu Jesus bekehrt werden wollten? Sie hatten das nicht im Sinn. Da meinte er: »Dann fahren Sie ruhig wieder heim. Zum Sündigen ist Ihr kranker Leib gut genug.«

Möttlingen war innerhalb der Kirche keineswegs abgekapselt. Viele Pfarrer arbeiteten dort mit und es hieß: »Wer einen Kirchen-Christen verachtet, weil ihm das Eigentliche fehlt, der ist nicht bereit, wenn der Herr kommt.« Dieser seltsame Satz war mir später oft ein Korrektiv. Und mich freute, dass ich dies alles in den Tagen erfuhr, als das Volk der Juden seinen Staat Israel erhielt: »Wenn Gott sein Werk tut, kann kein Mensch es hindern!«, sagte Ben Gurion, sein erster Präsident.

84

Oberprima, August 1949. Sven ganz rechts (stehend)

Von da an machte ich eine unerwartete Entdeckung: Wo immer ich Christen fand, die mit Jesus lebten, fand ich mich ihnen verbunden wie in der einen Familie des einen Vaters als Brüder und Schwestern. Das zeigte sich später auf allen vier Erdteilen, die ich bereiste, bis in die Pfahlhütten der Steinzeitleute im philippinischen Urwald.

So erfüllte sich der Wunsch von Herrn und Frau von Roth, die inmitten des »Zusammenbruches« das Wyker Balteninternat und seine Schule gegründet hatten, um Kindern, die durch Krieg und Flucht entwurzelt waren, eine christliche Erziehung zu ermöglichen. Öfters war ich in ihrer Familie eingeladen, die unter dem Dach mit vier heranwachsenden Töchtern aufs Bescheidenste wohnte. Das tat mir in der äußeren Heimatlosigkeit wohl.

Eine andere Episode habe ich noch wie eine Tagebuch-Notiz im Kopf: Heute war ich nach der Schule sehr beunruhigt. Was war bloß mit unserer Klasse geschehen? Ich brauchte nur meinen Arm zu heben, um meinen Einspruch zu melden, und schon brüllten alle »Böööh!« dagegen. Am stärksten war es im Philosophie-Unterricht. Unser Lehrer war strikter Rationalist. Er hatte verboten, seinem kleinen Sohn Märchen zu erzählen (doch der läuft jetzt mit seiner dicken Brille von einem Haus ins

Mit Günther von Holst und Frau von Roth,
Wyk, Herbst 1949

andere und bettelt für seine vertrocknete Kinderseele: »Erzähl mir doch ein Märchen!«).

Meine ständigen Einsprüche gegen das, was die Philosophen sagten, entstammten der neuen Einsicht in das, was galt. Der Lehrer widersprach mir, dann wurde er nachdenklich: »Es muss doch etwas dahinter sein, wenn Sie so hart widersprechen. Ich verstehe Sie nicht, aber vor Ihrem Einspruch habe ich Respekt.« Im Zeugnis erhielt ich eine sehr gute Beurteilung. Aber was machte ich falsch, dass die Klasse mir nicht zuhören wollte? Hatte ich nur eine kalte Wahrheit, die ich proklamierte? Das konnte doch nicht das Wahre sein. Wo war da die Liebe, die dem anderen Freiheit und Zeit gab, dass er selbst dazu fand? Wie konnte ich bei ihnen das erwarten, was ich selbst doch erst in tiefen Erschütterungen und in einer langen Zeit erfahren hatte? Und war es etwas anderes als »die Gnade unseres Herrn Jesus Christus …«?

Die langen Abendwanderungen brauchte ich dringend. Mein Denken wurde umgekrempelt wie ein alter Handschuh. Wenn ich jetzt die Bibel las, las nicht ich die Bibel – die Bibel las mich. Gewiss hatte das etwas mit dem zu tun, was die Bibel den Heiligen Geist nannte.

Ich sah auf den Sonntag zurück, denn heute war ich nicht im Gottesdienst gewesen. Wir schrieben morgen eine Biologie-Klausur, und ich konnte mich nicht früher darauf vorbereiten. Thema: »Evolution des Lebens«. Mir ging es sehr gut dabei. Ich staunte immer mehr, wie weit der Körperbau des Menschen dem des Schimpansen ähnelte. Wie war das zu deuten? Ich zeichnete mir dazu das bekannte Bild auf – den »Baum der Entwicklung« mit seinem Stamm, seinen Ästen und Zweigen, und auf einem Ast sitzen wir dann als »Primaten« zusammen, wenn auch an verschiedenen Zweigen. So sah man es seit Darwin.

Beim Nachdenken fiel mir mein Ururgroßvater, Karl-Ernst von Baer, ein. Er ist, als Entdecker des menschlichen Eis, ein bis heute bekannter Naturforscher. Als Zeitgenosse und Kollege Charles Darwins erkannte er dessen Entwicklungstheorie als Irrweg – nicht wegen der Fakten, die Darwin beobachtete, sondern wegen seiner Deutung, denn zeigte nicht die Natur – etwa das menschliche Ei –, wie alles vom ersten Anfang an sinnvoll auf ein Ziel hin eingestellt ist? Im so genannten Baum der Entwicklung fehlte jedes Ziel und aller Sinn. Die Folge war tragisch: Man meinte, es gäbe keinen Sinn außer der Erhaltung des Lebens durch »Auslese des Stärkeren« (survival of the fittest) im »Kampf ums Dasein« (struggle for life). Hatte ich in meiner »weltanschaulichen Schulung« vor ein paar Jahren nicht selbst erlebt, wohin es führte? Beim Nachdenken dämmerte mir: Hier wurden zutreffende Fakten in ein gefährlich falsches Bild eingebaut.

Jetzt wurde mir über der Vorbereitung der Klausur ganz leicht und dankbar zumute. Ich wusste jetzt, woher ich kam, wohin ich ging – und wer ich war. Mir lag im Sinn: »Er sandte Jesus – und macht mich los«, und ich fing an zu ahnen, wie in ihm »alle Schätze der Weisheit und der Erkenntnis verborgen« sind.

In diesen Tagen löste sich weiter ein Denkmuster nach dem anderen, das mir bisher selbstverständlich war auf oder zerplatzte wie eine schillernde Seifenblase. Wie kam das? Dachte ich es – oder dachte es in mir? Nun, wo ich beten konnte: »Vater unser im Himmel«, wusste ich, dass der ewige, unsichtbare Himmel Gottes nicht der vergängliche Kosmos ist. Was wir mit unseren Augen und Teleskopen erblickten, ist vergänglich.

Das musste ich nicht mehr – wie Gott! – für ewig, seine »Naturgesetze« für unveränderlich und den Kosmos für unendlich halten. Ich musste die Schöpfung , die »Natur«, nicht mehr zum Schöpfer machen. Dann waren auch »Wunder« nicht mehr ausgeschlossen.

Bald darauf erfuhr ich von meinem Vetter Armin Reuter, der in Halle an der Saale Zahnmedizin studierte, etwas Ähnliches, wie Karl-Ernst von Baer es gesehen hatte. An einem hell strahlenden Sonntagmorgen präparierte er mit einem anderen Studenten (weil sonst keine Laborplätze frei waren) einen menschlichen Unterkiefer. Über der unvorstellbar sinnvollen und schönen Anordnung, die sich da zeigte, kam er in ein tiefes Staunen über Gott und wandte sich an den Kollegen: »Kannst du das sehen, ohne dass du erkennst: Es gibt einen Schöpfer, der das alles so ordnet?« Der erwiderte schroff: »Nein! Das alles ist nur Zufall.« Beide sahen denselben Unterkiefer. Aber jeder sah das Gleiche »mit anderen Augen« an. Der Kollege blieb in dem Denken das »nur glaubt, was man sieht« (obgleich das nicht gelingt, wie das Wort »Zufall« zeigt). Meinem Vetter waren in seiner Bekehrung »die Augen des Herzens geöffnet« worden. Von diesen Erfahrungen habe ich gelernt, die Wahrnehmung von der Deutung und Bewertung zu unterscheiden.

Ich hatte meinem Vater geschrieben, dass ich zu Jesus Christus gefunden hätte. Er antwortete, dass er das Gleiche – und fast zur gleichen Zeit – erfahren habe: Nach einer Predigt in der Leipziger Universitätskirche sei er so erschüttert gewesen, dass er fast nicht mehr den Weg nach Hause gefunden habe. Für ihn müssen der Tod unserer Mutter, seiner ersten Frau, dann der Zusammenbruch seiner Ideale und die Demütigungen der folgenden Jahre unendlich schwer gewesen sein. Auf der Straße in Leipzig beschimpfte ihn einmal jemand: »Du Nazischwein!« Wie aufgelöst kam er an diesem Tag nach Hause.

Wie es meiner Mutter mit dem Glauben ging, merkten wir, als sie in einer schweren Zeit einmal spontan äußerte: »Ich bin so froh, dass man auch beim Kartoffelschälen beten kann.« Mein Bruder Gunnar war durch einen guten, aber marxistisch orientierten Lehrer im Gymnasium beeindruckt. Entsprechende Schriften lagen auf seinem Nachttisch. Er fuhr zu den kommunis-

Mit Vater, Großvater Theodor Pielbaum und den Halbschwestern Gisela (links) und Monika, in Leipzig 1949

tischen Welt-Jugend-Spielen nach Berlin. Anschließend war im Westteil der Stadt der Evangelische Kirchentag, auf dem der Essener Jugendpfarrer Wilhelm Busch sprach. Danach fand sich die Bibel auf Gunnars Nachttisch. Meine Schwester Gisela stand als Mitglied der Jungen Gemeinde in Leipzig vor der versammelten Schule und bekannte sich mutig zum Glauben.

Oft fragen wir uns, woher diese und viele andere Segensspuren in unsere Familie kamen. Ich sehe als eine Antwort meinen Urgroßvater in St. Petersburg vor mir, der in seinem Ruhestand mit der Decke über seinen gichtigen Knien auf der Veranda saß und treu für alle betete, wie er es bei seinem Abschiedsgottesdienst in der Kirche am Newski-Prospekt angekündigt hatte. In unserer Generation wurde es später von meiner Cousine Mary von Ulmann fortgesetzt. Sie ist seit sechzig Jahren schwerstbehindert durch eine Kinderlähmung. Nun trägt sie uns mit der Kraft der Fürbitte – ein Schatz für unsere Familie.

Beim nächsten Besuch zu Weihnachten in Leipzig hatte ich einige peinliche Besuche bei Buchhandlungen, der Eisenbahn und der Straßenbahn hinter mich zu bringen, weil ich Diebstahl

Die Eltern, Leipzig 1953

und meine Schwarzfahrt-Schulden zu begleichen hatte. Niemand rief deswegen die Polizei, und nur bei der Bahn gab es Schwierigkeiten: »Wo sollen wir das nur verbuchen?« Schließlich erhielten es die Eisenbahnerwitwen.

Von Leipzig aus fuhr ich mit meinem Bruder Armin ins Dörflein Göllnitz bei Altenburg in Thüringen. Hier war unser Ururgroßvater Findeisen Pastor gewesen und hatte Schüler zum Sprachunterricht bei sich in Pension genommen. Die winzige Kirche war jetzt leer. Über dem Torbogen hatte gestanden: »Der Herr ist mein Hirte«, doch das »mein« war herausgefallen. Das war mir wie eine Deutung meines eigenen Weges bis hierher: Über all die Jahre hatte ich nicht »mein Hirte« sagen können – doch auch in dieser Zeit war er mir Hirte gewesen, ohne dass ich es ahnte.

Die Grenzübertritte waren immer gefährlich. Auf dem Rückweg von Ost nach West wurde ich zweimal geschnappt und einmal über Nacht in einem Keller gefangen gehalten. Am nächsten Morgen ließ man mich wieder frei. Wieder in Wyk, freute ich mich die ganze Woche auf den weiten Weg zur Boldixumer Kirche: zu Fuß am Sonntagmorgen unter einem unaussprechlich stillen, lichten Himmel. In dessen Bläue bis in fernste Horizonte standen weiße Wolkentupfer über der Insel Amrum. Um uns her dehnte sich nichts als das satte Grün der flachen Insel. Nun wanderten die Gedanken im freien Rhythmus des Schrittes voraus, begleitet von den munteren Lerchen, die wie fröhliche »Himmelsraketen« in die Höhe schossen und sich dort, kaum noch sichtbar, die Kehle aus dem Hals schmetterten. Wie eigenartig, dass mir der Gottesdienst bis vor kurzem noch völlig fremd war. Nun wurde er mir von Mal zu Mal mehr zur Heimat: Die Worte der Liturgie, die Sätze der Bibel, jeder Vers eines Liedes und die Gedanken in der Predigt von Pastor Hübner waren Leben und Nahrung für meinen Glauben. »Jesus lebt, mit ihm auch ich«, sangen wir jubelnd, und die einfachen Aussagen des uralten Glaubensbekenntnisses, das wir seit dem Kirchenkampf im »Dritten Reich« im Gottesdienst stehend sprachen, bereiteten mir keine Schwierigkeiten mehr. Ich konnte sie Satz für Satz dankbar und wie selbstverständlich mitsprechen.

Ich erlebte jetzt, wie ich in die Wunder lebendiger Kirchentradition hineingenommen war. Sie reichte mir das Glaubensgut der ersten Christen über die Reformation und die Erweckungsbewegungen bis heute als unerschöpflichen Schatz, erfüllt von Kraft aus der Ewigkeit. Ob auch das mit dem Heiligen Geist zu tun hatte? In der Thomaskirche hatte ich es nur als Tradition kennen gelernt, in der dieser Schatz »konservativ« bewahrt und mir weitergegeben wurde. Ich erhielt für meinen Hunger nur eine Konserve, deren Etikett Bestes verhieß, aber deren Inhalt mir verschlossen blieb.

In Garten-Gesprächen mit Pastor Hübner und dessen Frau wurde mir immer deutlicher, dass meine lutherische Kirche mir jetzt Heimat war und auch der Ort, an dem ich Jesus Christus dienen wollte. Ich hatte ihr zwar noch vor wenigen Jahren in der Thomaskirche mit einem Schwur den Rücken gekehrt, und war darum nur noch außerhalb einer Kirchentür zu erreichen. Doch nun, da mir »das Eigentliche« der Kirche erschlossen worden war, wollte ich dazu helfen, dass der »eigentliche Sinn« ihrer reichen geistlichen Tradition weitergegeben wurde.

Auf dem Rückweg gingen Pastor Hübner und ich oft an Hans-Jürgens Grab vorbei. Viele blieben vor dem Holzkreuz stehen

Das Grab von Hans-Jürgen von Holst,
Boldixum auf Föhr

und lasen: »*Jesus ist Sieger.*« Unterwegs kam das Gespräch auf »den Teufel«. Ich grinste – den kannte ich nur als Witzfigur. Doch noch während ich mit dem Mund lachte, fiel es mir von meinem inneren Auge, als würde mir eine Binde abgenommen, und ich erkannte mit Schrecken: Das ist die blanke Wirklichkeit! Nicht anders war es mir ja mit der Wirklichkeit des Höllenabgrunds ergangen. Nun konnte ich über etwas anderes lachen: Der »Papst« hatte im Religionsunterricht einen Liedvers der so genannten Aufklärungszeit erwähnt: »Gott in der Höh' sei Preis und Ehr – es gibt ja keinen Teufel mehr. Ja, wo ist er denn geblieben? Die Vernunft hat ihn vertrieben.« Was war da »die Vernunft«?

Nun lernte ich das wahrzunehmen, was die Bibel und die Christen als »den Feind« und den »Widersacher« kennen, als »den Bösen« und »das Böse« einer realen Macht, deren Wille auf Zerstörung und Vernichtung abzielt, als »Satan«, den »Verführer«, den Jesus als den »Vater der Lüge und Mörder von Anfang an« zeigt. Diese

Macht der Finsternis verstellt sich zum strahlenden »Engel des Lichts«, der blendet, also blind macht – auch Christen.

So öffnete sich mir die Sicht für den Bereich des Dämonischen und Okkulten. Doch »Jesus ist Sieger« – das wurde mir hier erfahrbar. Nach den Erfahrungen des Krieges war es für uns sowieso leicht, eine Ahnung jener Abgrundsmacht, dem »Fürst dieser Welt«, zu bekommen. Über »die Welt« machten wir uns dann kaum Illusionen, und die nüchterne biblische Einsicht: »Wir wissen, dass die Welt im Argen liegt«, war für unsere Lehrer im Glauben nicht schwer zu vermitteln.

Meinem noch jungen Glauben erschlossen sich diese völlig ungewöhnlichen, neuen Einsichten noch gleichsam spontan, wie auf jenem Kirchweg. Es war »Offenbarung« im Sinne des Wortes, das das Entfernen eines Vorhanges zeigt. Danach sieht man klar. Später fand ich zu notwendigen Klärungen oft nur durch jahrelange innere Kämpfe und heftige persönliche Krisen.

Seit meiner Konfirmation war ich natürlich nicht mehr zum Abendmahl gegangen. Nun lud Pastor Hübner uns zu einer Passionsandacht ein. Als mir das Brot und der Kelch gereicht wurden und ich die Worte dazu hörte: »... mein Leib, für dich gegeben« und »... mein Blut, für dich vergossen«, traf es mich im Innersten. Dass dies – dass ER – auf solche Weise zu mir, in mich hineinkam ...! Denn ich konnte das Wort hören und annehmen, wie es gesprochen war. Dass ich in der Zeit, als ich den nicht kannte, der das sagt, nicht das Abendmahl genommen hatte, war nicht falsch. Doch wieso Jesus schon vor zweitausend Jahren mit der »Sünde der Welt« auch das schon trug, was ich heute und morgen tat, konnte ich mit meinen Gedanken nicht fassen.

In jenen Tagen nahm ich an der »Flensburger Glaubenskonferenz« teil. Dort hörte ich Hans Asmussen, einen der führenden Pfarrer der Bekennenden Kirche im »Dritten Reich«, in einer Auslegung der Schöpfungsgeschichte der Bibel. Er war durch die Nordschleswigsche Erweckung und durch den Kirchenkampf an der Seite von Karl Barth geprägt. Ich war ergriffen, welche Tiefen des Glaubens er aus den ersten Seiten der Bibel schöpfte. Anderes auf der Konferenz ließ mich leer. Nur ein dänischer Beitrag brachte mir Kraft, in dem ich die frische Quelle des

Glaubens spürte. Es war meine erste unvergessliche Begegnung mit lebendiger Theologie, die das ist, was das Wort sagt: »von Gott bestimmt«.

Damals verspürte ich den starken Wunsch, selbst nach Möttlingen bei Stuttgart zu fahren. Es war in den Tagen der Währungsreform, und wie jeder Deutsche bekam ich 40 DM (damals die neue Währung) ausgehändigt. Ich beschloss zu trampen und ging von den Hamburger Elbbrücken stundenlang auf leerer Autobahn bis zum Kreuz Dibbersen. Dort konnte ich mir zum ersten Mal seit Jahren für das neue Geld ein Glas Milch kaufen – den geradezu himmlischen Geschmack vergesse ich mein Leben lang nicht mehr.

Ein Laster nahm mich bis Möttlingen mit, wo ich Mutter Gretel aufsuchte, eine Mitarbeiterin des verstorbenen Vater Stanger. Die kleine, füllige Frau blickte mich fröhlich durch goldumrandete Brillengläser an und hatte schnell meinen wunden Punkt gefunden: »Glauben Sie, dass Jesus für Ihre Sünden gestorben ist?« Ich machte ein Fragezeichengesicht. »Ja, denken Sie denn, dass ich Sie anlüge, wenn ich Ihnen sage, dass er für Sie gestorben ist?« Nein, das dachte ich wirklich nicht. »Also – dann glauben Sie es doch!« Ich lachte – war es so leicht? Aber sie merkte, an welchem Punkt ich zögerte: »Wissen Sie, wenn Sie dafür danken, was geschrieben steht, kommt das vom Kopf ins Herz!« Dazu machte sie eine unnachahmliche Bewegung von ihrem Kopf zum Herzen. Die wurde mir nach Jahren in schweren Krisen zum Wegweiser. Ich begann einfach für das zu danken, was ich nur im Kopf hatte – das Herz sieht nur Gott.

Aber Mutter Gretel sah auch meine Gefährdung: »Wenn Sie mal etwas in der Kirche werden« – ihre Augen wanderten dabei nach oben – »… und Sie meinen, dann seien Sie etwas – das sind lauter Läus', lauter Läus'! Weg damit!« – Denn den Hochmut, besonders den frommen, nahm man in Möttlingen besonders ins Visier. Da regt sich oft »das dicke Ich« vor allem in »Zorn und Empfindlichkeit«. Statt »groß sein« galt: »Immer kleiner werden!«, und vor allem: »Kind sein!« – Das waren kleine Sätze mit lebenslanger Kompassfunktion für mich und viele andere.

Auf der Rückfahrt nahm mich wieder ein Laster mit. Der

»Jedermann« von Hugo von Hofmannsthal (Titelrolle: Sven)

Fahrer öffnete die große Ladetür, dann fiel der schwere Riegel
draußen knallend hinter mir ins Schloss. Innen war es dämme-
rig, und ich erkannte ein junges Mädchen. Es hatte die Hände
vors Gesicht geschlagen, und ich merkte, wie ihr Rock weiter und
weiter über die Knie rutschte. Ich war damals achtzehn. Und ich
war jung bekehrt. Ich gehörte nicht mir selbst. Ich brachte mich
über die Zeit, indem ich in den Motorenlärm hinein laut ein
Reichs- und Siegeslied nach dem anderen sang, um dem Mädchen nicht zu nahe zu kommen.

Vom Internat sollten wir den »Jedermann« von Hugo von
Hoffmannsthal in Wyk aufführen. Ich hatte den Jedermann zu
spielen und stand dafür zweieinhalb Stunden auf der Bühne. In
seiner Todesangst schreit er: »Ich glaub die zwölf Artikel mit
Fleiß, die ich von Kindschultagen weiß. Was sie vorstellen ganz
und gar, nehm ich für heilig hin und wahr!« Da erwidert ihm der
Glaube: »Das ist des Glaubens ein ärmlich Stück – baut dir hinüber keine Brück'!« Das prägte sich mir tief ein als Leitbild für
meine spätere Arbeit. Und diese Bühnen-Erfahrung half mir, vor
vielen Menschen frei zu sprechen, wie man ja als Pastor zugleich
als Lehrer, Arzt und Schauspieler geeignet sein sollte. Doch bis

95

Die Schüler des Internats, Wyk auf Föhr, um 1950

heute verfolgen mich gelegentliche Albträume, ich stünde auf
der Bühne und scheitere kläglich, weil ich den Text vergessen
habe.

Bald darauf, 1951, folgte das Abitur, das ich, wie üblich, mit
einer schwachen Zwei bestand. Was sollte ich nun werden? Eins
war mir klar: Nach dem, was ich durch Jesus Christus gefunden
hatte, konnte es nur bedeuten, dass ich – wie ich damals sagte –
»mein ganzes Leben für Jesus in die Pfanne haue«. Und dazu
bot sich das Theologiestudium fürs Pfarramt an. Die kirchlichen
Ordnungen, die ich im Ansatz bei Pastor Hübner kennen gelernt
hatte und die durch die Erfahrungen des Kirchenkampfes geprägt waren, gaben dafür einen guten Rahmen und ausreichend
Freiheit für den Dienst. Zudem fiel die Sorge um den eigenen
Unterhalt weg, so dass ich alle Kraft auf das Wesentliche konzentrieren könnte. Doch bis dahin war es ein weiter
Weg – und wer sollte mir das Studium bezahlen? Ich hatte kein
Geld. Und gerade darin erkannte ich jetzt eine Chance. Ich bat
meinen Herrn: »Solange du mir das Geld gibst – natürlich auch
durch eigene Arbeit –, soll ich studieren. Und wenn es wegfällt,
soll es das Zeichen sein, dass ich aufhöre.« Das war so einfach
wie logisch.

Um mir Geld zu verdienen, arbeitete ich auf einer Baustelle

in Wyk. Wir schachteten von Hand täglich acht Stunden lang eine fünf Meter tiefe Grube für ein Maschinenhaus. Es gab noch keine Förderbänder. Ich lernte es, sture Arbeit durchzustehen. Das hat mir später oft geholfen. Erschüttert war ich über eine Erfahrung mit mir selbst: Bei den schlimmen Zoten in der Baubude lachte ich – und zwar wider Willen! – mit. Ich war von ihrem Einfluss allein durch das Zuhören mitgerissen. Dabei ging mir durch den Sinn, wie Jesus selbst fünfzehn Jahre lang auf dem Bau gearbeitet hat – und dabei ohne Sünde blieb.

Eines Tages sah ich eine Einladung nach Schweden. Die »Inomeuropäisk Mission« führte damals in ihrem Heim in Vrigstad Leute aus vorher verfeindeten Völkern unter der christlichen Botschaft zusammen. Schon der Gedanke war traumhaft: zum ersten Mal ins Ausland, und zudem in ein Land, das an Estland erinnern würde!

Dort sangen wir dann bei den Andachten in mehreren Sprachen gleichzeitig. Ich lernte eine Polin kennen, die ins KZ gekommen war, weil sie Kindern heimlich Schulunterricht erteilt hatte. Sie erklärte mir, wie dankbar sie in Polen seien, dass die urpolnischen Gebiete Pommern bis Stettin an der Oder und Schlesien endlich wieder zu Polen gehörten. Wie unterschiedlich doch solche Sichtweisen gelagert sind!

Nach der Zeit im Missionsheim schloss ich eine Arbeit als landwirtschaftlicher Hilfsarbeiter bei einem schwedischen Bauern an, da in Schweden dreifach höhere Löhne gezahlt wurden – und ich brauchte das Geld. Hilfe fand er allerdings durch meine Arbeit kaum, stattdessen kamen ihm meine dummen Fehler teuer zu stehen. Als er mir trotzdem den vollen Lohn auszahlte, war es mir ein Gnadengeschenk in doppeltem Sinne.

Erste Schritte im Studium

Zur Vorbereitung auf das Theologiestudium brachte ich mir selbst Hebräisch bei, während ich in Wyk als Erzieher eine Gruppe kleiner Internatler betreute.

Zum letzten Schliff für das Hebraicum war ich dann bei

Pfarrer Arndt und seiner Frau in Rehweiler im fränkischen Steigerwald. Er erzählte, wie er anfangs von seinen Bauern in die »Stund« eingeladen wurde. Er erwartete, dass auch er als ihr Pfarrer dort um ein Wort an sie gebeten würde. Aber das geschah nicht. Sie kamen treu zu seinen Gottesdiensten und sagten ihm eines Tages nach der Predigt: »Herr Pfarrer – Sie sind unser Pfarrer, wir lieben Sie. Und wir beten für Sie, denn Ihnen fehlt noch das Letzte.« Es war lieb gesagt. Und er war demütig, ließ es sich sagen und fand zur Bekehrung, die der Anfang einer Erweckung im Dorf wurde; sie erfasste alle Häuser bis auf zwei. Von ihm habe ich gelernt, dass es gerade für einen Pfarrer nötig ist, dass er »es sich sagen lässt«. Wie oft hatte ich das später nötig!

Das Hebraicum bestand ich bei einem Besuch in Leipzig bei Professor Albrecht Alt, einem temperamentsprühenden Franken, der mich nachsichtig prüfte. Danach meldete ich mich, um erst einmal von Lehrbüchern wegzukommen, zur diakonischen Arbeit in der »Blauen Schürze« in Bethel bei Bielefeld. Dort an der Kirchlichen Hochschule wollte ich danach das Studium beginnen; umso lieber, als mein Urgroßvater Armin Findeisen mit dem alten Vater Bodelschwingh zusammen in Paris unter den deutschen Gassenkehrern gearbeitet hatte und Pate von Bodelschwinghs Kindern gewesen war, wie auch Bodelschwingh bei seinen. Er blieb uns immer Vorbild in der vierfachen Verbindung von Kirche und Erweckung, Diakonie und Mission.

So schleppte ich eines Tages bei strömendem Regen im tristen Licht der Straßenlaternen meinen bleischweren Koffer nach Bethel hinein. Niemand im frommen Ort half mir beim Koffertragen, denn jeder hastete seinem trockenen Heim zu. Ich wurde für die erste Nacht im großen, weißen Schlafsaal der Jungdiakone untergebracht und las gleich an der Wand zwei Sprüche: »Der Herr erhält, die da fallen« – aufgehängt wohl in Gedanken an die Epilepsie-Kranken, die man damals »Fallsüchtige« nannte. Und: »Ich will Hilfe schaffen dem, der sich danach sehnt, spricht der Herr.« Dazu erklärte mir einer der jungen Männer: »Manche kommen hierher und meinen, sie könnten hier so wie anderswo mitarbeiten. Aber die halten es hier nicht aus, wenn sie den Spruch nicht verstehen. Es ist zu schwer.« Das sollte ich auch selbst erfahren.

Wir waren unter dem Dach des »Assapheums«, des großen Versammlungshauses für die achttausend Bewohner Bethels, untergebracht: Bruder Stiefel – Diakon und mein Chef – und mit uns etwa zwanzig so genannte Fürsorgezöglinge, als »Strandgut« des Krieges und Zusammenbruchs, vom Gericht zum Aufenthalt hier eingewiesen. Ich selbst war jünger als mancher der »schweren Jungs«. Unser Geschirr und Besteck wuschen wir selbst ab, um Vergiftungen durch die Jungen zu entgehen. Meine Aufgabe war es, sie bei der Arbeit im Tonschieferbruch der Ziegelei zu beaufsichtigen. Dazu hatte ich mit der Spitzhacke oben im Berg in oft lebensgefährlichen Situationen das Material freizuschlagen, das die Jungen dann zerkleinerten und in Loren zur Ziegelei schoben. Als ich einmal fast abgestürzt wäre, rief einer von unten herauf: »Bruder (unsere offizielle Anrede), wenn Ihnen etwas zustößt, dann freue ich mich aber!« Da sagte ich mir immer neu den Liedvers auf: »Es kann mir nichts geschehen, als was Gott hat ersehen, und was mir selig ist.« Ich hatte anfangs auf Vertrauen und Glaubensgespräche mit den Jungen gehofft, doch Bruder Stiefel verhalf mir zu einer Lehre fürs Leben: »Nach einer Woche ist Ihr Idealismus kaputt. Dann erst fängt die Arbeit an.« Damals ging ich sonntags zweimal zum Gottesdienst, um Kraft für die Woche zu haben.

Nach dieser Arbeit zog ich ins Betheler Arbeiterwohnheim, weil ich mir in der Fabrik Geld verdienen musste. Ich arbeitete acht Stunden täglich im ödesten Kolonnenakkord in der Montage von Fahrraddynamos. Bald war ich schneller als die anderen. Das brachte mir den Beinamen »Radfahrer« ein (nach oben buckeln, nach unten treten), und sie machten mir klar: »Du kannst nach sechs Wochen wieder abhauen, aber wir müssen diese Arbeit unser ganzes Leben lang machen. Wir brauchen ein anderes Tempo.«

Dann begann das Studium. Unser Griechischlehrer, Dr. Helmut Krämer, kam auf Krücken zur Tür herein, schleuderte seine Mappe auf den Tisch und ließ sich neben mir auf seinen Stuhl fallen. Ihm war das Bein so hoch unter der Hüfte weggeschossen worden, dass keine Prothese hielt. Erzählt hat er nie davon. Mit ihm kam sofort Zug in den Unterricht, er kannte unsere Probleme beim Lernen so gut wie die Klippen der Sprache. Seiner harten Hand verdanke ich, dass ich heute das griechische Neue Testament wie das deutsche für mich persönlich in der Stillen Zeit lesen kann. Mit den Pietisten unter uns – und hier gehörte ich zu ihnen – setzte er sich heftig auseinander, nach den Kriegserfahrungen, die zu einfachen Antworten in Frage gestellt wurden. Wenn er merkte, dass er auf echten, durchlebten Glauben traf, zeigte er hohen Respekt.

Mein Stubenkollege im Jägerstift war ein heiterer, unbekümmerter Mensch. Er freute sich daran, schnell und viel lesen zu können, während ich in meiner vergrübelten Fragerei nicht vom Fleck kam. Ich spürte seine Gegenwart als einen einzigen Vorwurf und rieb mich wund an ihm. Wir beteten miteinander, aber wir passten nicht zusammen.

Morgens beim gemeinsamen Frühstück der Studenten im »Remter« waren wir gespannt, wenn ein Studienanfänger die Andacht hielt. Warum waren die Andachten der höheren Semester fast immer leer und öde? Warum nahm man aus ihnen nichts mit?

Vor einigen Tagen ging ich auf Strümpfen die fünf Kilometer vom Bahnhof nach Hause. Wir hatten in der Bahnhofshalle gesungen und die Leute angesprochen. Da meinte ein völlig heruntergekommener Mann zu mir: »Du hast es gut mit deinen Schuhen! Sieh dir meine an! Du würdest mir deine ja doch nie geben!« Da zog ich sie aus, sie passten ihm, und so war es in Ordnung. Am nächsten Morgen fand ich vor unserer Tür ein Paar fremde Schuhe. Wie kamen sie dorthin? Waren sie etwa für mich? Sie passten mir wie angegossen. Kurze Zeit später schrieb mir meine Mutter, die Sache mit den Schuhen hätte sie von der Realität des Glaubens überzeugt.

In den Vorlesungen und Seminaren wurde uns klar gemacht, worum es im Studium ging: »Im Glauben haben wir die Wahrheit, und in der Wissenschaft suchen wir die Wahrheit. Im Glauben haben wir sie für uns – also nur subjektiv. In der Wissenschaft suchen wir sie inter-subjektiv, also objektiv und darum für alle gültig. Beides brauchen Sie, denn als Pastor können Sie der Gemeinde nicht immer nur Ihre subjektiven Erfahrungen erzählen. Die objektive Wahrheit lernen Sie hier im wissenschaftlichen Studium – sonst gehen Sie lieber gleich auf die Bibelschule!« Und dann hieß es: »Wovor haben Sie denn Angst? Es gibt doch nur eine Wahrheit! Da sehen wir: Es steht so da. Aber wir müssen doch auch kritisch fragen: War es denn auch wirklich so? Gott kann nie gegen die Wahrheit sein! Also lassen Sie sich vertrauensvoll auf die wissenschaftliche Kritik ein. Ihre gesicherten Ergebnisse zerstören nur unsere falsche Sicherheit. Gott wird dann seine Wahrheit schon durchsetzen, und das sollten gerade Sie, der Sie doch so viel vom Glauben halten, erwarten! Wenn Ihr naiver Kinderglaube darüber kaputt geht, ist es doch nur gut. Werden Sie erwachsen!«

Das klang einleuchtend. Aber warum freute ich mich nicht daran? Warum wurde ich so unruhig? Denn die Fakten, die uns aufgezeigt wurden, stimmten doch. Wir arbeiteten ja auch kritisch, wenn wir zwischen richtig und falsch unterschieden, wie ein Küchenjunge seine Materialien unterscheiden muss. Wir wollten doch nichts Falsches, nichts Schlechtes anbieten. Doch nun fragten wir: War es denn wirklich so, wie wir es lasen? Konnte etwas Falsches denn wahr sein? Und konnte es Falsches in der Bibel geben? Im Hintergrund der Frage lauerte die Antwort, welche bereits diese Frage bewirkte und diese ganze Kritik in Gang gebracht hatte: Ja! Damals sah ich noch nicht, dass diese Frage dem Geschmack unserer Zeit entsprach und als so genannte historische Bibelkritik die »moderne Theologie« in Gang bringen sollte.

In meiner Unsicherheit suchte ich Rat bei Professor Herbert Girgensohn, der mir bei meinem ersten Besuch in Bethel das Stipendium verschafft hatte. Er war ein gesuchter Prediger und hatte mir geraten, außer der Bibel kein Stück Papier mit auf die Kanzel zu nehmen, damit nichts den unmittelbaren Kontakt zu den Hörern störte – was ich bis heute tue. Nun stand er massig vor mir im halbdunklen Zimmer: »Die historische Bibelkritik? Ja – die ist nötig! Denn das Wort wurde Fleisch. Gott ist in die Geschichte eingegangen. Darum müssen wir die Bibel historisch und kritisch lesen wie jedes andere Buch.« Und was »historisch« hier meinte, zeigte man uns in den Proseminaren. Girgensohn sagte mir: »Aber wir müssen doch zunächst einmal (hier war jedes der sechs Worte für sich zu betonen) die Bibel historisch lesen, also distanziert als ein fremdes Wort, denn von ihm trennt uns doch der ›garstige Graben‹ von Jahrtausenden. Und der ist nur durch den methodischen Brückenschlag zu überwinden. Anders können wir das Wort nicht sachgemäß, nämlich wissenschaftlich und kritisch, verstehen.«

Ich nahm es diesem vertrauenswürdigen, gläubigen Professor so ab. Was sollte ich sonst tun? Niemand zeigte uns, dass man die Bibel damit den modernen Erwartungen, dem »Geschmack« der Menschen ausliefert. Und niemand stellte zu dieser bewertenden Kritik die drei diagnostischen Fragen: Wo kommt es her? Wo führt es hin? Was macht es aus mir? So erfasste mich diese Strömung und trug mich mit sich fort. Längst war die Zeit vergessen, in der »die Bibel mich las«. Wenn ich sie jetzt las, sah ich nur noch Probleme in ihr, und die legten sich über meinen jungen Glauben wie die Fäden eines Netzes über den kleinen Vogel. Er ist darunter noch nicht tot, aber er kann dort nur noch zappeln und hilflos flattern. Von sich aus kommt er nicht mehr frei.

So lernte ich in der Betheler Zeit, den Text genau, also kritisch unterscheidend wahrzunehmen. Dazu halfen vor allem die alten Sprachen und zutreffende Beobachtungen der Wissenschaft. Da merkte ich bald, dass der Text nicht immer mit meinem Geschmack, meinen Erwartungen und Vorstellungen übereinstimmte. Die Fakten sahen, so wie es da stand, anders aus. Wer hatte Recht – das Wort, so wie Gott es mir vorstellte, oder ich, so wie ich mir sein Wort vorstellte? Stellte Gottes Wort mich in Frage, oder stellte ich es in Frage? Hinterfragte die Bibel mich kritisch, oder hinterfragte ich kritisch die Bibel? Ich hatte zwar Gottes Wort als sein Wort erfahren und konnte ihm darum grundsätzlich Recht geben gegen mich selbst. Aber mir fehlte es noch an Erfahrung, die zutreffenden Beobachtungen und deren falsche Bewertung zu unterscheiden. So sah ich noch meine Probleme in der Bibel und hatte noch nicht gelernt, sie in mir selber zu orten.

Ein Assistent in Bethel wurde auf die tiefen Spannungen aufmerksam, in die ich jetzt hineingeriet. Er kam selbst aus der ostfriesischen Erweckungsbewegung und erkannte bei mir einen Fehlansatz im Glauben: Da ich so viel Irreführendes durch das Denken erfahren hatte, wollte ich mich statt des Denkens auf »Tieferes«, auf mein Empfinden und Fühlen, auf das innere

Erfahren verlassen und wurde so davon abhängig. Die Ursache dessen lag im Ur-Fehler des Neu-Pietismus, der darin bestand, dass man seine Ehrlichkeit und Entschiedenheit und seinen Gehorsam, damit aber auch seine Maßstäbe bei sich selbst festmachte. So galt zum Beispiel von Charles Wesley her das Ziel, dass der Christ mit Gottes Hilfe ein besserer Mensch wurde. Dem hatte seinerzeit Zinzendorf auf das Schärfste widersprochen: Wir hätten das einzig und allein »in Christus«.

Der Assistent verordnete mir gegen meinen frommen Subjektivismus einen Artikel des Theologen Hans-Joachim Iwand. Dieser hatte die Entwicklung der Theologie unter Hitler hin zum damals modernen »Geschmack« im Kirchenkampf durchlitten. Nun zeigte er den einzigen Weg, auf dem wir davon frei werden konnten: das Kreuz Jesu und unsere Rechtfertigung nach Luthers Lehre. Das gab mir viel zu denken, und dieses Denken wurde mir zur kräftigen Medizin der »heilsamen Lehre«.

Doch der Assistent selbst blieb in seinem Denken der wertenden Bibelkritik verhaftet. Er berief sich darauf, sie sei ja als Wissenschaft inter-subjektiv. Aber ist inter-subjektiv nicht erst recht – subjektiv, im Menschen gegründet? So konnte er mir darin nicht helfen. Ich war ratlos.

Inzwischen ging es mir so elend, dass ich kaum mehr glauben und denken konnte. Da geschah etwas, das ich mir bis heute nicht erklären kann: Die Tür meines Zimmers in der äußersten rechten Ecke des Jägerstiftes ging auf, ein kleiner Mann setzte sich mir gegenüber und sah mich still an. Dann fragte er nur: »Wie geht es Ihnen?« Ich war kaum zu einer Antwort fähig. Da sagte er nur: »Ist es nicht alles, und in allem *nur Jesus*?« Dies wiederholte er langsam mehrmals. Danach verließ er das Zimmer so, wie er hereingekommen war. Ich war wie benommen. Ich verstand nichts. Aber so wie damals in Hermannsburg bei dem Spruch über der Tür empfand ich, dass darin etwas ganz Wesentliches lag.

Dieser Besucher war Hellmuth Frey, Dozent für Altes Testament an der Hochschule. Er war ein ungewöhnlicher Mensch und mutiger Seelsorger. Wenn wir bei ihm im kleinen »Haus Damaskus« schräg gegenüber dem »Remter« eingeladen waren, sahen wir manchmal zwei schattenhafte Gestalten die Treppe

Hellmuth Frey

hinaufhuschen – Frau Himmler, die Witwe des »Reichsführers SS«, und ihre Tochter. Sie hatten mit Freys in Bethel Asyl gefunden. Das war nötig, da die »Volksbegeisterung« wendehalsig jetzt in Volkszorn gegen die »Bonzen« umgeschlagen war.

Hellmuth Frey, Baltendeutscher wie Girgensohn und ich, war von urwüchsigem Humor. Einmal schickte er uns auf den Flur, und als er uns zurückrief, stand seine Frau in voller Größe auf dem Esstisch, und er hielt in der Hand das Ende eines Bindfadens, dessen anderes Ende am Arm seiner Frau befestigt war. Dann hob er keck seinen Spitzbart: »Was ist das?!« Die Antwort musste er selbst geben: »Hellmuthchen lässt seinen Drachen steigen!«

In Bethel wurde mir die Zionskirche zur Heimat. Über dem Altarraum las man: »Wenn der Herr die Gefangenen Zions erlösen wird, dann werden wir sein wie die Träumenden.« Als Gemeinde saßen hier Kranke und Gesunde zusammen. »Wer dankt, ist gesund geworden«, hatte Vater Bodelschwingh gesagt.

Und welch fröhlicher Lärm zur Ehre Gottes ertönte, wenn im Gottesdienst der große Kranken-Chor sang! Wie sehnte ich mich später nach ihm bei manchen so perfekten wie sterilen Darbietungen musikalischer Kunst! Einer der Prediger ragte kaum über die Brüstung – Magister Hellmuth Frey – und sprach über »die kleine Kraft«, der »die Tür aufgetan« ist. Zehn Jahre lang war er im Haus Morija, einem der psychiatrischen Krankenhäuser, Prediger und Seelsorger für schwer kranke schizophrene und depressive Menschen. Welch eine Herausforderung der Seelsorge! Unter ihr geschahen auch Heilungen aus der Kraft des Wortes. Im späteren Bekenntnisaufbruch der Sechzigerjahre erinnerte Frey uns in unserem Hang zur Größe oft an die Verheißung für die »kleine Kraft«.

In den Semesterferien arbeitete ich wieder als Erzieher in meinem geliebten Internat. Wie viel verdankte ich hier den Menschen, der Insel, dem Meer, dem weiten Watt unter den Sonnenuntergängen! Doch wie sollte ich ohne Geld nach Wyk kommen? Dazu hatte ich mir von meiner Arbeit in der Fabrik ein Fahrrad gekauft, das ich dem erniedrigenden Trampen die gesunde Anstrengung des Radelns vorzog. An den fünf Tagen unterwegs bei jedem Wetter von Bielefeld bis Wyk hatte ich die Griechisch-Grammatik mit einem Gummi auf dem Scheinwerfer befestigt, um im Rhythmus des Trampelns die unregelmäßigen Verben in mir zu festigen – und so sitzen sie heute noch. Unterwegs stieg ich gerne bei meinem Onkel »Walterchen« Lingen und seiner elfköpfigen Familie ab, der nach der Flucht in Heemsen bei Nienburg Pastor geworden war. Da ging es unkompliziert zu: »Ach, wie schön, dass du da bist – hier hast du eine Hose, einen Eimer und Stiefel – du kannst gleich jauchen!« – und umgehend stieg ich hinab in die Klogrube.

Als ich einmal zu meinem Geburtstag bei ihnen übernachtete, hörte ich morgens noch im Bett die Familie vor der Tür singen: »In meinem Studieren wird Er mich wohl führen und bleiben bei mir; wird schärfen die Sinnen zu meinem Beginnen und öffnen die Tür.« Diese Worte vergaß ich nicht, und es wurde »unser Lied« in der späteren studienvorbereitenden und -begleitenden Arbeit in Krelingen.

Als Erzieher im Internat, das merkte ich bald, fehlte mir eine entscheidende Eigenschaft: Autorität. Sagte ich einem Jungen: »Heb das Papier auf!«, so tat er es einfach nicht. Und ich hätte mich sogar gewundert, wenn er es getan hätte, denn »Wer bin ich, dass ich jemandem befehlen kann?« Ich hatte mir die Möttlinger Devise »Kleiner werden!« inzwischen in törichter Weise zum Prinzip gemacht und nahm mir selbst meine Geltung. »Der Papst« hatte Autorität – wieso eigentlich? Ich wusste, dass ich sie brauchte. Aber in mir steckte noch das Entsetzen über das, was kraft gewaltiger, verbrecherischer Autorität noch vor wenigen Jahren über uns geherrscht hatte! Doch ohne Autorität gab es bei mir als Erzieher nur reine Unordnung, Chaos! Das konnte doch nicht mein Auftrag sein?! Also entschloss ich mich, meine Autorität jetzt nicht mehr in mir zu suchen. Ich leitete sie von nun an aus dem Auftrag ab, den Gott mir gab. Wenn ich jetzt sagte: »Heb das Papier auf!«, fügte ich für mich leise hinzu: Das tust du jetzt – weil es Gott so will! Und von da an hatte ich Autorität.

Zu meiner Gruppe gehörte Michael Frank, der Sohn von Hitlers Generalgouverneur in Polen, unter dem dort die KZs eingerichtet worden waren. Der hatte als Einziger in der Todeszelle im Nürnberger Prozess zu Jesus Christus gefunden und in seinem Schlusswort dies und damit auch seine Schuld bekannt. Auch hatte er bestimmt, dass seine beiden Söhne eine christliche Erziehung haben sollten. Mit ihnen waren auch zwei Söhne des Reichsaußenministers von Ribbentrop und Kinder anderer »Nazigrößen« bei uns. Den kleineren Ribbentrop fand ich beim Gute-Nacht-Sagen einmal kniend auf seinem Bett vor einem Foto seines Vaters. Es zeigte ihn im Kübelwagen beim Führergruß während einer Parade. Ergriffen sagte der Kleine vor sich hin: »Mein lieber, lieber Pappi ...« Das war für mich eine völlig neue Sicht dieses Mannes.

Auf dem Rückweg von Wyk nach Bethel bekam mein Fahrrad einen »Plattfuß«, so dass ich erst gegen elf Uhr nachts in Hamburg ankam. Ich war zum Schlafen im Diakonissenhaus angemeldet, weil ich am folgenden Sonntag an einer Glaubenskonferenz teilnehmen wollte. Als ich meine verspätete Ankunft telefonisch meldete, teilte mir eine schnarrende Frauenstimme mit: »Das müssen Sie schon verstehen, dass wir nach elf Uhr keinen jungen Mann mehr in unser Haus hereinlassen können!«

Was tun? Das Konferenzgebäude lag am Holstenwall, von dessen Dach in Leuchtschrift »JESUS LEBT« hinüberstrahlte in die »sündigste Meile der Welt«, die benachbarte Reeperbahn. Nun ging ich hinüber zur berühmt-berüchtigten »Davidswache« und fragte an, ob ich bei »Vater Philipp« – dem Mann mit dem Schlüssel zu den Gefängniszellen – schlafen könne. Doch ein feiner, weißhaariger Polizeibeamter winkte gleich ab: »Das geht nicht, denn gegen Morgen müssten Sie hier die fürchterlichsten Szenen miterleben.« – »Das kann ich wohl ab!«, erwiderte ich auf Norddeutsch. Er gab mir eine Adresse, bei der ich aber nur vor verriegelter Stahltür stand. Also wieder: Was tun? Ich begann zu frieren. Wie kalt und tot, ja feindlich wird eine Großstadt in der fortschreitenden Nacht! Ich erlebte, wie man wie von selbst dort angespült wird, wo noch Licht und Menschen sind – und das hieß hier: auf der Reeperbahn. In einer Seitenstraße wollte ich um ein Nachtquartier fragen – die Tür einer Gaststätte ging auf, und ich traf direkt auf eine dicke, schwarzweißrot geschminkte Frau, die eine Ziehharmonika auf ihren feisten Knien schaukelte.

Der Barkeeper blickte auf meine kurzen Lederhosen und meinte, es würde mir bei ihnen kaum gefallen, und zudem hätten sie auch nur Doppelzimmer … Langsam realisierte ich, wo ich in meiner naiven Unerfahrenheit gelandet war, und kramte auf der Straße gleich einige Traktate aus der Tasche. Was ich dann erlebte, war erfreulich: »Was! Das finden wir ja prima, dass die Kirche sich hier noch um Mitternacht um uns kümmert!« Nur ein breitschultriger Herr mit großem Hut und teurem Mantel, der aussah wie ein Groß-Reeder, lehnte ab. Ich meinte unsicher: »Aber es kostet auch nichts!« Da herrschte er mich an: »Ich nehme nichts geschenkt!«, und ließ mich stehen. Ich sah ihm nach, wie er unter den schreienden Leuchtreklamen davonging – wie arm doch die Reichen sind!

Wieder bei der Davidswache hatte ich nur noch ein einziges Traktat, und sein Titel war: »Dein Leid – eine Begegnung mit Gott.« Wo sollte ich das unterbringen? Da sah ich am oberen

Ende der Straße einen jungen Mann im Rollstuhl, der Rosen verkaufte. Er reagierte vergnügt: »Aha! Post von oben! – Ich weiß schon, was darin steht, aber ich werde es trotzdem lesen.« Und dann fügte er hinzu: »... wer zu mir kommt, bekommt auch Trost von mir – nicht so, wie du denkst, sondern von weltlicher Philosophie.« Auf meinen schuldigen Einspruch jazzte er nur fröhlich zu den Klängen des Schlagers aus dem Lautsprecher – »Auf der Reeperbahn nachts um halb eins ...« Dann fragte er mich unvermittelt: »Sag mal, wo schläfst du heute Nacht?« Als ich ihm sagte, dass ich es nicht wisse, blickte er mich an: »Geh doch zu mir nach Hause und hau dich in meine Falle!« Ich stutzte, die schnarrende Frauenstimme aus dem Lautsprecher noch im Ohr. Aber ich fror – und ich hatte noch sechs Stunden kalte Nacht vor mir!

So schrieb er mir einen Zettel: »Liebe Mutti, lass doch diesen jungen Mann in meinem Bett schlafen – dein Hans«, und schickte mich los in die Amandastraße, und dort in den Hinterhof eines Hinterhofes.

Im Hausflur fand ich kein Licht. Wo wohnten nur die Webers? Es roch nach Sauerkraut und morschem Holz. Ratlos ging ich wieder hinaus, da sah ich Bewegung hinter einem Kellerfenster. Ich klopfte, ein Weiblein öffnete, ich fragte: »Sind Sie Frau Weber?« Sie war es. Sie las den Zettel und sagte: »Kommen Sie mal gleich zum Fenster rin!« Dann führte sie mich an ein breites Bett unter dem Fenster – und selten im Leben schlief ich so gut wie hier.

Am Morgen weckte mich die helle Sonne auf der Bettdecke und Hamburgs Glocken, die den Sonntag einläuteten. Ich inspizierte mein Laken: »US-Navy« war eingestickt, Fett- und Marmeladeflecken rundum, womit wohl eine Wäsche gespart worden war. Der Esstisch stand im Schlafzimmer, Hans schnarchte in der Ecke auf einem alten Sofa, und ein alter Mann im Ehebett brummte böse vor sich hin. Frau Weber goss mir herrlichen Kaffee ein, »aber Brot kann ich Ihnen nicht geben, wir haben selber nicht genug«. Ich wollte ihr etwas Geld dalassen, was sie strikt ablehnte. Ich betete vor dem Essen. »Ah, Sie sind so ein Frommer – Hans hat es mir schon gesagt. Was wir hier tun, machen wir nur aus Nächstenliebe.« Mit Mühe ließ ich etwas von meinem Proviant dort und radelte zur Konferenz hinüber – bewegt von der Erfahrung dieser Nacht, die mir zwischen den weißen Linnen der Diakonissen entgangen wäre.

Als ich später davon erzählte, wurden Pakete gepackt und hingeschickt, und Hans schrieb zurück: »Mein Vater war böse, weil wir dich aufgenommen haben, denn er hat den Glauben an das Gute im Menschen verloren. Aber als dein Paket kam, hat er seit langer Zeit zum ersten Mal wieder gelacht.« Er schloss: »Ich grüße dich hier aus Sodom und Gomorra – als dein Mitmensch Hans.« Doch nach einiger Zeit kamen die Pakete als unzustellbar zurück.

Im dritten Semester in Bethel war ich dann so weit, dass ich die Bibel nur noch so las, wie es gelehrt wurde: »Zunächst einmal als Menschenwort«, das die theologische Meinung der Verfasser oder das Glaubenszeugnis der Israeliten zum Ausdruck brachte. Gottes Wort nahm ich beim Lesen nicht mehr auf. Einem Menschen, der gerade aus dem Wort Gottes von neuem geboren ist, ist damit die Luft abgeklemmt, von der er lebt. Bald ging es mir so schlecht, dass ich daran dachte, das Studium aufzugeben.

Da erhielt ich von der Hochschul-Kasse eine Mahnung, ich solle meine Studiengebühren bezahlen. Das war mir nicht möglich, weil mir mein Ferienverdienst aus Wyk noch nicht überwiesen worden war. Eine Nachfrage blieb ohne Antwort, auch nach einer zweiten Mahnung. Die dritte war die letzte und nannte eine Frist. Da fiel mir mein Beschluss von vor dem Studium ein: Wenn Gott mir das Geld nimmt, ist es für mich das Zeichen, dass ich aufhören soll. Nun stellte ich mich auf den Studienausstieg ein. Am Abend vor dem letzten Zahlungstermin kam mir der Ge-danke, einmal nachzuzählen, wie viel Geld ich bei mir hatte – und ich war wie erschlagen: Es waren wenige Groschen mehr als die nötige Summe! Wie war das möglich? Ich erinnerte mich, wie mir in den letzten Tagen hier und da jemand etwas Geld zugesteckt hatte, wie man es Studenten gibt: »Hier, nimm, du kannst es gebrauchen!« Und das war zusammengekommen! Nun wusste ich, dass ich trotz allem weiter studieren sollte, und meldete mich in Heidelberg an.

Der Anblick der Stadt aus unserem Fenster war jenes weltbekannte Bild: das helle Band des Neckars, und über ihm die wuchtige Brücke unter der herrlichen, am Berghang thronenden Schlossruine. Wir waren zu dritt in unserem Zimmer als »Hammer, Knall und Findeisen«. Paul Hammer mit einem Gesicht, wie es von amerikanischen Zahnpastareklamen lächelte, kam aus Nebraska. Dieter Knall, der spätere österreichische Bischof, stammte aus Siebenbürgen.

Um uns her blühte aufgrund des Marshall-Planes das »Wirtschaftswunder«, das uns vor dem Kommunismus bewahren sollte. Der allgemeine »Nachholbedarf« baute sich im milden Restaurationsklima der Mittfünfzigerjahre in »Wellen« auf: der »Fresswelle« nach der Hungerzeit (»Erdbeeren mit Schlagsahne« war Traum und ein bevorzugtes Gesprächsthema jener Zeit) folgte die Einrichtungswelle mit protzig breiten Goldrändern an Radios und Tischen. Danach herrschte die Reisewelle und eine üppige Modewelle. Doch jede der Wellen hinterließ eine gewisse Leere und rief nach einer nächsten Welle – der Sex- und Erotikwelle.

Die Nachkriegsgeneration stand diesen Wellen als »die skeptische Generation« distanziert gegenüber. Aber in Kirche und Theologie war das Klima, unter Verherrlichung des »Erbes des Kirchenkampfes«, in der Dogmatik stockkonservativ, was in verwunderlicher Denkakrobatik der bibelkritischen Schriftauslegung verbunden wurde.

Ich sehe Professor Peter Brunner, einen theologischen Haudegen, der die lutherische Orthodoxie für unübertrefflich hielt, mit seiner Mappe unter dem Arm aufs Katheder steigen und mit grimmem Blick verkündigen:»Heute werde ich dem Historismus den *Todesstoß* versetzen!«, damit meinte er vor allem die historische Bibelkritik. Anschließend sah ich mich um – sie lebte überall ungestört weiter.

Während eines Ferienjobs wurde ich im Keller der Universitätsbibliothek, die unbeschadet über den Krieg gekommen war, weil im Krieg die Amerikaner Heidelberg zu ihrem zukünftigen Hauptquartier bestimmt hatten, vor einen gewaltigen Haufen uralten, vergilbten Papiers geführt:»Das hier sind Doktorarbeiten aus vier Jahrhunderten. Suchen Sie heraus, wovon Sie meinen, dass es noch weiter aufbewahrt werden sollte. Alles andere geht in den Reißwolf!« Mühsam entzifferte ich die verschnörkelten, vollmundigen Hochpreisungen in Latein, verstand vom Text und seiner Bedeutung kaum etwas und entschied zumeist nach Gefühl: »Reißwolf!« Es war eine kräftige Lektion zur Scheinwelt wissenschaftlichen Ruhmes, die dem Bibliothekar ein ruhiges Gewissen verschaffte.

Doch wie sollte es mit mir selbst weitergehen? Ich fühlte mich wie ein ausgebrannter Krater. Nur mit letzter Mühe hielt ich mich noch durch Gebet am Leben. An gründliches Studieren war kaum zu denken, und zugleich war mir bewusst, dass diese Krise und Dürrezeit für mich eine andere wichtige Ausbildung war. Das zeigte sich vor allem bei den täglichen Morgenandachten des Hauses, die stets mit dem Wort aus Hebräer begannen: »… lasst uns aufsehen auf Jesus, den Anfänger und Vollender des Glaubens.« – In mir war kein Glaube – aber *Er* fängt ihn an. Werde ich das Ziel erreichen? *Er* ist es, der es vollendet. »Ist es nicht alles, und in allem *nur Jesus?*« – So begann dieser unscheinbare Same mit den Worten von Hellmuth Frey in mir Wurzeln zu schlagen.

Doch dann geschah etwas Entsetzliches: Ich war allein im Zimmer, kam beim Lesen an die Weihnachtsgeschichte, und mit einem Mal sammelten sich alle Fakten und Argumente, die ich kannte, zu einem einfachen Bild, und wie ein Blitz leuchtete es mir ein: Es steht zwar da, aber was du liest, hat es nie gegeben. Im gleichen Augenblick war mir klar: Wenn du zu Weihnachten vom Altar die Weihnachtsgeschichte lesen sollst, täuschst du die Leute. Da hilft dir auch nicht die Schlangenkunst so genannten Interpretierens: Im Hinterkopf denkst du anders, als dein Mund es sagt. Und mir war klar: So kann ich kein Pastor sein. In diesem Moment stand alles – auch meine eigene Existenz – auf dem Spiel. Ich sank wie ohnmächtig auf die Knie und konnte nur noch stammeln: »Herr … was soll jetzt werden? Ich kann so kein Pastor sein.« Dann geschah, was ich nicht erklären kann. In mir sprach es wie eine stille Stimme: »Den Tatbestand erheben. Du darfst aber keine Schlüsse ziehen.« Diese Worte habe ich mit Datum 2. Dezember 1953, Heidelberg, in mein griechisches Neues Testament geschrieben und dort stehen sie noch heute. Aber was hieß das? Wie sollte ich das umsetzen?

Damals ging ich sonntags immer zum Abendmahl in die Uni-Kirche, denn dies war die einzige Form, in der ich noch Gottes Wort aufzunehmen vermochte. Ich konnte es wie ein Sterbender, der nicht mehr hört, nur noch schmecken: »Nimm hin und iss … und trink.« Doch wieso gingen unsere Dozenten, die doch so wunderbar über das Abendmahl dozieren konnten, selber regelmäßig vor dem Abendmahl fort?

Ich war damals Leiter der Hochschulgruppe der Studentenmisson. Sicher hatte sie nie eine so triste Zeit wie unter meiner gelähmten Leitung. Allerdings luden wir zu evangelistischen Hörsaal-Vorträgen von Hans Bürki ein, dem Gründer und Leiter der Vereinigten Bibelgruppen der Schweiz. Ein Vortrag wurde mir eine wichtige Weichenstellung. Das Thema war »Integration der Geschlechtlichkeit«, veranschaulicht an einem Tafelbild: ein Kreis, aufgeteilt in die verschiedenen Sektoren unseres Lebens. Doch der Bereich »Geschlechtlichkeit« bildete außerhalb davon einen Kreis für sich. Dieser Kreis entwickelte kraft seiner Dynamik ein eigenes Rotationszentrum – da drehte sich alles um das Eine. Die nötige Integration ergab sich nur, wenn der ganze Kreis des Lebens ein Zentrum fand, die Kraft einer alles andere ordnenden und heilenden Mitte. Und in dieses Zentrum, von dem aus alles bestimmt wird, zeichnete Bürki »Jesus Christus« ein. Das traf exakt mein Problem mit meiner Sexualität. Und zugleich war es Hinweis auf die Lösung.

Luft zum Atmen – bei Karl Barth

Vier Semester blieb ich in Heidelberg. Dann meinten einige zu mir, ich solle doch Karl Barth in Basel hören. Ihm hatte sich als Gemeindepfarrer im Aargau durch die Erschütterungen des Ersten Weltkriegs ein völlig neuer Zugang zur Bibel als dem Wort Gottes eröffnet. Seine Auslegung des Römerbriefes hatte weltweit zu theologischer Neubesinnung geführt. Aber für mich, als durch Peter Brunner eingefleischtem Lutheraner, war der Reformierte Barth ein Ketzer.

Eine Fortsetzung meines Studiums bei Karl Barth hätte dazu

noch eine Verlängerung meines Studiums bedeutet. Deshalb bat ich um das Urteil meines Ausbildungsdezernenten im Landeskirchenamt in Kiel. Ich nahm an, er würde mir abraten, aber leider riet er mir zu. Ich versuchte es noch einmal und meinte, man solle doch in solchen Fragen auch nach Gottes Führung fragen. Da sagte er: »Bruder Findeisen, ich rate Ihnen, nehmen Sie die Entscheidungen des Landeskirchenamtes als Gottes Führung in Ihrem Leben.« Dann gab er mir die Hand: »Auf Wiedersehen!« Doch ich dachte mir: »Ach du ahnungsloser Engel! – Landeskirchenamt und Gottes Wille – wie passt denn das zusammen?!« Aber als ich draußen auf dem Treppenabsatz stand, sah ich unsere selbst gebauten Staudämme am estnischen Strand vor mir, und das Wort zog mir durch den Sinn: »Das Herz des Königs ist in der Hand des Herrn, und er lenkt es, wohin er will.« So betete ich noch vor jener Zimmertür, Gott möge mir doch durch alle Entscheidungen des Landeskirchenamtes seine Führung erweisen (und genau so ist es lückenlos geworden).

Doch ich dachte nicht daran, dem Rat zu folgen. Ich hatte vom Studium genug und wollte ins Pfarramt. Mein Koffer war gepackt und der Zug herausgesucht, der mich zum Examen nach Kiel bringen sollte. Da erschien unvermittelt in der Tür ein amerikanischer Mit-Student: »Du fährst also zu Karl Barth nach Basel?« Die Frage passte mir nicht, ich wollte ihn loswerden und sprach als Ausrede von »zu teuer« und »kein Zimmer zu bekommen«. Nach zehn Minuten kam er wieder: »Ich habe mit Terry, meiner Frau, gesprochen. Zu Hause geben wir unseren Zehnten unserer Gemeinde. Wir haben darum beschlossen, dir unseren Zehnten zu geben, damit du bei Barth in Basel studieren kannst.« Was sollte ich sagen? Dagegen war ich machtlos. Ich nahm den Zug in die Gegenrichtung und fand in Lörrach bei Basel schnell ein Dachzimmer bei Rosa Nopper und dem Vreneli, ihrem schwarzen Kätzchen.

Vom Badischen Bahnhof in Basel lief man neben der grünen »Tram«, wenn man sie wie ich nicht bezahlen konnte, mehrere Kilometer zum neuen Kollegiengebäude. Hier bot Karl Barth jetzt ein Seminar mit dem Thema »Luther und die Schwärmer« an – durchaus anzüglich formuliert unter der Frage: Hatten nicht auch die Schwärmer damals etwas Recht? Und Luther vielleicht

Karl Barth um 1960

gar etwas Unrecht? Das weckte konzentrierten Unmut bei uns deutschen Lutheranern, der sich im Seminargespräch zu lautem Protest steigern konnte. Karl Barth blickte durch seine funkelnde schwarze Brille: »Jaja, wenn man etwas gegen Luther sagt, dann regen sich bei deutschen Lutheranern gewisse Dämonen.« Ich schluckte – steckte so etwas etwa auch hinter meiner Rechtgläubigkeit?

Bis zu den Weihnachtsferien steigerte sich mein Unmut zum Zorn und ich suchte mir den Zug heraus, um mich in Karl Barths Sprechstunde unter Protest aus seinem Seminar abzumelden: »So etwas lasse ich mir an Theologie nicht bieten!« Aber wozu war ich denn in Basel – gegen meinen Willen und nur kraft eines Zehnten? Ich wollte, bevor ich aus dem Haus ging, doch noch beten. Und wieder war es wie eine stille Stimme in mir: »Warte mit dem Abmelden bis nach den Weihnachtsferien. Danach kannst du es immer noch tun.«

Für meine Not leidenden Leute in Leipzig gaben mir viele Baseler Freunde gute Dinge zu Weihnachten mit. Aber wie sollte ich das alles durch den Zoll bringen? Ich konnte ihn nicht bezahlen, und lügen wollte ich auch nicht. Da half nur noch Beten.

Als der Schweizer Zöllner den Koffer öffnete, lagen alle zollpflichtigen Sachen offen vor seinen Augen. Er zählte auf, was er sah, und fragte: »Haben Sie ... haben Sie ...« – dann stockte er, und nach einer kleinen Pause: »Haben Sie – Kaffee?« »Ja, ich habe Kaffee.« »Dann verzollen wir den Kaffee!«, und er ließ mich mit allen Schätzen passieren.

Zu Hause in Leipzig ging es mir schlecht. Am ersten Weihnachtstag kroch ich eher zum Gottesdienst in die Thomaskirche, als dass ich ging, und dann saß ich wie betäubt unter den vertrauten Klängen der Thomaner über mir: »Lasset das Zagen, verbannet die Klagen ...« im Eingangschor zum Weihnachtsoratorium. Dann: »*Sehet* ...« Da geschah etwas in mir: Die Töne wurden zur Brücke über eine Grenze, an der meine Gedanken versagten, und die Worte zur Verbindung in andere Horizonte. Das Wort – hier war es ausgelegt in Tönen und Klängen der Musik – »Jauchzet, frohlocket ...!« Wie viel weiter, wie viel reicher, als meine problemkranken Gedanken es fassten. Da dämmerte mir: Konnte es sein, dass Karl Barth so – gleichsam »musikalisch« – dachte? Dass sich der Glaube bei ihm unmittelbar, wie in der Sprache der Musik, ausdrückte? Dass also so, wie Bach im Glauben komponierte, Barth im Glauben dachte? Denn ein »Denken des Glaubens« – das musste etwas ganz anderes sein als das, was ich bisher als akademische Theologie kannte: Eine Art zu denken, in der man nicht akademisch distanziert »*über* den Glauben« dachte, sondern »*im* Glauben«. Das wollte ich ausprobieren.

Als ich wieder in Basel in Barths Vorlesung saß, merkte ich schnell: Ich hatte den Schlüssel tatsächlich gefunden! Seinen langen Sätzen folgte ich jetzt mühelos wie einer schönen musikalischen Sequenz, und seine Wiederholungen genoss ich wie die Variationen des Themas, welche erst die Fülle seiner Aspekte entfalteten.

Bald brachten einflussreiche Leute mich sogar in Barths Sozietät, seine Arbeitsgemeinschaft mit älteren Studenten, obschon ich noch nicht die nötige Semesterzahl vorweisen konnte. Hier lasen wir mit ihm seine Dogmatik, befragten und hinterfragten ihn, erfuhren seine lebendigen Reaktionen und lernten vor allem ihn selbst als Lehrer und als Christ kennen. »Wann hat man Ihre Dogmatik denn verstanden?«, fragte ihn ein Student – vielleicht seufzend unter dem Albtraum der Fülle dickleibiger Bände. »Ver-standen haben Sie sie erst dann, wenn Sie dort stehen, wo sie ent-standen ist«, antwortete er und berichtete dann von einem japanischen Studenten, der in Tokio erfahren habe, in Europa gäbe es eine neue Philosophie namens »Römerbrief«. Der habe jetzt zwar in Theologie promoviert, aber doch »nichts verstanden«, denn nach wie vor sei er der Meinung, Jesus könne nicht der einzige Weg zum Heil sein.

»Und wo ist sie ent-standen?«, fragte der Student nach. »Sie entsteht dort, wo ich stehe, wenn ich sie schreibe. Und das heißt: Wenn ich nicht über meiner Arbeit die ganze Zeit den lebendigen Herrn Jesus Christus vor Augen habe und ihm im Gebet verbunden bin, wird meine Arbeit falsch – und unwissenschaftlich.« Darauf legte er bei einem späteren Besuch, als ich deswegen nachfragte, besonderen Wert: »… und unwissenschaftlich, das ist besonders wichtig!« Denn Wissenschaft, wo sie recht ist, vollzieht sich in der Übereinstimmung des Denkens mit dessen Gegenstand.

Für mich schloss sich damit ein Kreis, der mit dem Spruch über Herrn von Roths Schreibtisch begann: »Nur auf Jesus schauen«, dann zum Spruch über der Tür in Hermannsburg führte: »In Jesus Christus liegen verborgen alle Schätze der Weisheit und der Erkenntnis.« Dem folgte der Besuch von Hellmuth Frey: »Ist es nicht alles und in allem nur Jesus?«, und das tägliche Wort in der Andacht in Heidelberg, dass wir zu Jesus aufsehen sollten als dem Anfänger und Vollender des Glaubens. Hier lernte ich, das in meinem Denken umzusetzen.

Während eines meiner Besuche in Barths Haus schenkte er mir als »ostzonalem Studenten« einen Band der Dogmatik und meinte dazu: »Da gibt es ein Buch, das ist wichtig, das sollten Sie lesen!« Ich dachte natürlich an Theologisches, er aber sagte: »Moby Dick – die Jagd auf den Weißen Wal.« Hier wie manches Mal meinte ich, dass wir eine starke gemeinsame Ader hatten. Sein Humor war erfrischend. Einmal berichtete er mir, wie er auf der Fahrt vom Bruderholz, wo er wohnte, von einer Dame angesprochen wurde: »Sagen Sie, hier oben wohnt doch der berühmte Professor Barth – kennen Sie den?« – »Gewiss! Und ich sehe ihn auch jeden Tag.« – »Ja, wieso denn das?« – »Ja wissen Sie – ich rasiere ihn nämlich.«

Durch Karl Barths Vermittlung erhielt ich die Einladung einer alten Dame zu wöchentlichem Mittagessen. Auf dem Zettel las ich Schillergasse 10, und verlegen stand ich dann vor dem herrlichen schmiedeeisernen Tor von – Klein Sanssouci! Das Portal öffnete sich, der Diener griff nach meinem Mantel – doch ins Leere, denn ich hatte keinen an, und nicht einmal einen Schlips um! In der Eingangshalle hockten zwei riesige, fette, grinsende Chinesen aus Porzellan, deren Hände in jedem Luftzug hin und her schaukelten. Dann öffnete sich eine hohe Tür, und vor mir und dem anderen Studenten, der mitgekommen war, stand eine hoch gewachsene neunzigjährige Dame – Frau Fininger. Beiläufig erfuhren wir, dass ein Vorfahr der Familie, der seinerzeit die Kontinentalsperre Napoleons durchbrochen hatte und dadurch zu Reichtum gekommen war, seitdem allen Nachkommen zu einem sorglosen Leben verhalf. Der Diener hatte das Mahl aufgetragen, und schon bald läutete ihm die Dame des Hauses und sagte in urigem Basel-Dütsch: »Emil, d'Studänte wönt no 's bizzeli Vii!« – und schon wurde uns nachgeschenkt. Doch im Laufe des Gesprächs äußerte sie ihre Trauer: »Seit meine Freundin gestorben ist, gibt es wohl niemanden mehr, der für mich betet.« Daran änderten auch die weltweit über neunzig Neffen und Nichten nichts, die sich rührend um die Erb-Tante kümmerten. Was war da Reichtum?

Im Sommersemester suchte ich mir – das Examen im Kopf – in Kiel ein Zimmer. Über meinen Schreibtisch hatte mir die Vermieterin ein obszönes Bild gehängt, das ich gleich oben auf den Schrank legte. Sie vergnügte sich mit einem benachbarten Familienvater, während sie ihren vierzehnjährigen Sohn zum Straßenfegen hinausschickte. In mir staute sich ein Zorn gegen sie an, doch dann ging es mir mit einem Schreck auf: Wie hatte Jesus solche Frauen angesehen? War eine von ihnen nicht weinend vor ihm in die Knie gegangen, um mit ihren Haaren ihre Tränen von seinen Füßen zu trocknen? Und ich begegnete ihr mit eiskalter moralischer Härte – mit steinernem Herzen …

Für den Sommer hatte ich mich zu einer Studentenfreizeit

Als Student 1956 in Cismar/Schleswig-Holstein

mit Hans Bürki und Ago, seiner Frau, in Cismar an der Ostsee angemeldet, ohne zu ahnen, welchen Umbruch das für mich bringen würde. Dort wurde ich als Leiter der Theologiestudenten-Bibelgruppe eingesetzt. Bis auf einen Studenten, Erhard Schneider, hatten alle an deutschen Universitäten studiert. Ich legte die Bibel aus, wie wir es gelernt hatten und es für richtig hielten. Erhard griff mich daraufhin an: »Du bist ein Irrlehrer!« Das war, als sagte man einem Arzt, er sei ein Mörder. Als ich widersprach, bekräftigte er: »Du bist ein Irrlehrer!« Da wurde mir klar: Weder das, was er meinte, noch was ich dazu dachte, galt jetzt, sondern was Gott zeigte. Ich sagte zu Hans Bürki: »Es besteht der Vorwurf der Irrlehre gegen mich. Wenn es stimmt, kann ich nicht dein Gruppenleiter sein. Ich bitte dich, dass wir um die Gabe der Unterscheidung der Geister bitten und du zwischen uns die Lehre klärst.«

Wir setzten uns dazu mit allen sechzehn Theologiestudenten auf eine Wiese ins Gras, und Erhard Schneider brachte seine Argumente, über die wir nur milde lächeln konnten. Ihm fehlte jedes Problembewusstsein. Dann nannte ich meine Begründungen. Hans Bürki fragte danach die Studenten: »Auf wessen Seite seid ihr?« Natürlich standen alle zu mir, denn wir waren alle so ausgebildet worden. Darauf entwickelte Hans Bürki seine Sicht, aber ihm fehlte als Pädagoge unsere Argumentationsbasis.

Doch ich war kreuzunglücklich – Gott hatte noch nicht gesprochen. Da begann Hans Bürki zu erzählen: Wie er morgens ein Bibelwort las, das ihn bewegte, und das er nachmittags im Gespräch einem Studenten weitergab: »Sieh – der Herr Jesus sagt uns ...« Und der Student betete nachher: »Danke, Herr, dass du mir das gesagt hast.« – Er dankte also nicht etwa für das, was ihm Hans Bürki sagte. In diesem Augenblick sah ich vor meinem inneren Auge einen Filter vor der Sonne; dieser verhinderte, dass mich gerade die für mich wichtigen Strahlen erreichten. Sofort wusste ich, wofür dieses Bild stand: Mein kritisches Problembewusstsein, das ich an die Bibel herantrug. Und zugleich stand mir vor Augen, dass ich hier erlebte, was einmal im Gericht am Ende der Zeit unausweichlich auf mich zukommen würde: Wenn ich so weitermachte, würde ich mich selbst und auch meine künftige Gemeinde in die Hölle bringen.

Daraufhin sagte ich zu den anderen: »Ich habe erkannt, dass der Vorwurf der Irrlehre gegen mich zu Recht besteht.« Ich bat, dass wir zusammen beteten, und ich konnte um Vergebung bitten. Das Netz war zerrissen und der Vogel war wieder frei. Noch benommen stand ich von der Wiese auf, und schon bei den ersten Schritten kam mir der Gedanke: »Warum soll etwas so Gutes wie das Denken nur zum Bösen führen? Kann es nicht auch dem Glauben entsprechen? Kann es nicht ihm dienen?« Im Weitergehen bat ich, immer noch tief erschüttert: Wenn es so etwas gab, möchte Gott es doch unter uns schenken. Und ich ahnte, dass mir jetzt Karl Barth darin weiterhelfen könnte.

Das war meine zweite, die »theologische« Bekehrung, und wieder hieß es, wie bei der ersten: »... wirf dich auf Gott.« Sie erwies sich (ähnlich wie seinerzeit im Alten Testament) als eine Bekehrung weg von den Bildern. Und ich lernte dabei, den Fäden des Netzes nachzudenken, die sich über mich gelegt und in ihre Gewalt gebracht hatten. Es waren die selbst erstellten Bilder der Welt, des Menschen und der Geschichte. Sie hatten mir gesagt, wo ich war, wer ich war, und was als recht und richtig, als wahr und wirklich galt – die Bilder meiner »kopernikanischen Wende« in Thorn und die Bilder des Nationalsozialismus in Posen. Im Studium war ich nun, ohne es zu merken, unter die Herrschaft der Bilder der so genannten Aufklärung gekommen, und auch sie hatten bestimmt, wie es in der Bibel recht und richtig sei, und sie bestimmten was ich in ihr als wahr und wirklich glauben durfte und was nicht. Von ihnen gesteuert zu werden galt als »die Vernunft« und als »das Denken«, und ihnen nicht zu folgen darum als »unvernünftig«, weil man beim Lesen der Bibel »seinen Verstand an der Garderobe abgibt«. Und wie der Vogel die Fäden des Netzes nicht erkennt, bevor er darin gefangen ist, hatte auch auf mich der so genannte historisch-kritische Denkrahmen als Netz gewirkt. Ich hatte seine Fragestellungen und Methoden übernommen, ohne sie von der Bibel her kritisch zu bedenken. So war ich im Netz jener Denkmuster gefangen.

Mir war widerfahren, was auf dem Schild der Rudolf-Bultmann-Straße in Marburg klassisch formuliert ist: Bultmann habe die biblische Botschaft vor dem Wahrheitsanspruch des neuzeitlichen Denkens zu rechtfertigen gesucht. Zur Zeit der Reformation galt noch das Gegenteil: Da war es der Mensch vor der Wahrheit Gottes, vor der er zu rechtfertigen war. Nun stand, wie zur Zeit des Alten Testaments, das Bild der Welt an der Stelle Gottes. Doch ich war seit jenem Erleben in Cismar zur Bibel und zur Reformation zurück-bekehrt.

Wieder in Basel, hörte ich Barth mit neuer Freiheit und Aufmerksamkeit. Er las zur biblischen Sicht der Gemeinde Jesu. Dazu erklärte er, er schreibe dies nicht für die heutige Kirche, sondern »die Kirche nach der Kirche«. Als ich meinte, die Distanz zwischen ihm und dem Pietismus, zu dem ich mich zähle, sei für mich nicht zu erkennen, antwortete er: »Ja, das stimmt! Es wird noch eine gewisse Zeit vergehen, und dann werden wir merken, dass wir an einem Strang ziehen« – also mit gleicher Kraft in der gleichen Richtung, wenn auch nicht an derselben Stelle. »Doch auch dann wird es nötig sein, das Donnergrollen vom Römerbrief zu vernehmen!«, fügte er hinzu.

Im alten Gemäuer des Theologischen Seminars über dem Rhein, in dem schon Nietzsche gelehrt haben soll, las ich einmal in Barths Kirchlicher Dogmatik, dass die Hölle erst dadurch zur Hölle werde, dass man dort nur der ganzen Liebe Gottes gedenke, die man ausgeschlagen hat. Mich zog das beim Lesen so auf die Knie, dass ich dort, allein im Raum, in eine tiefe Anbetung Gottes geriet.

Meine Auffassung von der Bekehrung erhielt in einer Barth-Vorlesung eine wesentliche Korrektur: Bekehrung sei eine ständige Bewegung auf die Mitte, Jesus Christus. Doch dazu müsse man zuerst in diese Bewegung hineingekommen sein! Das leuchtete mir als Bekehrtem sofort ein. Fand sich nicht bei mir noch eine Fülle unbekehrten Wesens? Wie viel drehte ich mich vor allem um mich selbst?! Wie fand man da heraus? Dazu meinte Barth einmal: »Es wird gerade hier alles ganz einfach … Gerade hier in dieser Mitte … sitze ich vor Ihnen wie ein Lehrer in der Sonntagsschule vor seinen kleinen Kindern, der etwas zu sagen hat, das wirklich das vierjährige Kind schon verstehen kann: Welt ging verloren, Christ ist geboren, freue dich, o Christenheit.«

Als Barth meine Arbeit über den ihm wichtigen Begriff der Analogie gelesen hatte, ließ er mich wissen, dass ich ihn in seinem Ansatz richtig verstanden hatte. Das war mir wichtig, weil ich nicht dem Barth-Verständnis der vielen Barthianer entsprach, zu denen er meinte: »Wenn es Barthianer gibt, dann zähle ich mich nicht zu ihnen.« Ein Barthianer wurde auch ich nicht. Dem Ansatz seiner politischen Ethik und ihren Auswirkungen stehe ich fremd gegenüber, weil ich das Abgründige in der Politik an mir selbst härter erlebt habe. Für Barth galt, wie für jeden biblischen Lehrer: »Wir irren mannigfaltig« – es sei denn, dass wir auf Jesus als unseren Lehrer hinweisen, der sagt: »Lasst euch nicht Lehrer nennen, denn einer ist euer Lehrer – Christus.« Und das ist es, was ich bei Karl Barth lernte.

In der Sozietät kamen wir jetzt im Zuge der Kirchlichen Dogmatik an den Doppelsinn des Wortes »Überlieferung«. Zum einen hieß das, dass Jesus unter die Macht und das Urteil der Juden »überliefert« wurde; zum anderen, dass die Schrift ebenso in die Hand und Macht der Menschen »überliefert« ist. Das befremdete die Studenten: »Wo gibt es denn so etwas?« Ich gab mir einen Ruck und sagte: »Es ist doch genau das, was wir selbst tagaus, tagein mit der Bibel tun: Wir bringen sie unter das Urteil unsere Kritik.« Die Studenten reagierten sofort mit Protest und Füßescharren.

Das war ein Augenblick, in dem für mich alles auf dem Spiel stand. Würde Karl Barth nun zurückziehen? Würde er damit zeigen, dass seine Theologie doch nur abstrakt war, ohne Bezug zur Realität und damit ohne Bewusstsein für die Konsequenzen? Dann würde ich ab heute die Theologie aufgeben – es hätte dann keinen Zweck mehr für mich. Oder stand er zu seiner Auffassung unter dem Schimpf, den es bedeutete, unsere wissenschaftliche Kritik mit dem jüdischen Gericht über Jesus gleichzusetzen? Barth sagte nun: »Ja, meine Damen und Herren – ich weiß wohl, wie es in Ihren Köpfen jetzt aussieht, dass Sie den Herrn Findeisen am liebsten in der Luft zerreißen wollten, weil er eben das gesagt hat. Aber ich bitte Sie zu bedenken, ob er nicht doch damit genau Recht hat.« Ich atmete tief durch. Ich konnte also weitermachen.

Von Basel aus fuhren wir – mehrere Theologiestudenten – mit dem VW-Bus nach Günsbach, um Albert Schweitzer zu besuchen. Seine Tochter hatte uns das am Telefon im Voraus untersagt, weil ihr Vater vor der Ausreise nach Lambarene stehe.

Wir fuhren trotzdem hin, um uns wenigstens seine Orgel anzusehen. Doch als wir hinter einer Fensterscheibe einen gewaltigen weißen Schopf erblickten, war klar: »Da ist er!« Wir wagten zu klingeln, die Tochter setzte zur Schimpfkanonade an, als er aus dem Hintergrund rief: »Du hast hier gar nichts zu sagen – die Studenten sollen hereinkommen!«

Sein Haus war an Einfachheit nicht zu überbieten. Über einer schmalen Treppe nach oben hingen zwei kleine Aquarelle von einem Fluss im Sonnenaufgang. »Hier ruderte ich eines Morgens mit meinem Boy hinaus – da kam eine Nilpferdherde hoch – es war unbeschreiblich! Da stieg in mir der Gedanke von der ›Ehrfurcht vor dem Leben‹ auf. Damals hatte sich die Philosophie durch sich selbst aufgelöst – das Gute war auch irgendwie böse und das Böse auch irgendwie gut. Wir brauchten einen Neuanfang ganz außerhalb. Hier habe ich ihn gefunden.« Bald griff er seinen zerschlissenen, alten Hut, fasste uns unter und begleitete uns zum Auto. Als wir uns bedanken wollten, sagte er nur: »Kinder, bleibt nur natürlich«, und wir sahen ihm nach, wie er als großer und zutiefst einsamer Mensch davonging.

Ruth MacKenzie, 1954

Eine wunderbare Handschrift

In jener Zeit korrespondierte ich mit Hans Bürki in hoch komplizierten Sätzen, die auch seine Sekretärin, Ruth MacKenzie,
kennen lernte. Sie wunderte sich, weil es anders war als bei anderen Studenten, und merkte sich meinen Namen. Den las sie
dann auf der Anmeldeliste für die nächste Cismar-Studenten-
freizeit und wurde neugierig. Wer mochte dieser Sven Findeisen
sein?

Ich fuhr, vom Fahrrad auf ein Moped namens Quickly umge-
stiegen, zwei Stunden lang durch klatschenden Regen und Sturm.
Vor der Abfahrt in Kiel hatte ich das eigenartige Empfinden, der
erste Mensch, der mir in Cismar begegnete, würde meine Frau –
aber was dachte man nicht alles in der nervösen Spannung jener
Jahre ... Triefend in meinem Regenzeug stieg ich wie ein Taucher
aus der Tiefsee die Stufen zum Kloster Cismar hinauf. Am Ende
der Treppe erblickte ich ein seltsames Wesen mit Listen in der

123

Hand. Ich lachte in mich hinein: Das soll sie sein? Du bist ein Träumer! Und auch in den folgenden Tagen tat sich bei mir (wohl anders als bei ihr) nichts Bemerkenswertes.

Als ich, wieder zurück in Kiel, einmal ans Telefon gerufen wurde, ging es mir wieder durch den Sinn: Der Mensch, der da anruft, wird einmal deine Frau. Und es meldete sich eine Frau: »Ruth MacKenzie.« Aber ich lachte wieder unsicher vor mich hin – sie war doch das genaue Gegenteil von meinem Traumtyp, der von früher her geprägt war: groß, blond und blauäugig. Ich aber sah sie vor Augen: klein, dunkelhaarig und mit tiefbraunen Augen. Sie erzählte mir, dass sie nach unserer Freizeit von Lübeck aus ein Schiff »per Anhalter« (ich staunte!) nach Norwegen mitgenommen hätte, und nun sei sie hier an den Kieler Schleusen ausgestiegen. Ob ich ihr nicht die Stadt zeigen könne? Ich konnte nicht gut nein sagen, und so fuhren wir mit einem Boot der »Blauen Linie« nach Laboe zum Ehrenmal, während ich ihr aus lauter Verlegenheit die Handtasche trug. Doch im Brief, den sie mir danach schrieb, las ich in einer wunderbaren Handschrift einen so beeindruckenden Inhalt, dass ich umgehend antwortete, um von ihr wieder einen Brief zu bekommen. So fing es an.

Nun stand, nach vierzehn Semestern, wirklich das Examen an, und ich hatte den Eindruck, das weite Feld der Theologie so weit abgeschritten zu haben, dass ich es überblickte, auch wenn ich nicht jede Blume gepflückt und jede Distel zur Kenntnis genommen hatte. Ich wusste aber, wovon ich sprach, und mein Glauben und mein Denken hatten begonnen, in Freiheit zusammenzufinden. Vor allem fing ich an zu lernen, die zutreffende Faktenlage und deren ideologische Deutung unter der Herrschaft der Bilder, der Paradigmen, auseinander zu halten. Darum bereute ich es nie, ein akademisch-wissenschaftliches Studium absolviert zu haben. Ich hatte mich dessen eigentümlichen Frage- und Problemstellungen, die dem Zeitgeist entsprachen, ausgesetzt und an mir selbst erlebt, wohin sie einen führen, wenn man sie übernimmt – genauer: von ihnen übernommen wird! Ich hatte die Methoden und deren »gesicherte Ergebnisse« erlernt und an mir erfahren, wohin sie einen bringen. Ich war ihnen in persönlichen Krisen »auf den Grund« gekommen und hinter die Schliche. Von jetzt an konnte ich furchtlos in jede Auseinandersetzung gehen. Ich wusste nun, was da ablief, und darin erfüllte es sich mir: »In meinem Studieren wird Er mich wohl führen und bleiben bei mir ...« So wurde »Mut zur Krise« – mit entsprechender Krisenbegleitung – zu einem Leitwort der späteren Arbeit in der Vorbereitung und Begleitung von Theologiestudierenden.

Damals baten mich Studenten, an einer Vorlesungsaussprache teilzunehmen, weil der Dozent die Auferstehung Jesu aus wissenschaftlichen Gründen bezweifelte. Er könne sie nur »mehrdimensional« verstehen, also nicht so, dass Jesus selbst heute lebe und da sei als der, in dem »alle Schätze der Weisheit und Erkenntnis verborgen sind«. Daran hängt aber alles. Ich erhob also Einspruch dagegen. Der Dozent fragte mich provozierend: »Wollen Sie etwa damit sagen, dass alles, was ich sage, falsch ist?« Ich musste ihm erwidern: »Im Grunde – ja!« Daraufhin ging er einige Schritte rückwärts, und ich hörte, wie er leise vor sich hin sagte: »Aber ich bete doch auch, bevor ich an die Arbeit gehe ...« Dann ließ er die Studenten abstimmen, auf wessen Seite sie seien – das Ergebnis war im Voraus klar. Aber ich lernte daraus für mich selber, dass ich, wenn ich bete, danach auch dem entsprechen soll, was ich gerade erbeten habe.

Für das Examen stand jetzt die große Hausarbeit an. Ihr Thema wählte ich so, dass ich die wichtigen Erfahrungen zum »Denken des Glaubens« geordnet aufnehmen und für mich selbst klären konnte. Professor Heinrich Rendtorff, bei dem ich sie schrieb, verstand mich und formulierte die Aufgabe so: »Das Schriftverständnis des christlichen Laien ist theologisch-kritisch zu prüfen.« Schnell wurde mir klar, dass ich nicht abstrakt »über« das »Denken des Glaubens« schreiben konnte, wenn ich nicht selbst »in« ihm war. Das aber hieß, das Denken »im Glauben« zu empfangen, also zuerst zu erbitten – und nicht in gewohnter Weise mir selbst etwas zurechtzudenken (»... ich denke mir ...«). So schrieb ich vorwiegend betend auf den Knien vor dem Bett.

Als »christliche Laien« wählte ich Hans Bürki, Gertrud Wasserzug-Traeder, Erich Sauer und andere. Was ich nicht ahnte: Das Thema drehte sich über der Arbeit um. Nicht die herkömmliche Theologie prüfte, wenn es theo-logisch sein sollte, die Stellung der Laien zur Schrift, sondern sie waren es, die – theo-logisch – das Schriftverständnis der Theologie prüften. Wo geriet ich damit hin? Ein Mitstudent meinte: »Das gibt eine Eins oder eine Sechs – und wahrscheinlich wissen sie nicht, was von beidem sie dir geben sollen.« Genau so erklärte es mir dann der Prüfer: »Wir haben Ihnen ›Befriedigend‹ gegeben. Aber verstehen Sie das nicht als eine Drei – es ist nur ein Ausdruck unserer Ratlosigkeit: Ist es eine Eins oder eine Sechs? Aber es ist gut gearbeitet und in diesem Sinne befriedigend.«

Das erste Examen bestand ich wieder mit einer schwachen Zwei. Eine Promotion, zu der mir in Basel dringend geraten wurde (»... nennen Sie mir nur selbst irgendein Thema ...«), hatte ich abgelehnt, weil mir die zwei Jahre meines Lebens dafür zu wertvoll erschienen. Vor allem wollte ich mit großer Freude Gemeindepastor in meiner Landeskirche werden.

In jener Zeit gingen häufig Briefe zwischen Kiel und dem Lago Maggiore hin und her. Hans Bürki und seine Frau ermöglichten mir hellsichtig einen Besuch bei ihrer Sekretärin in der Casa Moscia, einer wunderschön gelegenen Begegnungsstätte. Die fremde, subtropische Landschaft wirkte auf mich so überwältigend wie die Begegnung mit Ruth MacKenzie. Wir merkten schnell, dass wir gut zusammen beten und leicht miteinander sprechen konnten. Weniger Übereinstimmung hatten wir, wenn es in die Berge ging. Sie war sehr gut trainiert durch die vielen Wanderungen in ihrer Kindheit mit ihrer Mutter und Schwester in den St. Galler Alpen, und wie eine Gämse kletterte sie jeden Steilhang empor, an dem ich mir als Flachländer hinter ihr her die Seele aus dem Leibe keuchte – und das nicht einmal zeigen durfte! Aber dann, hoch über dem See angekommen, legten wir uns auf einer Alm namens Purera ins Gras und lasen zusammen die Ausführungen über Mann und Frau im 5. Kapitel des Epheserbriefs – eine nie vergessene, herrliche Grundlegung für das, was wir erlebten: das Geheimnis tiefer innerer Übereinstimmung.

Nach dieser Zeit übten Ruth und ich in immer häufigeren Briefen den gegenseitigen Austausch. Wir trafen uns auch für einige gemeinsame Tage in St. Peter-Ording an der Nordsee, mieteten uns zwei Zimmer und verabredeten einen Schweige-Tag zwischen uns, einen Tag, wo jeder nur für sich sein sollte. Auch das tat gut. Aber da lag auch die Frage an: »Was würdest du tun, wenn ich für den Glauben an Jesus Christus mein Leben lassen müsste – würdest du mich dazu stärken oder abzuhalten suchen, um mich nicht zu verlieren?«

Bald danach öffnete ich einen Brief aus dem Landeskirchenamt. Ich sei als Vikar auf die Missionsakademie in Hamburg berufen. Das wurde eine wichtige Zeit, in der ich meinen künftigen Weg mit Ruth in Ruhe klären konnte. Ich erinnerte mich an ein Gebet davor, bei dem ich buchstäblich zu Boden gegangen war, um die Frage einer künftigen Ehe ganz an Gott abzugeben. Ich sagte ihm, dass ich ihm vertraute, da er den Menschen als Mann und Frau geschaffen habe und er dem Mann seine Frau zuführte, er also damit auch für mich meine Frau bereit habe. Dazu musste ich ihm Zeit und Ort völlig überlassen – »selbst wenn sie jetzt noch in Südafrika herumläuft«.

Danach nahm ich im Auftrag der Landeskirche an einem Kurs für Gewerkschaftsfunktionäre an der Bundes-Gewerkschaftsschule in Hamburg-Hochkamp teil. So etwas war damals möglich. Ich schrieb – in Pantoffeln wie meine Gewerkschaftskollegen – die Klausuren und fand alles interessant. Noch nie hatte ich so viele seelsorgerliche Gespräche wie in dieser Zeit, und zum Abschied baten mich die Kollegen: »Tu bitte nur nicht das, was wir machen – dann fehlst du uns in dem, was sonst niemand tut: mit uns so vom Glauben sprechen wie du.« Ruth verriet mir später, sie habe darum gebetet, dass ich aus meiner Verkopfung fände, indem ich kräftig mit »normalen Leuten« in Kontakt käme.

Dafür sorgte dann auch der nächste Brief vom Landeskirchenamt: Für mich sei ein Jahr Vikariat an der Deutschen Gemeinde in Stockholm in Verbindung mit der dortigen Seemannsmission vorgesehen. Mein Vikarsvater, Pastor Schiebe, öffnete mir mit leeren Augen seine Wohnungstür – er litt an einem lebensgefährlichen Zeckenbiss und war im Aufbruch nach Deutschland für eine monatelange Behandlung. Der zweite bisherige Seemannspastor verstarb kurz nach meiner Ankunft.

Ich musste also ins kalte Wasser springen, und bald freute ich mich – ich schwamm mich frei.

Schon am ersten Morgen hatte ich einen schwedischen Satz auswendig zu lernen, mit dem ich beim Hafenamt anfragte, in welchem der fünf Häfen ein deutsches Schiff liege. Dann lief ich die langen Kais entlang, brachte deutsche Zeitungen an Bord und lud zum Abend in das Seemannsheim bei der Deutschen Kirche ein.

Dann kam der erste Abend, den ich nie vergessen werde. Ich hatte Angst. Würde ich, verkopft, wie ich war, mit den Seeleuten klarkommen? Ich hoffte bang, dass keiner käme. Doch dann dröhnte Gepolter auf der Treppe und lautes Geschimpfe, dazu auf Sächsisch: »Das ist ja das mieseste Seemannsheim im ganzen Ostseeraum ...« Das konnte ja heiter werden! Beim Kaffee um den Tisch meinte ein Kerl neben mir, groß wie ein Kleiderschrank: »Ich habe gehört, dass man sich in den Weltraum schießen lassen kann ...«, und dann wieder: »Ich melde mich für ein Tiefsee-Tauchexperiment ...« Ich überlegte, was wohl mit dem Jungen los war, dass er so dringend wegwollte von der Erde. Im Gespräch sagte ihm der Schiffskoch aus Sachsen, Hans Friedel, über den Tisch hinweg: »Du kannst zurechtkommen, aber auf keinem anderen Weg als ich – nur durch Jesus!« Ich horchte auf, und dann erzählte Hans, wie er in Tokio während des Krieges als schlimmer Trinker einen Missionar die Treppe hinuntergeworfen hatte, weil der ihn besuchen wollte. Zurück in Deutschland, nach Kriegsende, sagten Leute zu ihm: »Bruder Hans, willst du von deiner Sauferei frei werden?« – »Ich will wohl, aber ich kann nicht.« »Jesus kann dich frei machen – wir beten für dich!« – »Und von da an«, sagte Hans, »war ich frei – bis heute!«

Ich sah nun den jungen Seemann in seiner Angst. Vielleicht verstand ich ihn, weil ich ja selbst durch tiefes Grübeln und Fernweh mit meinen Verletzungen hatte fertig werden wollen. Ich lud ihn in mein Zimmer ein. Da berichtete er, wie heute beim Laden eine Last verrutscht war. »Einen von uns hat sie an die Bordwand gequetscht. Als der Kran ihn aus dem Laderaum hob – da hat er laut gebetet, wir haben es alle gehört. Und als der Kran ihn auf dem Pier niederlegte – da war er tot.« Seine Augen weiteten sich in Angst, als er sagte: »Und ich kann nicht beten. Ich bin nicht getauft. Ich war noch nie in einer Kirche. Was wird aus mir, wenn mir das passiert?« Er erzählte, wie ihn zu Hause die Leute anspuckten – er hatte ein Menschenleben auf dem Gewissen. Es war auf dem Motorrad gewesen. »Und wenn ich mit einem Mädchen ausgehe, fange ich an zu trinken, dann fange ich an zu schlagen – kein Mädchen bleibt bei mir!« Er sah auf seine mächtigen Hände: »Und wenn sie mich mein ganzes Leben einsperren – ich werde es nicht los. Ich finde erst zur Ruhe, wenn sie mir dafür mein eigenes Leben nehmen.«

Was sollte ich ihm jetzt sagen? Vor mir sah ich die Waage der Gerechtigkeit vom Markt in Reval: Schuld und Sühne der Justitia. Ich wusste, dass ihm das niemand ausreden konnte, etwa so: »Nimm's nicht so schwer, du hast noch dein Leben vor dir ...« Denn keiner von uns war in seiner Lage. So fing ich an zu erzählen: »Wenn die Verhandlung ist, und wenn der Richter sagt: Sie haben ein Menschenleben auf dem Gewissen – damit haben Sie Ihr Leben verwirkt, Sie haben den Tod verdient. Was geschieht dann?« Er sah mich an.

»Da steht jemand auf, stellt sich vor dich und sagt: Herr Richter – er hat den Tod verdient. Aber ich habe ihn lieb. Ich will, dass er lebt. So lieb habe ich ihn, dass ich an seine Stelle trete. Ich will für ihn sterben. Bitte, nehmen Sie dies an. Der Richter tut es. Er wird abgeführt – dann stirbt er – für dich. Und du? Du bist frei.«

Dann sagte ich nur: »Sieh – das hat Jesus für dich getan.« Ich sah, wie sich sein Gesicht veränderte. Seine Augen leuchteten – und ich war wie verdattert: »Sag mal – glaubst du es etwa?« Er hatte es ja noch nie vorher gehört! Und er strahlte: »Ja!« Ich fragte leicht verwirrt: »Und was machen wir jetzt?« Er sagte: »Ich kann nur noch danken.« Auf einmal konnte er beten.

Am nächsten Tag war ich auf dem Schiff. Am Mittagstisch der Mannschaft trug Hans Friedel die Klöße herein: »Gesegnete Mahlzeit!« – »Bööh! Blödmann!«, antwortete die Runde. »Ja, dass ihr euer Essen hineinfresst wie die Schweine, das weiß ich – und ich wünsche euch trotzdem gesegnete Mahlzeit.« Er wusste seine Leute zu nehmen. »Jesus-Koch« nannten sie ihn. Seine »Jesus-Lieder«, die er morgens im Pyjama beim Rühren der Morgensuppe sang, dichtete er sich selbst, weil ihm unsere nicht gefielen – sie seien »zu löhrig«.

Den jungen Seemann traf ich draußen beim Kohlenschaufeln. Aus seinem pechschwarzen Gesicht leuchteten die Augen wie Diamanten. Einige Tage später meinte der Kapitän zu mir: »Was ist nur mit dem Jungen los? Er ist ganz verändert – in seiner Arbeit und in seinem Benehmen.« Das geschah am ersten Abend, der für mich als Angst-Abend begonnen hatte.

Ich stand wohl bei keinem der achthundert Schiffe, die ich in jenem Jahr besuchte, unten an der Gangway, ohne mich bange zu fragen: Kann ich es nicht vermeiden hinaufzugehen? Zu rabiat konnte es oben zugehen. Da bellte mich ein schmieriger Schiffsjunge an: »Wer sind Sie denn?« – »Der Seemannspastor.« – »Das ist ja schon die größte Sünde, wenn man nur Pastor ist!« – »Wie meinst du das?« – »Na, Pastor wird doch nur, wer am besten lügen kann.« Ich antwortete: »Hart im Geben, hart im Nehmen« – und wir sprachen länger miteinander. Ein Erster Offizier reichte mir zur Begrüßung nur zwei Finger: »Zwei Finger genügen für den Seemannspastor.« Später kam mir dieses harte Training zugute, wenn ich in schwierigste Situationen hineinzugehen hatte, wo ich wie »auf Schlangen und Skorpione« trat.

Aber ich fühlte mich unfähig für meine Aufgabe. Zu tief hatte ich die akademische Welt in mich aufgesogen, um für die raue Welt der Seeleute tauglich zu sein. Doch ich sah das Wort vor mir: »Die Ernte ist groß – darum bittet den Herrn der Ernte, dass er Arbeiter in seine Ernte sende.« Also betete ich so. Und dazu meinte ich, da ich doch schon bekehrt sei – ob er mich nicht trotzdem tauglich machen wollte? Dabei fing die Erwählungslehre Karl Barths an, mir entscheidend zu helfen. Er hatte herausgearbeitet, was Paulus in 1. Timotheus 2,4 betont: Gott »will, dass allen (!) Menschen geholfen werde und sie zur Erkenntnis der Wahrheit kommen«. Barths Erwählungslehre, dass wir nicht »in uns« wohl aber nach Epheser 14 »in Jesus« erwählt sind, machte mich wieder missionarisch.

Die Uhr der deutschen St. Gertrudkirche schlug Mitternacht über der schlafenden Altstadt. Wie in jeder Nacht klickte jetzt die Klappe vom Briefkasten hinter meinem Brief an den Lago Maggiore. Ein langer Tag lag hinter mir – Schiffsbesuche, Gemeindekontakte, Jugendgilde, Seeleute. Gerne saßen wir noch im Seemannsheim im Keller unter dem Gemeindehaus zusammen, bis draußen wieder die Vögel zwitscherten, wenn ein alter Fahrensmann mit deftigem Humor sein Seemannsgarn spann. Ich gewann sie lieb, diese Leute, die sich gaben, wie sie waren, weil ihr Ruf sowieso ruiniert war. So lernte ich ihre Probleme kennen. »Ich kriege nie eine ordentliche Frau«, hörte ich öfters von den Schiffsjungen, »so versaut, wie ich bin!« Da sorgte ich für Begegnungen mit deutschen Mädchen aus der Gemeinde. Sie spielten Tischtennis zusammen und redeten – und ihr Umgangston wurde gut.

Die Jugendgilde sammelte an die hundert junge Leute, vor allem Mädchen, die hier als Hausmädchen arbeiteten, und nicht selten dabei zu Freiwild für die Männer wurden. Wenn wir uns im Seemannsheim trafen, ging es oft so ausgelassen zu, dass im Gemeindebüro darüber die Lampen an- und ausgingen. Schweden hatte eine ansteckende Fröhlichkeit, und unser offener Umgang mit dem Glauben und der Bibel trug sie. Wir kannten unsere Grenzen für den Umgang von Jungen und Mädchen, zeigten sie auf – und wer sie nicht respektieren wollte, konnte woanders hingehen. Das brachte Vertrauen bei vielen.

Ausgelassen und fröhlich ging es auch auf unserer privaten Silvesterparty zu. Ted, ein junger Baptist, der mit mir die Jugendgilde leitete, mimte sehr echt einen Betrunkenen und sagte mir dabei unvermittelt: »Das will ich dir sagen – deine ganze Arbeit hier taugt überhaupt nichts.« Warum steckte mir das im Fleisch wie ein Pfeil, so dass ich auch in den nächsten Tagen nicht davon loskam? Erst nach Tagen gab ich meine Gegenwehr auf: »Herr – nicht sein Urteil, nicht meines – nur was du denkst, das gilt. Und wenn du das so siehst …« – und ich konnte mich endlich darunter beugen. Am Sonntag sagten mir zwei liebe Damen nach meiner Predigt von der ehrwürdigen Kanzel: »Na, es ist wohl gut für dich, wenn du auch einmal eine so schlechte Predigt hältst.« Das passte exakt in meine Verfassung!

Anschließend fuhr ich in die Schären, wo auf einer Insel die Jugendgilde bereits zusammensaß. Sie hatten das Thema ausgesucht: »Wer darf denn von sich behaupten, er sei Christ?«

Die allgemeine Antwort: »Niemand!« Ich saß zerknittert unter ihnen und fragte etwas kleinlaut: »Ob diese Frage wohl etwas damit zu tun hat, was die Bibel dazu sagt?« Sie horchten auf: »Wir denken doch.« – »Da heißt es: ›Gottes Geist gibt Zeugnis unserem Geist, dass wir Gottes Kinder sind.‹ Also ist es richtig: Niemand kann das von sich aus wissen. Aber wenn Gottes Geist es mir zeigt, dann weiß ich, dass ich Christ – ein Kind Gottes bin.« – »Und wenn ich es nicht weiß?« – »Ja, dann steht etwas dazwischen und blockiert. Ist es eine Sünde? Oder dass man auf eine besondere Erfahrung wartet?« – Stille. Dann setzte Unruhe ein, Fragen: »Warum weiß ich es nicht? Was blockiert bei mir?« In einigen Augen standen Tränen. Am Ausgang hieß es: »Wann kann ich dich sprechen?«

In den nächsten Tagen musste ich eine Liste für die einführen, die ein Gespräch suchten. Manche setzten sich hin, zündeten sich mit zitternden Fingern eine Zigarette an – und wussten nicht, dass man das, was dann folgte, eine Beichte nennt. Sie richteten einen Bibelkreis im Seemannsheim ein. Und ich erlebte zum ersten Mal, wie ich auf den absoluten Nullpunkt gebracht wurde, damit ich Gott nicht im Wege stand, wenn er etwas Wichtiges tun wollte. So blieb es auch später.

Im Hafen wehte ein eisiger Wind, drang durch den Mantel. An einem Pier fand ich einen jungen Mann, einen Deutschen, den Mantelkragen hochgeschlagen. »Was ist mit dir los?« Ich erfuhr: Er hatte zu Hause seinem Mädchen »ein Kind gemacht«, um ihre Mutter hier in Stockholm zu zwingen, die Einwilligung zu einer minderjährigen Eheschließung zu geben. Darum war er mit ihr hier – und die Mutter hatte sie beide rausgeschmissen. Ich nahm ihn mit ins Seemannsheim, ließ ihn – gegen das ausdrückliche Verbot des Kirchenvorstands – dort auf dem Sofa schlafen und aus meinem Kühlschrank essen, obschon ich selbst bei den immensen Preisen in Schweden eigentlich hungerte. Das Kind meldete sich schon an, die Nerven lagen blank, so dass er einmal sein Mädchen zu Boden schlug, dass sie blutete. Einmal meinte er: »Ich bin auch einer, den der Esel im Galopp verloren hat … Meine Mutter hat mir gesagt: Ich habe dich nie gewollt.« Ich begleitete die beiden. Wohl kaum wieder würde ich die Chance haben, in das Elend von Menschen so

Verlobung 1957

intensiv hineinzugehen. Morgens merkte ich, dass meine Zahnbürste benutzt war. Ich fragte Klaus: »Hast du keine eigene Zahnbürste?« Ich kaufte ihm eine. Doch am Morgen war meine wieder benutzt und seine trocken.

Manchmal stand er im Seemannsheim und dirigierte mit mächtigen Bewegungen tief ergriffen den Anfang von Mozarts g-moll-Sinfonie – seitdem höre ich sie nie, ohne ihn dabei vor mir zu sehen.

Um Weihnachten erhielt ich einen Brief in der bekannten Handschrift – mein Blick hing dabei am Bild der Schreiberin auf dem kleinen, runden Tisch in meinem Zimmer, und als ich gelesen hatte, sah ich das Bild mit anderen Augen an: Das ist nun deine Braut – sie hat dir ihr Ja-Wort gegeben. Von unserer Verlobungszeit äußerte sie später, es sei die glücklichste Zeit ihres Lebens gewesen. Manchen Morgen ruderte sie auf dem Lago nach Ascona zur Post, um so früh wie möglich den Brief aus dem hohen Norden zu erhalten. Und mir wurde langsam klar, welche Maßarbeit unser himmlischer Vater zwischen uns geleistet hatte: Zusammen bildeten wir die richtige Mischung von tiefer, wesensmäßiger Übereinstimmung und charakterlicher Verschiedenheit.

Meine Zeit im Predigerseminar in Preetz, dem letzten Teil meiner Ausbildung, erlebten wir zusammen. Ruth hatte dort eine Pflegearbeit im Krankenhaus angenommen, um sich auf die Aufgaben einer Pfarrfrau einzustellen.

Beim zweiten Examen staunte ich über das Klausurthema: »Was ist Ihrer Meinung nach in Ihrer theologischen Ausbildung falsch gemacht worden?« Ich war von einer heiteren Leichtigkeit getragen, als ich – gut lutherisch – Römer 6 im Zusammenhang der Taufe auslegte: Bevor wir Christen werden, tun wir Dinge, derer wir uns nachher schämen, denn jetzt kennen wir es richtig. Genau darin ausgebildet zu werden, hatte ich erwartet. Aber was fand ich? Vor allem im Umgang mit der Schrift wurden die Probleme und Methoden verpflichtend gemacht, die nur dort entstehen, wo ich als Christ mich »schämen« müsste zu stehen. Doch auch an dem, wie es nicht sein soll – im Denken der »Vernunft« dieser Ausbildung – könne man etwas lernen.

Zu meiner Überraschung war das Ergebnis eine Eins, obschon ich der Sache nach nichts anderes geschrieben hatte als in der ersten Arbeit. Und zudem vernahm ich von meinem Bischof beim nächsten Pastorenkonvent, er habe wieder Hoffnung für die Kirche, denn das letzte Examen habe ihm gezeigt, dass junge Theologen wieder theologie-kritisch würden. Dabei dachte ich vergnügt an meine Liturgie-Prüfung. Mein Prüfer war der Pastor von St. Pauli und dem Reeperbahn-Bezirk. Er flüchtete sich in hochkirchliche Liturgik. Mich prüfte er über die Tauf-Agende. Mit ihr hatte ich mich kaum befasst, da sie mir mit ihrer Verbindung von Taufe und Wiedergeburt auch ohne Glauben zuwider war. Nun prüfte er ausschließlich dieses »Kaum«, was ihm nachher harsche Kritik der anderen Prüfer einbrachte, die mich daraufhin umso gnädiger vorknöpften.

Der damaligen kirchlichen Ordnung gemäß hatte ich meine Braut persönlich dem Bischof vorzustellen, der sie akzeptieren musste. Das gelang. Die kirchliche Devise damals war: »Im Studium ist nur die Theologie Ihre Braut. Aber ins Pfarramt sollten Sie verheiratet gehen.« Dem entsprach ich akkurat, als ich meinen Koffer zur »Urteilsverkündung« nach dem zweiten Examen

Hochzeit am 23. April 1959

ins Landeskirchenamt schleppte (ich hatte bestanden) und von
dort aus direkt zum Bahnhof, um den Nachtzug nach Stuttgart zur standesamtlichen Trauung am nächsten Morgen, den
17. April 1959 zu nehmen. Danach war Ruth sechs Tage lang
»meine Frau Braut« bis zum 23. April, dem Tag der herrlichen
kirchlichen Trauung am Lago Maggiore.

Für den Hochzeitsmorgen, bevor wir zum evangelischen
Kirchlein in Monti ob Locarno abfuhren, hatten sich Bürkis
etwas Feines ausgedacht: Ich sollte meine Braut in der Loggia
des Hauses in der Sonne über dem blau blinkenden See erwarten. Als sie mir im herrlichen Brautkleid entgegentrat, muss
mich die Gewalt des Augenblicks und damit der Vergänglichkeit,
so ergriffen haben, dass ich zu ihr sagte: »Weißt du, wenn ich
beerdigt werde, wünsche ich mir als Lied dafür den Choral aus
dem Weihnachtsoratorium: ›Brich an, du schönes Morgenlicht,
und lass den Himmel tagen ...‹« In ihren Augen sah ich kleine
Tränen blinken. Warum sagte ich das? Doch irgendwie verstand
sie es. Woher hatten wir die Freiheit dazu? War es, weil uns unser
Trauspruch zeigte, dass wir zusammen waren; »... auf dass wir
etwas seien zum Lobe Seiner Herrlichkeit, die wir unsere Hoff-

Dr. Hans und Dr. Ago Bürki-Fillenz

nung zuvor auf Christus gesetzt haben«? So steht es eingraviert in unseren Eheringen. Und bei einer jüdischen Hochzeit trägt der Mann zu unterst – sein Totenhemd.

Die Hochzeit hatten uns Bürkis ausgerichtet. Ruth hatte bei ihnen nicht nur, wie alle im Werk, auf Spendenbasis gearbeitet, sondern in ihnen auch Vize-Eltern gefunden, die sie in die weite Sicht des Glaubens geführt hatten. Und mir war Hans Bürki, vor allem in meiner Verletztheit durch den frühen Tod meiner leiblichen Mutter, ein weiser, väterlicher Berater, denn ich blickte voll Bangen in die Zukunft. Nach meiner Einschätzung konnte eine Ehe für mich nur in einer Katastrophe enden. So musste ich die Verantwortung für sie meinem Herrn übergeben.

Es wurde eine wahrhaft herrliche Hochzeit. – Zu unseren

136

Flitterwochen schien uns der Vollmond über Bürkis Rebhäuslein beim Dorf Contra im Tessin. In der Schlucht tief unter uns schäumte die Verzasca, »die Wilde«, der heute durch einen riesigen Staudamm eine lähmende »Halskrause« angelegt ist.

Zeit zum Säen – Zeit zum Wachsen

Die Industriestadt Neumünster in Holstein trägt, wohl als einzige Stadt im Lande, als ihren Stolz drei Fabrikschornsteine im Wappen. Die Stadtväter verkauften nach dem Ersten Weltkrieg listigerweise ihren revoltierenden Arbeitern im Norden der Stadt, westlich des Dorfes Tungendorf, billiges Bauland auf einem abgeholzten Tannengebiet. So wurden aus Proletariern tüchtige Hausbesitzer und bald selbstbewusste Bürger. Doch da sie ihre Gesinnung beibehielten, nannte man die neue Siedlung auch »Klein-Moskau«. Sie sahen sich selbst als Beispiel, wie man ohne Gott ein anständiger, erfolgreicher Mensch sein könne.

Hier sollte ich Pastor werden. Das Landeskirchenamt teilte mir mit, es sei eine Gemeinde »ohne jegliche volkskirchliche Substanz«, und das war mir recht.

Entscheidend war, dass mich zwei freundliche Herren im Predigerseminar besucht hatten, die sich als Vertreter der Landeskirchlichen Gemeinschaft vorstellten. Sie fragten mich, ob ich mir vorstellen könnte, zu ihnen zu kommen, doch die Lage dort sei nicht einfach. Ich horchte auf, denn ich hatte darum gebetet, nicht ohne lebendige Christen eine volkskirchliche Gemeindearbeit tun zu müssen. Wo kämen die Mitarbeiter, vor allem die Beter her? Aber Neumünster – diese Fabrikstadt war für mich das Letzte im schönen Schleswig-Holstein. Und im Norden der Stadt war mir auf der Durchfahrt mit dem Rad die endlose Kieler Straße als Ausbund von Öde und Hässlichkeit in Erinnerung, so dass ich mir sagte: Irgendwo wirst du ja Pastor – aber doch nicht gerade hier!

Und genau hier war ich nun! Als ich das einzige schöne Haus an jener Straße besuchte, erfuhr ich seine eindrückliche Geschichte. Das hatte Karl Ihloff 1902 gebaut. Als ehemaliger

Postbeamter war er zum ersten Sekretär der Landeskirchlichen Gemeinschaft geworden. Er war wohl gezielt nach »Klein-Moskau« gezogen und hatte dann aus ganz Deutschland christliche Drucker für seinen Betrieb hier angesiedelt, mitten »in der Welt – aber nicht von der Welt«. Von hier aus ging dann das Liedgut der damaligen Erweckungsbewegung als »Reichslieder« ins ganze Land. Sein Enkel, der Missionsarzt Herbert Möbius, war einer der beiden Herren, die mich in Preetz besucht hatten. Mit ihm, seiner Frau Hanne und der großen Familie verband uns bald eine herzliche Freundschaft. »Wenn ich wissen will, was ein Christ ist, dann brauche ich mir nur anzuhören, was die Patienten von ihrem ›Herbert-Doktor‹ erzählen«, meinte einer seiner Kollegen.

Schräg gegenüber an der Straße stand ein winziges Häuslein. Dort begrüßte mich eine rundliche kleine Frau. Ich schaute mich bei ihr um: Alles war hier so einfach wie möglich. Aber ringsum in ihrer Nachbarschaft traf ich auf Karten mit Bibelsprüchen an der Wand – das war auffällig. Und die Spur führte immer in jenes kleine Haus, in dem jahrzehntelang Kinder der Nachbarschaft zur Kinderstunde gesammelt wurden. Die unscheinbare Saat ging auf, denn »der Acker ist das Herz« des Menschen.

Einige Straßen weiter, an der Eichenallee, blickte ich in dicke Brillengläser über einer Knubbelnase und vernahm: »W-was bringt d-dich denn hier her in unseren W-w-wald?« Es war Willem Petersen, heiß geliebter Jungscharboss und hoch geehrt, aber auch gefürchtet in Leitungsgremien im Lande. Sein urwüchsiger Humor und die Raubeinigkeit seiner Stottersprache waren nicht zu übertreffen. Kaum etwas hasste er so wie »frommes Süßholzraspeln«. Bei ihm und seiner Frau Helga war die Tür für jedermann offen. Hier wurde der rechte Weg immer klar angesprochen, und damit auch, was Sünde war. Wie viele fanden hier ihren Weg im Glauben!

So begegnete ich dem Geheimnis der Häuser – genauer: der Menschen in den Häusern, in denen die Saat aufging, und manchmal schon seit Generationen. Ich staunte über das Geheimnis ihrer selbstverständlichen Verbindung zu Jesus Christus im Gebet, ihrem »Heiland« – dem Heilenden. Manchmal erfuhr ich eher zufällig, dass sie sich hier und da zusammenfanden, um gemeinsam zu beten. Warum gemeinsam? Das kenne ich von meinen eigenen Kindern: Wenn sie sich zusammentaten, um gemeinsam den Vater um etwas zu bitten, hat sich darin die Liebe so konzentriert, dass ich als Vater – aus Liebe – leicht Ja sagte. So erkläre sich das Geheimnis des Segens in diesem problematischen Stadtteil, den heute manche »St. Tungendorf« nennen. Dessen Anfang mochte in jenem Haus an der damals noch so hässlichen Kieler Straße gelegen haben, denn im Hause der Ihloffs und Möbius' wurde gewiss treu für den Ort gebetet.

Der erste Eindruck von der Gemeinde war ein Klassenzimmer der Pestalozzischule, voller Leute, die dicht gedrängt auf Kinderstühlen saßen. Hier fand eine wöchentliche Bibelstunde der Landeskirchlichen Gemeinschaft statt. Als ich dort zum ersten Mal zu sprechen hatte, ereignete sich auch die erste der drei Katastrophen, mit denen mein Dienst als Pastor begann: Ich legte einen Abschnitt des Johannesevangeliums so hoch und theoretisch aus, dass sich die lieben Menschen ratlos untereinander ansahen.

Willem Petersen setzte mir bald darauf den Kopf zurecht: »Rede nicht so drum rum! Du musst zu uns ganz einfach sprechen und direkt, sonst verstehen wir es nicht. Wir sind hier schlichte Leute.« Mir wurde darüber zunehmend bewusst, wie »ausbildungsgeschädigt« ich war. Alles ging ich »problemorientiert« und »akademisch« an. Die Dinge wurden objektiviert, so dass man »über« etwas sprach. So sah man sie distanziert und konnte sie sich vom Leibe halten. Trotz Werkstudium und Seemannspastoren-Zeit, trotz der Stockholmer Jugendgilde und der Gewerkschaftsfunktionärs-Schule war ich diese akademische Denkweise nicht losgeworden. Es brauchte noch Jahre, bis sie durch die Gemeinde abheilte.

Die zweite Katastrophe kündigte sich mit dem Besuch des Malermeisters an, der mir mitteilte, bei der Beerdigung des Gastwirts würde auch der plattdeutsche Klub »Hol di stief« auftreten. Ich war ahnungslos, was hier ein Gastwirt bedeutete, bereitete nach dem Rezept unserer Ausbildung die Ansprache vor (»Bei der Beerdigung haben wir nur das Evangelium zu verkündigen!«), traf auf eine rappelvolle Friedhofskapelle mit Fahnenträgern von »Hol di stief« und vielen anderen – und erfuhr danach ein vernichtendes Urteil jenes Malermeisters. Herbert Möbius, dem ich danach mein Konzept mitteilte, meinte nachdenklich: »Dann wirst du es hier schwer haben.« Den Aufschluss für die Ansprachen gab mir später der Bürgermeister eines unserer Dörfer: »Wenn wir in der Kapelle vor uns den Sarg sehen, dann sehen wir nichts als den Sarg – und alles, was uns das bedeutet. Wenn wir Ihnen zuhören sollen, reden Sie von dem, was *uns* beschäftigt. Und wenn wir Ihnen dann zuhören, können Sie uns auch etwas von dem sagen, was *Ihnen* am Herzen liegt. Dann hören wir Ihnen auch zu.« Warum hatte mir das in meiner ganzen Ausbildung für die etwa tausend Beerdigungen, die ich danach zu halten hatte, niemand gesagt? Warum fehlte dort das einfachste, das menschliche ABC?

In der ersten Konfirmandenstunde passierte die dritte Katastrophe, die sich wohl am nachhaltigsten auswirkte. Ich hatte zufällig mitgehört, wie mein älterer Kollege die Konfirmanden anschrie: »Ich bin der Pastor! Und wenn ich sage, es ist Ruhe, dann ist Ruhe!« – und damit nur das Gegenteil erreichte. Ich wusste von Wyk her, dass sich Autorität nicht einfordern lässt, und darum wollte ich es ganz anders machen: Ich stellte, um mich von der Schule abzusetzen, für die Konfirmanden einen Stuhlkreis und plante, jeden an der Tür mit der Hand zu begrüßen. Doch kaum öffnete ich sie, stürzten alle wie unter Überdruck hinein und hingen dann liegend auf den Stühlen. Verdattert sagte ich zum Ersten in der Reihe: »Setz dich gerade hin!«, doch der drehte nur den Kopf seelenruhig zum Nachbarn: »Setz dich gerade hin!« – und blieb so sitzen. Was tun? Ich reagierte im Schock: »Ihr habt wohl keine Lust zum Konfer?« Sie, im Chor: »Neee!« Was blieb mir übrig, als ihnen zu erzählen, wie ich selbst keine Lust gehabt hatte. Aber meine schöne Vorbereitung auf die Stunde fand ich im Papierkorb. Warum war ich in meiner ganzen Ausbildung darauf nicht vorbereitet worden?

Wie sollte es nun weitergehen? Ich war ratlos. Dann berichtete eine Missionarin, die Fürstin Lieven, in unserer Bibelstunde aus ihrer Arbeit in China. Ich sah die Heidenkinder mit ihr auf der Straße und wusste spontan: So – ohne jede Erwartung und Voraussetzung – kann auch ich meine ahnungslosen Konfirmanden ansprechen. Dann führte sie die Poster vor, mit denen sie in einfachen Bildern das Evangelium »augenfällig« erklärte, und ich verstand, dass der Mensch so am intensivsten aufnimmt – spricht nicht auch die Bibel weithin in Bildern? Zudem war es wichtig, die Konfirmanden in ihrem eigenen Leben zu erreichen. Darum fuhren wir schon sehr bald mit unseren Fahrrädern zu einem kleinen Zeltlager an den Belauer See, das völlig verregnete, aber es war der effektive Anfang der Konfirmandenarbeit.

Nun war der Unterricht, fernab aller offiziellen Lehrpläne, auf diese Konfirmanden einzustellen. Darum begann ich ihn mit der modernen Frage: Wo ist Gott bzw. »der Himmel«? In der zweiten Stunde nahm ich deren Glaubensbekenntnis auf: »Ich glaube nur, was ich sehe«, und stellte dagegen die Frage: »Warum kann man Gott nicht sehen?« (Da ja ein sichtbarer Gott nur ein Götze sein kann.) Daraus ergab sich die Frage der dritten Stunde: »Kann man mit jemandem, den man nicht sehen kann, doch Verbindung haben?« Als Beispiel diente uns das Telefon. Der Konfirmandenunterricht entwickelte sich im Laufe der Zeit zur wöchentlichen Jugendevangelisation für fast alle jungen Leute des Stadtbezirks, und dies über die zwei Jahre, wo sie in einem Alter waren, in dem viele Lebensentscheidungen fallen.

Vor meiner ersten Predigt im alten »Lutherhaus« fand meine erste »Amtshandlung« statt: Ich ging mit Hammer und Nagel in die Sakristei und nagelte dort den Spruch an die Wand: »Die Ernte ist groß, darum bittet den Herrn der Ernte, dass er Arbeiter in seine Ernte sende.« Dieses Wort hängt nach manchem Ortswechsel noch immer an der Wand der Sakristei – als Leitwort der Arbeit in der Gemeinde und Schlüssel für das, was sich entwickelte.

Damals wunderte ich mich, wieso ich etwa zwölf Anfragen in andere Stellen erhielt. Ging etwa mein Auftrag auch über die Grenzen der Gemeinde hinaus? So verteilte ich von vornherein die Arbeit auf viele Schultern, damit ich abkömmlich, ja, entbehrlich war. Das bewahrte die Gemeinde davor, zur damals üblichen Pastoren-Gemeinde zu werden.

Nach dem ersten Kontakt zu meinen Brüdern und Schwestern in der Bibelstunde lag nun alles daran, in die volkskirchliche Gemeinde »ohne jegliche volkskirchliche Substanz« hineinzufinden. Das fiel mir nicht schwer. Niemand gab mir hier als Norm, an der ein Pastor gemessen wird, ein »pastorales Rollenverhalten« vor. Und auch ich selbst verstand, schon aufgrund meiner Biographie, die Volkskirche nicht als Selbstzweck und vor allem mich selbst nicht als ihren Funktionär. Bei uns ging »man« prinzipiell nicht zum Sonntagsgottesdienst. In der Kirche trafen sich also fast ausschließlich die, welche schon zu einem lebendigen Glauben gefunden hatten oder die ihn suchten. Das erschien mir auch sachgemäß, denn nur sie konnten ja die Lieder, die Liturgie und die Predigttexte mit vollziehen. Den anderen konnte der Gottesdienst nur als »exklusiver Klub« erscheinen, den sie nicht verstanden, von dem sie also ausgeschlossen waren. Aber wir hatten sie lieb. Sie waren aus Tradition »in der Kirche«, sie waren getauft, zahlten Kirchensteuern und waren uns zugewiesen.

Das war eine starke Brücke. Oft sprach ich auf der Straße die Leute an, bewunderte ihre schönen Vorgärten und verriet ihnen: »Ich bin Ihr Pastor.« Da erwiderte einer: »Der Mensch ist ein Baum – er wächst auf, blüht und wirft seine Früchte ab. Ich glaube nicht an Gott.« Ich meinte, ich hätte noch keine Bäume Fußball spielen oder Kriege führen sehen. Später hatten wir besten Kontakt und er trat wieder in die Kirche ein.

Eine Brücke verbindet zwei Ufer, dazwischen ist ein Abbruch, der sie scheidet. Jetzt lag alles daran, die Verbindung zu schaffen, aber auch die Unterscheidung ernst zu nehmen. Wie sollte jemand, der nur die Volkskirche kannte, sonst darauf kommen, dass ihm das Eigentliche des Christseins noch fehlte? Wie sollte er zu suchen anfangen, wenn er nicht wusste, wonach er suchen konnte?

Zunächst stand für mich eine Unterscheidung an, die wohl nirgends so wichtig ist wie bei der volkskirchlichen Auffassung der Taufe, nach der man »durch die Taufe schon alles habe« – also ohne Glauben ein wiedergeborener Christ sei. So formulierte es die kirchliche Taufagende und bestätigte damit amtlich das verhängnisvolle Missverständnis. Ich erklärte darum auf dem ersten Pastorenkonvent vor allen anderen, dass ich, wenn ich mit jenen Formulierungen der Agende zu taufen gezwungen sei, nicht Pastor dieser Kirche sein könne. Man war schockiert, aber erklärte mir, die Formulierungen seien nicht kirchengesetzlich eingeführt und ich also frei, sie wegzulassen.

Denkwürdig war mir ein Gespräch bei einer Tauffeier. Ein Pate, Lotse auf dem Nord-Ostsee-Kanal, hatte das Glaubensbekenntnis mitgesprochen und erklärte mir nachher über der Suppe: »Herr Pastor, wissen Sie, was ich glaube? Dass fünf Pfund Rindfleisch eine gute Suppe geben – und Sie bekehren mich nicht!« Ich antwortete: »Gewiss nicht. Denn kein Mensch kann einen anderen bekehren. Aber wenn Gott Sie einmal bekehrt, dann wird Ihnen das Leid tun, was Sie eben gesagt haben.«

Mit der nötigen Unterscheidung galt es nun, die wichtige Verbindung auszubauen. Sie lag zunächst im mitmenschlichen Bereich. Mir halfen in unserer Arbeitergemeinde vor allem meine Erfahrungen, die ich als Werkstudent auf dem Bau, in der Fabrik, in der Landwirtschaft, als Erzieher in der Fürsorge und im Internat, an der Bundes-Gewerkschaftsschule und in der Arbeit mit den Seeleuten gemacht hatte. Sie gaben mir eine Hochachtung vor jedem, der seinen Lebensunterhalt mit der Hand verdient, und das merkten die Leute schnell. Da sie jedes pastorale Gehabe verabscheuten, konnte ich mich ganz natürlich geben, und fuhr zum Beispiel in kurzen Hosen auf dem Moped durch die Gemeinde – was bis heute, nach nunmehr über vierzig Jahren, dort noch sprichwörtlich ist. Nach einem Besuch bei einem Kirchenältesten sagte seine Frau zu ihm: »Ich weiß gar nicht, wieso das ein Pastor ist – das ist doch ein ganz normaler Mensch.« Aber das nachhaltigste Vertrauen in der Gemeinde wuchs, als es sich herumsprach: »Der Pastor glaubt selbst, was er sagt« – auch wenn man es selbst nicht glaubte.

Da die Leute nicht zur Kirche kamen, gingen wir zu ihnen, aber sie waren für die Kirche verschlossen. Allerdings kamen viele Kinder zum Kindergottesdienst, und das konnten wir nutzen. So zogen wir unter Posaunenschall durch die Straßen und luden unter Mithilfe eines zahmen Esels unterwegs die Kinder auf den Sportplatz zu einem Kinder-Missionsfest ein. Dort hörten die Kinder gespannt eine biblische Geschichte von der

»Tante« aus der Arbeit der Kinder-Evangelisationsbewegung, und wir sangen, begleitet von heftigen Armbewegungen, ein Eskimo-Lied, das noch nach vierzig Jahren im Gedächtnis ist.

Nun waren meine junge Frau und ich von früh bis spät beim Gleise-Legen und Weichen-Stellen für die Arbeit, und darüber begann der Zug unserer Ehe zu klappern und gefährlich zu schwanken. An einem unserer nordischen Herbsttage – Regen klatschte in große Pfützen, Sturm brauste durch leer gefegte Baumwipfel, welche Freude, da trocken im Haus zu sein! –, sagte meine Frau: »Wir müssen hinaus! Wir müssen endlich wieder miteinander sprechen!« Entsetzt fragte ich: »Hinaus? Bei dem Wetter? Wir können doch ebenso gut hier ...« – »Nein! Dazu müssen wir aus unseren Wänden hinaus!«

Ich wollte jetzt Krach vermeiden und quälte mir in Wut und Resignation die Gummistiefel an. Dann patschten wir im tristen Laternenschein durch große Wasserlachen unserer noch unbefestigten Straßen und redeten, redeten ...

Als ich später zu Hause die Stiefel von den Füßen zerrte, versprach ich: »Es war das letzte Mal, dass ich mich weigere, dir zu folgen! Es war so goldrichtig, dass wir hinausgegangen sind! Von jetzt an folge ich dir in allem, was unsere Ehe angeht, wie ein Lamm.« Denn stets erwies es sich, dass in Fragen unserer Ehe die Frau den nötigen Instinkt hatte, der mir als Mann fehlte.

Dem folgten später ungezählte Wanderungen an erkämpften freien Tagen in unserem Lärchenwald und rund um den See. Lange trotteten wir zuerst nebeneinander, stumm, eines Satzes kaum fähig. Dann begann, manchmal erst nach einer Stunde, das Gespräch zu tröpfeln und wurde zum Quell, aus dem unsere Ehe genas und lebte. Meine Frau fand dazu in ihrer Nachttischschublade meine Unterschrift unter der Versicherung, am Sonntag keine Zeitung mehr anzurühren, und mein Seelsorger meinte: »Eure Ehe ist ja gut, aber nicht pflegeleicht« – das lag an ihrem kostbaren Gewebe.

Eine wichtige Brückenfunktion für unsere Gemeindearbeit ergab sich damals in der Pestalozzischule. Während des Unterrichts sahen Schüler, wie einem ihrer Lehrer, während er in der Pause vom Flur auf die Schüler im Hof hinunterblickte, immer wieder die Tränen kamen. Sie wunderten sich. Warum weinte Herr Heymann? Wie sollten sie wissen, dass ihm ihr ewiges Schicksal ans Herz ging – »Welt ging verloren«. In ihm wuchs das dringende Gebet, dass Jesus Christus sich ihrer annehmen und sie retten möge. Nach einiger Zeit entstand in seiner Klasse ein Schüler-Bibelkreis und Schüler fanden dort zu einem lebendigen Glauben. Sie gingen in die Stadt zum EC, der damals »Jugendbund für entschiedenes Christentum« hieß. Wilfried Heymann aber war einer der beiden Herren, die mich in Preetz besucht hatten. Auf ihn ging die Anfrage an mich zurück. Nun ist er seit Jahrzehnten mein Seelsorger.

Bald danach traf ich einen dieser Schüler abends in der Schule. Vor ihren Fenstern stand auf dem Schulhof, inmitten von Pfützen, ein großes Zelt. Wir beteten miteinander, dass die Evangelisationsvorträge und die Kinderstunden in diesem Zelt als Brücke von Gott gebraucht würden, um in Tungendorf Menschen für die Ewigkeit zu retten. Der Schüler in seinen kurzen, schwarzen Lederhosen fiel mir wegen der Ernsthaftigkeit und der Treue auf, mit der er betete. Mit diesen und anderen Gaben schickte Gott ihn später als »Arbeiter in die Ernte«: Klaus Behl steuerte über sechzehn Jahre die Gemeinde als Kirchenvorstands-Vorsitzender aufopfernd durch schwierigste Gewässer.

Willi Lehmanns Vorträge im Zelt wirkten kräftig und bis in den Bereich okkulter Gebundenheit, ja Besessenheit hinein. Doch die größte Freude und Überraschung war für uns, was bei den Kinderstunden von Else Diehl vom Bibellesebund unter den Kindern geschah. Es breitete sich wie ein Lauffeuer aus, dass in der Schulpause einige Mädchen untergehakt singend um den Schulhof gingen: »Er hat mich so geliebt – er starb für mich auf Golgatha – er hat mich so geliebt.« Das war unerhört – noch nie zuvor gehört worden. Und ein Kollege von Dr. Möbius meinte: »Ich wünschte, ich wäre so weit wie meine beiden Söhne« – denn beide hatten im Zelt zu Jesus Christus gefunden. Ich aber staunte: Ich wusste nicht, dass Kinder so zum Glauben kommen konnten. Hier erlebte und lernte ich zum ersten Mal, wie man Menschen zu Jesus Christus führte – denn man kann ihn ja nur annehmen »wie ein Kind«. Ein Mädchen erzählte mir:

»Ich wollte ja den Herrn Jesus aufnehmen, aber ich wusste nicht, wie man das macht. Jetzt hat die Tante es uns erklärt, und da habe ich es auch getan.«

Das lief fern jeder Manipulation im Sinne des weltweiten Bibellesebundes: »To present Jesus Christ to the Children«, für die gilt: »Lasst die Kinder zu mir kommen ..., denn ihnen gehört das Reich Gottes.« Das ist uns Erwachsenen so nicht gesagt.

So fragte mich auch eines Abends unser Töchterchen Claudia beim Gute-Nacht-Sagen: »Wie kommt denn der Herr Jesus ins Herz?« Dann öffnete sie ihr Hemdchen über der Brust: »Hier hinein?« Ich war verwirrt – wie sollte ich die fraglos zentrale Metapher des Herzens, der »Mitte« unseres Lebens und Glaubens, einem Kind erklären? Ich stotterte: »Weißt du – das ist anders – ich sage ja auch zu Mutti manchmal: mein liebes Herz. Das Herz – das ist das, womit man lieb hat.« Nach einiger Zeit tat sie mir in einem kleinen Gespräch kund, sie habe den Herrn Jesus in ihr Herz aufgenommen. Ich fragte nach: »Ist er denn auch gekommen?« Sie wusste es nicht. Und ich erklärte ihr: »Sieh, wenn wir etwas versprechen – dann sagen wir es wohl, aber wir tun es nicht immer.« Das kannte sie wohl. »Aber beim Herrn Jesus ist das anders. Was er sagt, das tut er auch. Er hat es gesagt – und so ist er auch in dein Herz gekommen.« Wir lagen dabei auf einer Wiese, dankten zusammen dem Herrn Jesus, dass er in ihr Herz gekommen war, und es war etwas zwischen uns wie Himmel.

Durch unseren kleinen Garten am Pastorat in der Schulstraße lernten wir etwas Wichtiges. »Was hast du hier gesät?«, fragte ich meine Frau. Ich wunderte mich, dass da lauter Un- bzw. Wildkräuter sprossten. »Ich dachte, du hättest gesät!«, meinte meine Frau. Wenn die gute Saat fehlt, kommt das Unkraut kräftig von selbst. Oft dachten wir daran, wenn es darum ging, den »guten Samen« früh genug, vor dem Unkraut, in die Erde zu bringen und ihm mit Geduld seine Zeit zum Keimen zu geben. Bei uns galt, dass ein Pastor erst nach fünf Jahren, wenn er genügend Menschen und Namen kennt, mit der eigentlichen Arbeit beginnen konnte.

In unseren Sonntagsgottesdiensten berichteten junge Leute, die – vor allem auf den Freizeiten – zu Jesus gefunden hatten, gerne davon. Das war sehr ungewöhnlich, und alte Tungendorfer schüttelten den Kopf: »Noch so jung – und schon so heilig!« Aber alle freuten sich, und gerade die Alten sangen die Jugendlieder gerne mit: »Heute will dich Jesus fragen: Bist du ganz für mich bereit? Du verlierst dich sonst im Jagen nach den Gütern dieser Zeit …« Das stille Geheimnis darin war die treue Arbeit mit den Kindern. So wurde die Kinderarbeit zum Kern der Gemeindearbeit. Sie war wie der grüne Rasen, der auch Winter und Dürre überstand, um stets nachzuwachsen.

Die hoch intensive Aufbauphase zehrte so an unserer Kraft, dass meine Frau und ich nach drei Jahren Hand in Hand zur Herzkur fuhren. »Atmen Sie mal!«, sagte die Therapeutin, und dann gleich: »Sie brauchen mir nichts zu sagen – das Fehlen der Pause ist der Anfang der Krankheit« – denn ich hechelte nur noch wie ein Hund vor mich hin. Doch ich brauchte mehr Abstand und Raum zur Besinnung. Als der Propst einen Pastor für ein Auswandererschiff nach Australien suchte, meldete ich mich zu seinem Entsetzen an. Doch meine Frau ließ mir gerne dazu die Freiheit.

Ozeanfahrt – Erfahrung mit Asien

Ruth begleitete mich nach Bremerhaven ans Schiff. Zu meinem Befremden las ich auf einem weißen Schild an der Gangway: »Next Harbour Port Said.« Ich wollte doch nach Australien! Da realisierte ich, dass unterwegs noch viel Interessantes zu erleben sein würde. Wir inspizierten die kleine Kabine, die nun für neun Wochen mein Zuhause sein würde, und ich platzierte würdig Ruths Bild darin. Dann verschafften wir uns einen Eindruck von der »Castel Felice«, einem alten, aber freundlich renovierten weißen Dampfer. Nun sollte er mich über drei Ozeane und durch viele Meere bis ans andere Ende der Welt schippern. Und das tat er unbeirrt – zum Teil mit der Geschwindigkeit eines Fahrrades.

Als wir in die Dämmerung fuhren und als letzter Gruß die Lichter der Ostfriesischen Inseln vorbeizogen, ertappte ich mich bei einem eigenartigen Empfinden: Dort, in weiter Ferne, fährst du in eine andere, bessere Welt ... Wie kam ich nur auf solche Gedanken?

In der Frühe des ersten Morgens wehte mir ein warmer, weicher und duftender Wind entgegen – wo kam das her? Der schmale Küstenstreifen zeigte mir, dass wir schon auf der Höhe von Portugal waren. Jetzt wartete gleich mein Auftrag als »pastore protestante« auf mich: In den tiefen blauen Sesseln der Ladies Lounge, in der noch der Geruch der letzten Nacht hing und wo im Hintergrund ein Steward mit Gläsern klapperte, hatte ich jeden Morgen eine viertelstündige Andacht zu halten. Dazu kamen regelmäßig einige Leute. Meine Hauptaufgabe aber waren die so genannten Reling-Gespräche. Da schaute man über das Wasser und sprach mit seinem Nachbarn. Als Anknüpfungspunkt diente mir eine Filmkamera, die – als völlige Neuentwicklung – einen Zoom hatte. So lernte ich das Denken und Fühlen der Auswanderer kennen. Und da ich zum Offiziersstab gezählt wurde, aß ich zusammen mit dem katholischen Kollegen in der italienischen Offiziersmesse vom üppigen Offiziersessen, dessen fünf Gänge denn auch üppig bei mir anschlugen.

An der Reling blickten wir bald im Süden auf hohe, violette Berge – Afrika grüßte uns. Nach einer Fahrt bei starkem Wind durchs Mittelmeer lagen wir reglos in gelbgrünem Wasser und warteten auf die Einfahrt in den Suez-Kanal. Kaum näherten wir uns Port Said, ruderte uns eine riesige Flotte kleiner Boote entgegen, ein großes Krakeelen (»Ich Achmed katholisch-katholisch billig-billig!«), hektisch warfen braune Gesellen Seile als Geschäftsverbindung zu uns hinauf, und kamel-lederne Taschen schwebten schwankend empor und das Geld im Korb hinunter.

In der Stadt bewegte ich mich wie im Traum, zog mir die Schuhe vor einer Moschee aus und traf darin in einem Winkel auf einen alten Mann, der mit verklärten Augen in tiefstem Gebet versunken war. Die Männer draußen liefen in luftiger Kleidung umher, sie sah aus wie Pyjamas – das Praktischste für diese Hitze! Als ich einen Zwölfjährigen sah, war ich tief ergriffen: So etwa hatte Jesus damals auch ausgesehen.

Am nächsten Tag sahen wir vom Schiff aus die Stelle, wo, wie man annimmt, das Volk Israel durchs Rote Meer gezogen war. Dann ging es tagelang in glühender Hitze bis zum Hafen von

Aden. Hier fuhr uns ein Taxi vorbei an hellrosa Flamingoherden in die braungraue, tote Wüste. Mit einem Mal passierten wir einen hohen Erdwall – und was dann geschah, kann ich nur mit einem Wort beschreiben: Wir waren »im Paradies«. Zum ersten Mal erlebte ich eine Oase! Rundum war alles verbranntes Land, und hier das üppigste, duftende Leben voll Vogelsang und Schmetterlingsflug. Die Palmen brachen das versengende Sonnenlicht in einen wohltuenden Halbschatten, und ich dachte an die Schöpfungsgeschichte: »Gott pflanzte einen Garten gen Osten ...«

Dann standen uns elf Tage bevor, an denen wir nur Himmel und Wasser sehen würden. Die lange Dünung des Indischen Ozeans versetzte das Schiff in eine ruhige, schwingende Bewegung. Und bald war klar, warum die Reedereien auf solche Reisen zwei Schiffspastoren kostenlos und Erster Klasse mitnahmen: Das glühend heiße Klima, die ständige Langeweile und das überreichliche Essen, vor allem aber die Vorstellung: hier kennt dich keiner, und keinen, den du hier siehst, siehst du je wieder, erzeugte bei vielen völlige Zügellosigkeit, die bis zu Identitätskrisen führen konnte.

Eine weitere Krise unter den sechshundert Auswanderern löste eine Nachricht aus, als wir in den Sendebereich Australiens kamen. Da erfuhren wir durch die Kofferradios, dass die radioaktive Wolke vom neuen Atombomben-Test am Bikini-Atoll auf Australien zutrieb und dort zudem eine Wirtschaftskrise für Massenentlassungen sorgte. Ein tüchtiger junger Schwabe sagte verzweifelt: »Meine neu aufgebaute Kfz-Werkstatt habe ich verkauft, damit ich aus der Nähe der Sowjetunion wegkomme. Ich will doch für mich und meine Familie in Australien eine sichere Zukunft finden!« Am nächsten Sonntag war der Schiffsgottesdienst sehr gut besucht. Ich sprach über Gottes Plan und Führung, wie sie sich im Leben Abrahams, des großen Auswanderers, zeigte. Nicht wenige suchten das Gespräch und stellten ihr Leben zum ersten Mal statt unter eigenes Planen unter Gottes Führung.

Nie werde ich vergessen, wie wir nach langer Ozeanfahrt zuerst auf der einen, dann auf der anderen Seite Land sahen, und nun genau zwischen beiden auf den westaustralischen Hafen

Fremantle, nahe der Stadt Perth, zufuhren. »Good evening«, hieß es auf einmal neben mir – der Hafen-Lotse war an Bord gekommen. Nun bekamen wir seit langem wieder Post, und ich erfuhr, dass unser zweites Kind unterwegs war ...

In Melbourne angekommen, fuhr ich mit dem Zug nach Sydney, um das Land kennen zu lernen. Ich war sommerlich gekleidet. Nie habe ich so erbärmlich gefroren wie in jener Nacht. Auf dem Schiff hatten wir gelernt, dass in Australien oft auf eine Gaststätte drei Kirchen kommen. Unter deren Dach fand ein großer Teil des sozialen Lebens statt, so dass sie den Familien sonntags als Zentren dienten. Da durchfuhr mich der Gedanke: Genau das brauchten wir bei uns in Tungendorf! Während früher die Kirche »mitten im Dorf« sonntags in die Häuser hineinwirkte, kehrte sich dies jetzt um: Die Gemeinde fand ihr Haus nun in der Kirche. So sollten wir planen!

Bald war ich wieder an Bord, und es wiederholten sich wie bei jeder Abfahrt die immer hektischeren Aufrufe an die Besucher, das Schiff zu verlassen, da es gleich Richtung Neuseeland ablege.

Als wir an einem grauen Morgen in Auckland einliefen, machten mir nicht die riesigen Farnbäume und die Maori-Zeitungsverkäufer auf den Straßen Eindruck, sondern der Himmel, denn der sah genauso aus wie bei uns zu Hause.

Die Rückfahrt war für mich ungleich interessanter als die Herfahrt, vor allem wegen der Menschen, denen ich jetzt begegnete. In Sydney und Auckland waren viele Christen zugestiegen, ich war ihr »Reverend« – und nun dauerte unsere morgendliche Andacht auf Englisch in der Ladies Lounge mit vielen Teilnehmern zweieinhalb Stunden. Wir tauschten vier Wochen lang unsere Erfahrungen zu den sechs Versen des 23. Psalms aus: »Der Herr ist mein Hirte«. Und dafür zeigte sich die Zeit nicht zu lang und der Psalm nicht zu kurz. Es ergab sich viel konzentrierte Seelsorge daraus, bis hin zur Befreiung von okkulter Belastung, wobei mir das »Fasten und Beten« schon wegen der Schiffsnahrung gut tat.

Bei der Andacht tauchte seit Auckland ein junger Mann von den Fidschi-Inseln auf, der uns erklärte, nach seinem Horoskop werde er Diplomat in Nepal werden, doch dazu brauche er ein Studium in England. Nun habe er sich in der Zuckerrohrplantage – eine der härtesten Arbeiten in der Welt! – das Geld für die Überfahrt verdient. Warum kam Mr. Singh zu uns? Das erklärte er uns so: »Zu Hause habe ich meinen Gebetsschrein, aber in meiner Kabine habe ich keinen. Darum komme ich zu euch – denn keine Religion hat die Wahrheit, und jede Religion sucht die Wahrheit. Und darum müssen wir alle diese Wahrheiten zusammennehmen, um der Wahrheit am nächsten zu kommen.« Ich wies die anderen Teilnehmer an, nicht mit ihm zu diskutieren, um ihn zu missionieren, denn wenn er den Unterschied nicht selbst herausfand, half das nichts. Und dazu hatten wir ja viel Zeit vor uns.

Doch einmal bekräftigte er fast zornig: »Keine Religion hat die Wahrheit, jede Religion sucht die Wahrheit – und ich bekehre mich nicht!« Danach blieb er weg. Bald darauf traf ich ihn an Deck, er las den 23. Psalm und meinte: »Oh, how wonderful – the Lord is my shepherd …« Dann kam er wieder und sagte uns ganz still: »In meiner Religion ist es so: Ich weiß – es ist ein Stein. Aber wenn ich glaube, dass es ein Gott ist, dann ist der Stein ein Gott. Und wenn ich dem Gott den Glauben entziehe, dann ist es wieder nur ein Stein. Mein Glaube macht den Stein zum Gott.«

Als wir im Hafen von Singapur festmachten, begannen für mich Stunden, die zu den prägendsten meines Leben gehören. Zunächst stieß ich ins alte China-Town vor. Besonders die Kinder machten mir Spaß. Sie trällerten die gleichen Melodien vor sich hin wie die Kinder bei uns. Als es dämmerte, setzte ich mich an einen der breiten Straßengräben neben der Mauer eines Hindu-Tempels. Teure Autos fuhren vor, vornehme Herren entstiegen ihnen, bekleidet mit dem weißen Lendenschurz der Opfernden. Sie entdeckten mich – ich war der einzige Weiße weit und breit – und fragten: »Wie kommt es, dass ihr Christen, die ihr eine Religion der Liebe habt, nun schon zweimal im Jahrhundert die ganze Welt in einen Krieg gezogen habt – auch uns, die wir ja keine Religion der Liebe haben?« Was sollte ich antworten? Wie viele fragen auch bei uns so! Ich sagte: »Es gibt bei den Christen einen Unterschied. Die meisten sind Christen nur aus äußerlicher Tradition. Die tun so etwas. Die anderen verstehen, was Jesus gebracht hat. Sie leben mit ihm. Die tun so etwas nicht.« Die Herren nickten. Sie hatten den Unterschied gleich verstanden.

Im Tempelbezirk war eine fröhliche Atmosphäre mit Musik aus den Lautsprechern unter großen Girlanden aus bunten Glühbirnen. Die Göttin Navarashtiri hatte ihren Festtag. In ihrem Schrein drehte sich hinter ihrem Bild ein glitzernder Spiegel, und viele sammelten sich dort. Ich beobachtete die Kinder im Alter meiner Konfirmanden – mit welch tiefer Andacht empfingen sie vom Priester die Asche und die rote Paste an der Stirn! Dann setzte ich mich mühsam im Schneidersitz auf den Boden. Ich wollte in Ruhe erleben, was hier in den Menschen vor sich ging. Da setzte sich ein Herr neben mich und stellte sich mir als prominenter Tempelsänger vor. »Sie wundern sich wohl, warum wir Hindus zu Göttern mit zwei Köpfen und sechs Armen beten?« Ich meinte: »Darüber wundere ich mich wohl!« – »Das kann ich Ihnen leicht erklären«, fuhr er fort, »denn ich habe nur einen Kopf und zwei Arme. Wenn ich aber zu etwas bete, das mehr hat als ich – zwei Köpfe und sechs Arme –, dann eine ich mich im Gebet mit ihm. Und so bringe ich mich damit selbst auf eine höhere Stufe. Denn wir Hindus glauben an Götter und Göttinnen. Ihr im Westen glaubt an die Maschine. Darum seid ihr auch keine Menschen mehr, und so könnt ihr mit eurer Maschine, der Bombe, auch uns auslöschen. Jetzt müssen wir zu euch kommen und euch missionieren, damit ihr wieder Menschen werdet – schon um unseretwillen.« – Was sollte ich darauf sagen?

Von ihm und Mr. Singh hörte ich deutlicher denn je, was Glaube an selbst gemachte Bilder ist. Hier waren sie noch, anders als bei uns, in Stein und »menschlich« ausgeführt, ein Gegenüber für Gebet und Opfer.

In einem anderen, älteren und kleineren Hindu-Tempel wartete eine andere Erfahrung auf mich. Hier banden Frauen herrliche Blumengirlanden für das Fest, und auf einem Tablett standen viele Götterfiguren, die für das Fest abgestaubt wurden. Der Oberpriester sprach mich an, ob ich wisse, warum man sich barfuß im Tempel bewege. »Der Tempel ist erfüllt mit einer Aura, und durch die bloßen Fußsohlen nehmen wir sie auf, damit sie uns erfüllt.« Dann erklärte er mir das Asche-Zeichen auf der Stirn: Die Asche sei das Reinste, was es gäbe, und dringe reinigend durch die Poren ein. »Und was meint der rote Fleck darin?« – »Now we come to philosophy«, meinte er. Die rote Paste enthalte ganz wertvolle Stoffe – »und die dringen in unser Gehirn ein, und sie reinigt unsere Gedanken und vergibt uns unsere Sünden«. Ich sah ihn an und da stand vor mir das Bild von Jesus, der als Lamm sein Blut für uns zum Opfer gab. »Ich bin so dankbar«, meinte ich, »dass ich weiß, Gott gab seinen eigenen Sohn für unsere Sünden zum Opfer – denn bei einer Paste müsste ich wohl daran zweifeln …« Ich werde nie vergessen, wie er mich daraufhin ansah: Es war, als käme ein Sprung in sein linkes Auge. »Ja«, sagte er, »die Sünden können wir uns nur selbst vergeben.« Ich sah mich um – was sollten dann all die Götter, die Opfer, die Feste und die Tempel, wenn man doch alles selber tat?

Spät in der Nacht, als ich zum Schiff zurückging, erstand ich mir von meinen letzten Rupien an einem Straßenstand ein Stück Ananas. Nie werde ich jenen geradezu paradiesischen Wohlgeschmack vergessen. Kurz danach wollten mir in der Dämmerung zwei Männer mein Hemd vom Leibe rauben. Da war ich froh, als ich nach einem unsäglich reichen Tag wieder an Bord war.

Die Weiterfahrt führte an den Inseln Timor, Flores und Java entlang nach Colombo auf Sri Lanka, das damals noch Ceylon hieß. Vom Hafen aus nahmen wir ein Taxi zur alten Königsstadt Kandy mit ihrem weltberühmten »Tempel des Zahnes« – eines Zahnes von Buddha nämlich. Als ich die Tempeltreppen hinaufstieg, stand mir unvermutet ein junger buddhistischer Mönch im safrangelben Umhang gegenüber. Da blickten wir uns in die Augen – und ich erschrak. Sein Blick wirkte wie verglimmende Asche. Nie wurde mir so deutlich wie in dieser Begegnung, was Buddhismus meint: »Leben ist Begehren. Begehren ist Leiden. Um uns vom Leiden zu befreien, müssen wir das Leben auslöschen.« Hinter einer Steinmauer stieg weißer Rauch in breiten Schwaden auf – ein Tier wurde verbrannt. Zum ersten Mal erlebte ich ein Opfer, in dem Leben für die Schuld zu Tode gebracht wurde.

Unsere Reise fand für mich ihren guten Abschluss, als mich bei der Fahrt durch die Straße von Messina Mr. Singh um ein Gespräch bat. Bei einer Dose Bier erklärte er mir: »Wenn ich Christ werde, ist das für mich ein langer und schwerer Weg, denn in mir stecken Jahrtausende alter Religion. Aber ich danke dir, dass du mir eine Bibel geschenkt hast.« Ich hörte dann noch aus London von ihm.

Oft wurde ich nach dieser Reise in ferne Länder und Kulturen, also vor allem ins Leben der Menschen, nach meinem wichtigsten Eindruck gefragt. Die Antwort stand deutlich vor mir: »Dass überall die Menschen nur eines brauchen: Jesus Christus.« Nicht jeder verstand das.

3 Im Aufbruch – engagiert für Schrift und Bekenntnis

»… Ich will dir den Weg zeigen …«
Psalm 32,8

Aus Neuseeland zurück schloss ich meine Frau, die unser zweites Kind trug, und unser Töchterchen glücklich in die Arme. Dann ging ich daran, das wichtigste Geschenk der langen Reise bei uns umzusetzen: meine in Australien gewonnene Sicht für ein Gemeindezentrum. Das war damals in der Landeskirche etwas völlig Neues, und so suchte ich dafür einen jungen, wendigen Architekten. Als mir eine Bauskizze vom Haus der Landeskirchlichen Gemeinschaft in Rendsburg in die Hände fiel, wusste ich: Das ist es! Es war ebenso praktisch wie schön und kostengünstig. Den damals siebenundzwanzigjährigen Eberhard Schultz fand ich in Jordanien, wo er in Beit Jala für die Schnellerschen Anstalten baute.

Er sagte zu und brachte in seinem Entwurf unser Gemeindeleben unter ein großes Runddach. Das gefiel uns gut, doch das Landeskirchenamt protestierte: »Sanitär-Räume unter einem Dach mit der Kirche? Unmöglich!« Als er dem Propst seinen zweiten Entwurf vorführte, schickte ich im Nebenraum heiße Gebete zum Himmel, denn wir wussten: Das ist die letzte Chance. Der Entwurf hatte mich auf den ersten Blick enttäuscht, doch Schultz erklärte ihm: »Dies ist der Grundriss der Sakralbauten weltweit, auch des Tempels von Jerusalem – ein Vorhof vor dem Heiligtum und die Alltagsräume ihm verbunden drum herum.« Dagegen konnte selbst der konservative Kirchenrat nichts sagen.

Als ich Jahre später meine Begeisterung mit ihm teilen wollte, brummte er allerdings ärgerlich: »Fragen Sie mich nicht nach dieser Kirche!« Dagegen berichtete das Fernsehen über uns mit dem provokanten Titel: »Wo man in der Kirche Tischtennis spielt.« In der Sendung wurde die Schiebewand des Kirchenraums weggezogen, und man erblickte Konfirmanden, die ein

Andreas-Kirche in Neumünster-Tungendorf:
das Antependium

begeistertes Tischtennis-Spiel auf die Platte legten. Das war damals ein Schock, doch wir waren in vieler Hinsicht moderner als die Modernen.

Die neuen Räume dienten nun der Gemeindearbeit. Aber wie stand es um das innere Wachsen? Eberhard Schultz und seine Frau sorgten auch dafür und stifteten zwei Stücke, die für die Arbeit bis heute die Richtung zeigen:

Vor dem Eingang zum Gemeindesaal steht jetzt ein Beton-Relief. In dem abgebildeten Menschen sehe ich mich selbst. Er steht direkt unter dem Gekreuzigten, so dass der Eindruck ist, ich gehörte eigentlich dort oben hin, wo Jesus ist. Sein Platz ist mein Platz und mein Platz der Seine. Das hat mich über Jahre als Bild durch Krisen geleitet. Zudem war dieser Hinweis am Eingang zu fröhlichen Gemeindefesten wichtig, denn darum sollte es hier immer gehen.

Das zweite Stück war ein gewebtes Tuch am Altar, auf das die Gemeinde im Gottesdienst blickt. Es zeigt zwei Wege. Beide münden in einen schweren schwarzen Strich, unser Weg in den Tod. Einer bricht hier ab – da ist »mit dem Tod alles aus« – man geht verloren. Der andere Weg wird am Abgrund in eine Brücke aufgefangen. Sie führt ihn über die Todeslinie hinweg in die Zukunft Gottes. Der über dem Abgrund tragende Brückenpfeiler ist das Kreuz Jesu. Unten im Bild geschieht die Weichenstellung zwischen beiden Wegen: Welcher Zukunft geht man entgegen? Da fällt der Schatten einer Gestalt schon auf den Weg der Rettung!

Dieses Bild ist auf Karten tausendfach in die Gemeinde gegangen – zu Trauernden und Sterbenden, Kranken und Betrübten und zu über tausend Konfirmanden. So wurden das Relief und das Altartuch zu »Mitarbeitern« im inneren Gemeindeaufbau.

Da unsere Gemeinde neu gegründet worden war, suchten wir einen Namen. Es ist eine Siedlungsgemeinde. Die nachbarschaftlichen Gespräche über den Gartenzaun waren hier wichtig. Und da sie von Anfang an keine Pastoren-Gemeinde war, wusste jeder Christ, dass er hier Zeuge Jesu war. Darin lebte die Gemeinde und wuchs. Wir nannten sie darum nach Andreas, dem Apostel, der seinen Bruder Petrus »zu Jesus führte«. Die Künstlerin Margret Knoop-Schellbach gestaltete uns fünf Hinterglas-Malereien zur Andreasgeschichte. Später erhielten wir von ihr noch große Arbeiten zur Geschichte der Elisabeth. Sie sollten der Gemeinde das soziale Engagement des Glaubens vor Augen stellen.

Jahr für Jahr fuhren wir um Pfingsten durch die herrlich sonnengelbe Rapsblüte an die Eckernförder Bucht. In den Hauszelten von Karlsminde hatten wir unsere Konfirmandenfreizeit. Am Ende der Zeltstraße parkte ich meinen uralten VW-Bus. Über dem Lenkrad stand: »Mit dem Herrn fährt sogar meine alte Karre.« Ein Marsch nach Kompass quer durch das Gelände verdeutlichte den Konfirmanden, was die Bibel ist: Eine unsichtbare Kraft gibt ablesbar die Richtung an, in der man ans unsichtbare Ziel findet. Unter dem Rauschen der Brandung besprachen wir die Berufung des Fischers Petrus durch Jesus.

Am nächsten Morgen stand ich früh auf und ging gedankenverloren am Strand entlang. Wie sollte ich nur heute über das »steinerne Herz« sprechen, das Gott bei uns auswechseln will? Vor meinem Fuß bemerkte ich einen Stein – er hatte die Gestalt eines Herzens. Ich nahm ihn in die Hand. Der »Zug nach unten« zeigte mir: So ist es also mit dem steinernen Herzen. Ich redete zu ihm – der Stein nahm nichts davon auf.

Von da an war der Stein mein effektiver Mitarbeiter. In jeder Konfirmandenstunde saß er auf seinem Stuhl und ich fragte: »Was ändert sich am Stein – oder am steinernen Herzen –, wenn es zwei Jahre im Konfirmandenunterricht sitzt? Nichts! So auch bei euch, wenn Gott euch nicht das neue Herz gibt.«

Gegen Ende des Zeltlagers luden wir ein, den Schritt zu Jesus zu tun und zum Gespräch in den VW-Bus zu kommen. Wer dorthin ging, musste dazu an den Zelten aller anderen vorbeigehen. Das war heilsam.

Wir riefen die Leute, die zum Glauben fanden, möglichst bald in die Verantwortung. Einer der frisch Konfirmierten hielt den anderen eine Andacht: »Es gibt da zwei Wege. Der eine ist ein wunderbarer, heller Weg. Der breite Weg ist der Weg mit Gott. Und da ist auch ein schmaler, mühsamer, schlechter Weg – so geht es ohne Gott ...« Ich saß dabei und war entsetzt, denn in der Bibel ist es mit den Wegen doch genau umgekehrt! Jahre später erfuhr ich, dass diese Andacht für einen Konfirmanden, der später als Kirchenvorsteher arbeitete, entscheidend gewesen war. Fürwahr: »Gott sieht das Herz an.« Aber zur Nachahmung ist die Auslegung nicht freigegeben!

Mit den Jungen ging es tagelang gen Süden und über die Alpen. Bei strömendem Regen parkten wir unsere klapprigen Autos im Centovalli im Tessin. Hier war die Welt zu Ende, denn nur noch ein Lift trug uns nach oben ins fast verlassene Tessiner Dörflein Rasa, in dem Hans Bürki einige Häuser hatte ausbauen lassen. Der Regen blieb uns treu. Während der Bibelarbeit hockte ich in der dunklen Küche vor einem Berg Kartoffeln und schälte und schälte, denn wir Leiter teilten uns den Küchendienst. Mich beschlich der Gedanke: Muss ich das als Pastor wirklich tun? Doch gleich schämte ich mich dieses Auftriebs zu »Höherem«, in dem ich, aufgeblasen wie ein Luftballon, meine Erdung verlor. Und unsere Gemeinde nahm es mit solchen heilsamen Erfahrungen genau – vor allem bei ihrem Pastor.

Dies geschah in einer spannungsgeladenen Zeit, in der die Krise noch verdrängt wurde, denn über den Schock des Zusammenbruchs (»Wir sind noch einmal davongekommen«) hatte sich die geschäftige Munterkeit des »Wirtschaftswunders« aufgebaut. Doch die verwöhnten Wirtschaftswunder-Kinder waren die erste Generation der Menschheitsgeschichte, die in eine Welt hinein aufwachte, von der Albert Einstein gesagt hatte: »Die Vernichtung allen Lebens steht im Bereich technischer Möglichkeiten.« Nach dem Abwurf der Bombe äußerte ihr Erfinder Oppenheimer: »Wir haben die Arbeit des Teufels getan …«

Bei uns brach die Krise unscheinbar aus: Von Haus zu Haus lief damals die Frage: »Haben Sie auch schon Ölheizung?« – »Ja, wir bekommen sie morgen!« Die Kacheln der Öfen landeten nun am Straßenrand, die Kohlenkeller wurden leer, und da geschah etwas vorher Unvorstellbares: Die Teenager tauchten ab in die dunklen Kellertiefen und wälzten sich dort bei Dämmerlicht und lauter Musik auf alten Matratzen, vor sich Bier und anderes. Ein Aufschrei der Eltern: »Was ist in euch gefahren? Haben wir nicht alles für euch getan? Haben wir uns nicht Tag und Nacht abgeplagt – das Haus, der Garten –, es ist doch alles nur für euch, damit ihr es einmal besser habt als wir! Ist das nun euer Dank?« – Die Antwort der Sprösslinge: »Das alles könnt ihr euch an den Hut stecken! Wir wollen es nicht.« Wieder waren wir in einer Zeit der »Kellerkinder«: früher wegen der Bombennächte, nun in einer frustrierten Autoritäts- und Wohlstandsverweigerung.

Wenn Autorität die Fähigkeit meint, etwas wachsen zu lassen – was war in der jüngsten Vergangenheit durch die ältere Generation gewachsen? Darüber konnte sie nicht sprechen, ja nicht einmal nachdenken. Nicht selten fuhr der Vater mit schrillen Schreien aus dem Schlaf, unter den entsetzlichen Albträumen seiner Fronterlebnisse. Der Wohlstand ringsum erwies sich als Hohlstand, der Abgründiges übertünchte. Das erzeugte Angst, aus der Aggressionen erwuchsen, bis zum blanken Hass. Woher kam das? Dem äußeren Aufbau entsprach keine innere Bereinigung und Erneuerung. Wo führte es hin?

Das zeigte die erschütterte Einsicht des Architekten des deutschen Wirtschaftswunders, des Wirtschaftsministers Ludwig Erhard: »Ich habe dem deutschen Volke Brot geben wollen, und ich ahnte nicht, dass es sich daraus einen Götzen machen wird.«

So holte die »unbewältigte Vergangenheit« die Menschen ein. In Familien und Schulen wurde das Thema der Konzentrationslager weithin vermieden. Auf die bohrende Frage der Jungen: »Was habt ihr da getan? Wie konntet ihr das zulassen?«, gab es von den Erwachsenen meist nur Ausflüchte. Das Trauma und die Schuldgefühle saßen zu tief, als dass man darüber auch nur hätte sprechen können. Jeder Versuch, es »abzuarbeiten«, führte in Abgründe, die einen verschlangen. Und viele, die lautstark das Aufarbeiten forderten, ja einklagten, taten es oft nur darum, weil sie den »Hitler in sich« (Max Piccard) nicht kannten.

Bei uns in der Gemeinde war das anders: Wir konnten das Vergangene nüchtern wahrnehmen, weil wir wussten, dass »die Welt im Argen liegt«. Worüber wunderten wir uns noch und regten uns gar darüber auf? Wir kannten ja die Abgründigkeit in uns selbst. Und wir konnten frei davon sprechen, weil wir aus dem Frieden lebten, der »nicht von dieser Welt« ist und der angesichts unbegreiflichen Wahnsinns »höher ist als alle Vernunft«. Wir kannten Jesus. Und er »machte Frieden durch das Blut an seinem Kreuz«. So wussten wir etwas von Gottes Geduld und vor allem von seiner Vergebung.

Als ich aber einmal die KZ-Gedenkstätte Bergen-Belsen besuchte, von der ich als Junge in Leipzig das Foto an der Trümmerwand gesehen hatte, war ich mit meiner theologischen Vernunft am Ende: lang gestreckte Erdhügel dort zeigten nur Zahlen: 8.000 oder 5.000 ... Wovon erzählten sie? Es blieb mir nur eine Ahnung – »höher als alle Vernunft«. Genau hier wurde es konkret: »Gottes Lamm, das die Sünde der Welt trägt.« Auf unserer Seite blieb nur, um Vergebung zu bitten. Doch was hatte der, der das nicht kannte? Damals sang Bob Dylan: »The answer, my friend, is blowing in the wind« (»Die Antwort, mein Freund, weiß ganz allein der Wind«). Sie ist so da wie der Wind – und so wenig fassbar wie er.

160

Es brauchte dann noch etwa zehn Jahre, bis 1979 durch den Fernsehfilm »Holocaust« das Vergangene in einer breiten Öffentlichkeit angesprochen werden konnte. Jetzt erst war man zur Erschütterung fähig, und diese erfasste die ganze Nation – tagelang war es überall beherrschendes Gesprächsthema.

In der Kirche kündigten sich grundlegende Veränderungen an. Es ging um die Frage, wer ein Christ war und wie man es werden konnte. Eines Tages lud mich Hellmuth Frey zu einem Referat nach Bethel ein. Ich zeigte das Grundanliegen der Reformation aus unseren Bekenntnisschriften: Wir sind erst dann gerettet und ein »Glied am Leibe Jesu«, wenn wir zu Jesus und in die Gewissheit finden, dass wir nicht mehr verloren sind. So wird man »Christ im eigentlichen Sinne«. Zur Kirche gehört man zwar schon vorher, aber dies ist »die Kirche im weiten Sinne«, der noch das Eigentliche fehlt.

Diese Unterscheidung war das Grundanliegen der Reformation. Darauf war ich, wie jeder lutherische Pfarrer, ordiniert: Menschen sollen erfahren, dass ihnen das Eigentliche noch fehlt, wie es die Schrift uns zeigt, damit sie es suchen und finden. So geschieht es innerhalb der »Kirche im weiten Sinne«. Das ist ihr Sinn als »Kirche«. Und in diesem Sinne sind wir ihr in Dank verbunden.

Die Reformation selbst war eine Erweckungszeit, denn landauf, landab fanden viele Menschen zur Erkenntnis ihrer Sünde und erkannten, dass sie vor Gott verloren waren. Sie fanden zu Jesus Christus, zur Vergebung und zur Gewissheit, dass sie für die Ewigkeit gerettet waren, zur persönlichen »Heilsgewissheit«. Auf diesen Grund der Reformation und der Erweckung war unsere Gemeindearbeit ausgerichtet, wie es Werner de Boor entdeckt hatte: »Wir Pietisten – wir sind Lutheraner!«

Hellmuth Frey schlug mir vor, dieses Referat auch im Bethel-Kreis zu halten, der sich gerade auf ein entscheidendes Gespräch mit der Leitung der Evangelischen Kirche vorbereitete. Der Grund war, dass in der Kirche, besonders in ihrer Jugendarbeit, eine Verwirrung um sich griff: Junge Leute, die ins Theologiestudium gegangen waren, kamen in ihre Jugendkreise zurück und verbreiteten ihre neue Einsicht, man könne der

Bibel nicht so trauen, wie es dastehe. Die Wissenschaft zeige es anders, und darum sei es zu »entmythologisieren«.

In Bethel bei Bielefeld fand sich ein Kreis von Verantwortlichen der Jugendarbeit zusammen: Pfarrer Rudolf Bäumer, Leiter der westfälischen kirchlichen Mädchenarbeit, Pfarrer Karl Sundermeier, Leiter der Jungenarbeit, Pastorin Käte Kreling (später Brandt), Leiterin der Ausbildungsstätte in Bad Salzuflen, Hellmuth Frey und Pastor Tegtmeyer, der Leiter der Betheler Diakonenanstalt. Dieser »Bethel-Kreis«, wie sie ihn nannten, wurde zum Wegbereiter für den Bekenntnisaufbruch, der aus der erweckten Jugendarbeit der Nachkriegszeit entstand.

An dem Gespräch im vornehm getäfelten Sitzungssaal des Hannoverschen Landeskirchenamtes nahm auch ich teil. Wir wollten die Kirchenleitung auf die Lage aufmerksam machen und sie bitten, solchem Einfluss von der Universität her entgegenzutreten. Darauf erklärte der leitende Bischof, Dr. Hanns Lilje: »In dieser Sache können wir von oben her nichts ausrichten. Sie müssen selbst in der Gemeinde, an der Basis anfangen. Dann werden wir dazukommen und Ihnen helfen.« Damit ebnete er von Seiten der Kirchenleitung her die Wege zum Bekenntnisaufbruch der Gemeinde in den kommenden Jahren.

Kurz davor war ich bei Karl Barth gewesen, um unsere Lage mit ihm zu besprechen. Wir saßen in seinem Arbeitszimmer unter dem Kreuzigungsbild des Isenheimer Altars, das er als junger Pfarrer für den Konfirmandenunterricht entdeckt hatte, und das über Jahrzehnte seine theologische Arbeit geprägt hatte. »Was sollen wir tun, Herr Professor, wenn jetzt in Deutschland die historische Bibelkritik in die Gemeinden getragen wird?« Seine Antwort wurde, ohne dass ich es damals ahnte, richtungweisend für mein Leben: »Unsere Sache ist nicht die Frage: Wer hat Recht – die quaestio juris –? Es geht doch bei uns darum: Wo geschieht das Rechte – also die quaestio facti –? Und wenn Sie als Pastor Ihre Gemeinde treu weiden, und Gott gibt seinen Segen dazu, entsteht ein Faktum. An dem kommt dann keine Kirchenleitung und keine Theologie vorbei.«

So wollte ich es tun, und so ist es geworden. Denn bei theologischen Streitereien – »Wer hat Recht?« – kommt heraus, was drin ist: Streit, denn in der Regel geht es nicht um Formulierungen, sondern um Voraussetzungen, die »der Fisch im See nicht sehen kann«. Das hatte ich bereits im Studium erfahren.

Eines Tages rief mich der Präsident des Bibellesebundes an: »Fliegen Sie für uns nach England und erkunden Sie dort die Schülerarbeit. Da gibt es an den Schulen tausend Schülerbibelkreise – und wir wissen bei uns von keinem einzigen.« In London lernte ich Erstaunliches kennen: In welcher Natürlichkeit wurde hier Jesus den Kindern nahe gebracht (»to present Christ to the Children«)! Die ebenso bunten wie fröhlichen und zugleich zentral ernsten »Dschungel-Doktor-Fabeln« standen gegen das damals bei uns übliche Kirchen-Grau, und so nahm ich sie als Anregung mit nach Hause in die Arbeit. Doch wer sollte eine so große Aufgabe – Schülerbibelkreise überall in Deutschland zu gründen – bei uns übernehmen? Ich empfahl dazu konsequente Regionalisierung und Konzentration auf die Eigeninitiative von Lehrern und Eltern und, da ich für die Lei-tung unabkömmlich war, für die Koordination einen jungen Vikar in Hamburg, Wilfried Ahrens. Nun gibt es über tausend Schülerkreise in Deutschland!

In der Mitte der Sechzigerjahre wuchs die Spannung auch in der Kirche. Die historische Bibelkritik hatte das Konservative inzwischen übernommen und gar als »Vollendung der Reformation« integriert. Zum Brennpunkt dafür war der Kirchentag geworden. Auf ihm wurde sichtbar und fassbar, was sich in der Kirche tat. Als wir im Bethel-Kreis bei Paul Tegtmeyer in knarrenden Korbstühlen auf der dämmrigen Veranda zusammensaßen, fragten wir uns: »Wie soll das weitergehen?« »Brüder, wir müssen etwas zum Kirchentag sagen!«, meinte er. Ich bekam dafür den Auftrag – es war der erste Einspruch gegen den neuen Kurs dieser Großveranstaltung.

Inzwischen hatte die Beunruhigung, welche zu unserem Gespräch in Hannover geführt hatte, einen großen Teil der Gemeinden erfasst. Zuerst hieß es überall: »Unser Pastor hat es doch studiert – wenn er es sagt, stimmt es auch. Wer will ihn denn verdächtigen – er spricht doch das Glaubensbekenntnis in der Kirche!« Wer wusste schon, dass die Bultmannsche existenziale Interpretation als Instrument diente, um das, was man aussprach, zugleich als »erledigt« verstehen konnte, und gerade dieses als »ehrlich« und »intellektuell redlich« vertrat, denn so meinte man es, und so glaubte man jetzt! Da es so dem herrschenden Denkmuster, dem »Paradigma« entsprach, sah man sich endlich »befreit zu einem guten Gewissen« – gegenüber dem Paradigma. Das Ärgernis, dass Jesus Christus das Paradigma als »die Weisheit dieser Welt« sprengt, war verdrängt.

Gegen den neuen, »modernistischen Kurs« stand das Gewissen von wenigen, die in konservativer Treue am Alten hingen, und auch derer, die durch persönliche Bekehrung zu Jesus Christus vom »paradigmatischen Bann« befreit waren. Beide waren zutiefst erschrocken und fanden darüber zusammen. Doch wie sollte man damit umgehen? Und vor allem – mit denen, die es so vertraten? Was war zur Orientierung der Gemeinden zu tun?

Wir baten Pastor Tegtmeyer als unseren Senior, einen »Hirtenbrief« für die Gemeinden zu verfassen. Er tat es mit blutendem Herzen und wählte als Titel: »Lass doch dein Licht auslöschen nicht.« So setzten wir den Hinweis von Landesbischof Lilje um: »Fangen Sie an, wir helfen Ihnen dann.«

Doch über dem Brief kam es bei uns zu schwersten Spannungen im innersten Kreis: Der Brief dürfe keinesfalls hinausgehen, da er nicht dem hohen Niveau der theologischen Diskussion entspräche, meinten einige. Wir würden dann von den »modernistischen« Theologen nicht mehr ernst genommen, die wir doch zunächst einmal theologische Gespräche zu führen hätten, um durch unsere besseren theologischen Argumente ihre schlechteren zu überwinden.

Andere im Bethel-Kreis meinten, wir könnten nicht so lange warten, bis die Theologen ausdiskutiert hätten. So waren wir in zwei Richtungen gespalten: Die einen suchten sich im Rahmen der herrschenden theologischen Diskussion wenigstens am äußersten rechten Rand in der untersten Ecke anzusiedeln und sich dort durch Beiträge zum Ganzen als »gesprächsfähig« zu erweisen. Die anderen bewegten sich frei außerhalb des Rahmens. Sie wurden, gerade deshalb, eher beachtet.

Trotzdem ging der Hirtenbrief hinaus und wurde im In- und Ausland im zunehmenden Hunger nach biblischer Orientierung stark beachtet. Ich stand nun – neben der Gemeinde und der Familie – zusammen mit anderen im Brennpunkt solcher Spannungen. Das bedeutete viele Reisen neben der aufbrechenden Gemeindearbeit. Damals erhielten wir in Tungendorf einen Gemeindediakon, der deutlich von Gott für diese Situation vorbereitet war. Gerd Fischer hatte bei uns in der Schule zu Jesus gefunden. Er war so geeignet für den Gemeinde- und Verkündigungsdienst, dass ich ihm vieles anvertrauen konnte, was sonst nur ein Pastor machte. Als Bischof Hübner ihn einmal hörte, beschloss er: »Der muss Pastor werden!« Er berief ihn dazu mit seinem Hauptschulabschluss, also ohne Abitur oder auch nur eine der alten Sprachen, und ordinierte ihn. So wurde er Pastor in Neumünster und tat zusammen mit seiner Frau und den Kindern einen vorzüglichen Dienst. Er wurde zum Seelsorger für unseren Sohn James, der später sein Nachfolger wurde.

Unter Kiefern und Birken

Eine besondere Liebesgeschichte begann für uns nach einer durchschaukelten Nacht auf der alten »Nordland«, die von Travemünde aus im Inselhafen von Bornholm angelegt hatte. Der Ladebaum hievte langsam unseren alten Conny empor, der seinen Ehrennamen in Anlehnung an Bundeskanzler Konrad Adenauer erhalten hatte: »Fit in hohem Alter«. Nun starteten Ruth und ich mit diesem urtümlichen VW-Bus ins Abenteuer Ostsee-Insel, an deren Südost-Ecke wir bei einer Schülerfreizeit mitarbeiten sollten. Über uns hing schimmernder Nebel, von der Morgensonne durchstrahlt – dann brach ein leuchtendes Himmelsblau durch. Wir sahen uns um, dann sahen wir uns an und wussten: Amors Pfeil hatte uns getroffen! Nichts als weite Wälder und satte Felder mit einfachen, weißen Höfen und ringsherum: Meer, Meer – nichts als Meer in himmlischem Blau! Wir waren verliebt: Das war sie – unsere Ferien-Insel! Bald waren wir mit ihr verlobt, und inzwischen sind wir seit vierzig Jahren glücklich mit ihr verheiratet. Eine Insel mit einer Landschaft wie in Estland – und einem Sommer-Strand »för börn og börnes-börn« –

Ruth mit den älteren Kindern
Claudia, Arne (links) und James,
Ostern 1967

für Kinder und inzwischen auch Kindes-Kinder, wie uns unser dänischer Freund, Ernst Madsen, versicherte. Nun sind wir hier zu Hause, verständigen uns in unserem eigenen Dänisch und lieben unsere dänische Gemeinde in der lutherischen Povlskirke.

Doch eigentlich begann es ein Jahr später mit einer Katastrophe. Wir waren nach unruhiger Nacht mit unserer Gemeindejugend hergekommen und saßen nun als Leiter zusammen erschüttert auf einem Baumstamm – was sollten wir bloß tun? Im Hause drüben herrschte Verwirrung: Die Mädchen waren, müde und verfroren von der Nacht auf dem Schiff, zu ihren Betten gekommen. »Und wo sind hier die Decken?« Man suchte, und es waren keine da. Da wurde uns klar, dass in Dänemark, anders als bei uns, keine Decken gestellt werden. Wir wussten es nicht, weil eine Rückfrage deswegen unbeantwortet geblieben war.

Unsere Freizeit-Losung war: »Alle eure Sorgen werft auf ihn, denn er sorgt für euch.« Wir beteten darum, dass heute Nacht jeder von uns siebzig Leuten unter einer Decke schlief. Aber wie sollte das gehen? Ernst Madsen, der als Nachbar das Haus betreute, fuhr für uns kreuz und quer über die Insel – aber so viele Decken waren nicht aufzutreiben. Schließlich landete er beim General. Zu dem sagte er: »Jag er i nöd« – »Ich« bin in Not – ich, nicht jene Deutschen. Am Abend fuhr sein hellblauer VW-Käfer bei uns vor, mit Decken im Überfluss. Über solch praktischen Glauben haben viele von uns zum ersten Mal nachgedacht.

Diese Erfahrung verbindet uns jetzt über vier Generationen in herzlicher Freundschaft mit der Familie Madsen. Für unseren Familienurlaub gab uns Ernst einen Zeltplatz in seinem Wald am Strand unter Kiefern und Birken. Wir holten Wasser in Milchkannen auf seinem Hof aus der Pumpe. Konnten wir es schöner haben? Ohne dieses Geschenk des Himmels hätte unsere Familie wohl nicht zusammen überlebt.

Morgens um vier weckten wir uns im Zelt gegenseitig: »Die Sonne geht auf!« Hand in Hand standen wir dann stumm inmitten eines unaussprechlichen Himmelsschauspiels über dem stillen Spiegel des weiten Meeres. Danach lief ich los, alleine in den Morgen hinein auf den großen Leuchtturm zu, die Füße spritzten durch das anbrandende Meer. Ich hielt inne – ich konnte mich nicht satt sehen am Lichtspiel sonnenfunkelnder Wellenlinien über dem flachen Sand. Hingerissen staunte ich in ihre glitzernde Brandung, ihr sanftes Ineinanderfließen und das mühelose Auseinanderstreben.

Ich setzte mich in die Dünen, denn ich suchte jetzt Stille. Guter Wind wehte um meine Schläfen, das Brausen des Wassers drüben und das Rauschen der Kiefern über mir klangen ineinander – es war die sanfte Gewalt des Windes, die das wirkte. Welch ein Eindruck!

Dann ging ich zurück. Durch die rostroten Kiefernstämme sah ich schon unser großes, grünes Zelt. Die Kinder hatten den Tisch gedeckt, und nach einem Lied und kurzer Andacht waren

Auf Bornholm vor unserem Zelt, 1969

wir wieder mitten in unserem strapaziösen »Sozialpraktikum« der Rivalitätskämpfe, in denen die Kinder übten, sich zu behaupten, sich ein- und unterzuordnen und in allem die Gerechtigkeit für jeden herauszufinden.

Hier, im einfachen Zeltleben, mit bloßen Füßen auf dem Erdboden, konnte ich die Fülle von bedrängenden Eindrücken aus den letzten Monaten ordnen und wahrnehmen, was ich da erlebt hatte.

Mein Blick ging in die Runde: Die drei Jungen waren zu Hause geboren worden, weil ich dabei sein wollte und man im Krankenhaus damals im Vater nur eine Komplikation sah. Kaum je sah meine Frau so schön aus wie nach der Geburt eines Kindes: »Es ist ja ein Gruß aus Gottes Ewigkeit und uns hier in den Arm gelegt für Seine Ewigkeit«, sagte sie. Ich sah meine Frau an: Wer hatte uns als Mann und Frau in unseren Genen und Hormonen so gestaltet, dass wir aus Liebe das Leben in unseren Kindern weitergaben?

Claudia entwickelte von klein auf einen emotionalen, unbändigen keltisch-baltischen Freiheitsdrang, verbunden mit der Sensibilität dieses Erbes. Ihr erstes Wort war »Blume«. – Arne Joachim ist unser ältester Sohn. In seinen Namen – das

»wärmende Herdfeuer« und »Gott wird aufrichten« – prägte sich, wie noch zu zeigen ist, seine Lebensgeschichte aus. – Unser zweiter Sohn James kam am heißesten Tag des Jahres zur Welt. Bei seiner Taufe wurde entschieden, ihn nicht nach seinem ersten Namen, Achim, zu rufen, sondern nach dem zweiten, dem Vornamen seines Großvaters James MacKenzie aus Edinburgh. Er ist unser Schotten-Sohn mit jeder Faser seines Wesens. Als er später nach einem mehrtägigen abenteuerlichen Hike quer über die schottischen Berge und Moore unseres MacKenzie-Countrys müde und erfüllt zurückkam, meinte ich: »Das war wohl die Hochzeit zwischen dir und dem Land deiner Väter.« Danach entschloss er sich, den Namen unseres Clans seinem Familienamen hinzuzufügen, und wir alle waren damit gerne einverstanden.

Unser dritter Sohn Andreas Leo ist ein sonniges Kind. Als ein Bruder ihn einmal aus Eifersucht piesackte, lachte er nur. Er kannte noch nichts Böses in unserer Familie. Arne meinte einmal: »Nicht wahr, ihr Eltern habt uns Kinder alle gleich lieb – aber mich am meisten.« So ist Liebe.

Wir versuchten, unsere Kinder angstfrei zu erziehen, und es erwies sich als nicht ungefährlich in einer Welt, die Angst als Schutzfunktion braucht. Ihre Ur-Angst arbeiteten die Kinder in den Nächten ab: Claudia fürchtete sich vor dem Schwarzen Mann, Arne schrie: »Der Löwe kommt!«, und James wurde vom Büffel heimgesucht. Zitternd bettelten dann die großen Brüder beim kleinen, warmen Andi, zu ihm unter die Decke zu dürfen, der, seine Chance nutzend, zuerst einen gebührenden Preis aushandelte. Er war als Kind der Kaufmann in der Familie, der seinen Vorteil genau zu kalkulieren wusste. Da er einsah, dass er sich mit der Kraft seiner großen Brüder nicht messen konnte, überflügelte er sie durch Geschicklichkeit im Tischtennis, wurde Stadtmeister und trickste sie zu ihrem Ärger am Esstisch durch überlegene Schlagfertigkeit aus.

Heute fuhren wir, den herrlichen Halleluja-Kanon von Mozart zusammen schmetternd, ins Innere der Insel. Sie wurde uns in ihrer scheinbar noch unberührten Gestalt weißer Kirchen, bunter Häuslein in versonnenen Dörfern und in der ruhigen Geschäftigkeit ihrer beschaulichen Häfen zur Seelen-Landschaft.

Seit einigen Jahren schossen viele Töpferwerkstätten der berühmten »Bornholmsk Keramik« wie Pilze aus dem Erdboden. In einer dämmrigen Werkstatt staunten wir vor der sich drehenden Töpferscheibe: Ein roher Klumpen Lehm fand unter sensiblen Fingern zur Gestalt eines schönen Kruges.

Die Gedanken wanderten zurück zu vielen Gesprächen der letzten Zeit: »Es ist ja doch eigentlich alles sinnlos ...«, hörte ich immer wieder, und: »Ich habe keinen Inhalt im Leben. Mein Leben ist leer. – Wofür lebe ich überhaupt? Nur zum Essen und Trinken und für Spaß ...?« Nach dem, was ich jetzt auf der Töpferscheibe sah, konnte ich auch wahrnehmen, was diese Worte sagten: Es musste eine fundamentale Katastrophe eingetreten sein. In den herrlichen Tonkrug unseres Lebens, gestaltet für den besten Wein, war Vernichtendes hineingekommen. Damals in Wyk hatte ich gemerkt, etwa an den Brüdern von Holst, dass mein Leben ein Gefäß für einen ganz anderen Inhalt sein sollte – und es werden konnte. Was war die Katastrophe? In unserer nachchristlichen Kultur war die sinn- und wertgebende Vertikale durch die Horizontale ersetzt worden, die den Sinn nicht geben kann. Nun drehte sich bei uns letztlich alles um – nichts. Das war es, was viele Menschen erlebten.

Einmal brachte unsere Fahrt uns zur herrlichen Burgruine der Hammershus. Die Sonne stand im Westen über dem Horizont des weiten Meeres. Ich schämte mich hier und lachte zugleich in mich hinein: Es war die Stelle, an der ich unsere beiden älteren Jungen aus dem Auto geworfen hatte: »Raus mit euch! Jetzt sollt ihr einmal selbst erleben, wie es ist, wenn man ausgeschlossen wird!« Das war meine Erziehungsmaßnahme, weil sie unseren Ferienjungen, den wir mitgenommen hatten, aus ihren derben Spielen ausgeschlossen hatten. »Seht selbst zu, wie ihr nach Hause kommt!« Das waren zweiunddreißig Kilometer, und die Dämmerung brach herein. In meinem väterlichen Zorn jagte ich um die Kurven davon, als sich die Hand meiner Frau mir leicht auf die Schulter legte. Ich wusste, was sie damit meinte, aber es war mir egal. »Du – es wird schon dunkel – sie können in den Klippen abstürzen!«

Schließlich kehrte ich um. Ich ging sie suchen – sie waren nirgends zu finden, und die Abendnebel stiegen vom Meer auf.

Jetzt wurde ich unruhig, ratlos ging ich zum Auto zurück. Dort grinsten die beiden mir entgegen: »Wir sahen dich kommen, da haben wir uns versteckt – wir wollten sehen, was du machst, wenn du uns nicht findest.« Was sollte man dazu sagen? – Ich dachte, dass wohl zum »Gefäß« auch eine Portion gesunde Durchsetzungskraft gehört.

Eines Morgens saß ich wieder in den Dünen. Ich dachte an den Töpfer-Krug aus Jeremia. Wie konnte ich den Sinn und Wert seiner Gestalt verstehen, wenn ich nicht wusste, wofür er gestaltet war? Ich brauchte vom Töpfer selbst dazu Auskunft. In meiner kleinen hebräischen Bibel schlug ich die zweite Seite auf, denn ich wusste: Hier wurde ich in die Töpfer-Werkstatt geführt: »Und Gott nahm Staub vom Acker und (wörtlich:) töpferte den Menschen und gab seinen Lebensodem in ihn. Und so wurde der Mensch zu einer lebendigen Seele.« Der Inhalt wird als das »Geschenk« des Lebens von Gott vom Himmel her eingegeben. Das ist also die uns verlorene Vertikale – von Gott her und zu Gott hin; die Achse, um die sich alles dreht. Wo Vertikale und Horizontale einander durchdringen, in dieser gemeinsamen Mitte ist der Mensch als »lebendige Seele«. So hat Gott ihn gemeint.

Endlich nahmen wir für dieses Mal Abschied von unserem Sommerleben, von den frühmorgens gurrenden Tauben und vom Salamander, der es sich Jahr um Jahr unter unserem Zeltboden gemütlich machte. Wieder in Neumünster, besuchten mich zwei Theologiestudenten aus Bethel, die Hellmuth Frey geschickt hatte. Was sie berichteten, war erstaunlich: Sie trafen sich im Hause Frey zum Bibellesen und Gebet, damit er ihnen half, die Bibel sachgemäß im Glauben auszulegen. Es kam zu einer kleinen Erweckung, die an der Theologischen Hochschule nicht ohne Folgen blieb – Widerstand tat sich auf.

Diese Studenten schlossen sich zum »Betheler Freundeskreis« zusammen, verbanden sich durch einen Rundbrief, und die Leiter, Armin Sierszyn und Hans-Peter Henning, fanden in Pura im Tessin ein von Gott vorbereitetes Heim für Seminarfreizeiten. Hellmuth Frey sollte die erste leiten, doch er wurde krank, und ich sollte ihn vertreten. »Pura« wurde zur Keimzelle der späteren

Studienvorbereitenden Arbeit in Krelingen und der Studienbegleitenden Arbeit, die von Marburg aus unterstützt wurde.

Wie sollte dies in die intensive Gemeindearbeit, die mir viel
Freude, und den Bethelkreis, der viel Mühe machte, als dritter
Strang hineinpassen? Doch es war eine Zeit des Aufbruchs. Wir
wussten, dass wir sie nutzen mussten.

Kurz davor ergab sich für mich ein ruhiger Vormittag im
Missionshaus in Hildesheim. Ich hatte für mich das zehnte
Kapitel des 2. Korintherbriefes in Griechisch aufgeschlagen.
Was ich da in den Versen 3-5 las, ordnete sich vor mir zu einer
Perspektive, die später mir und vielen anderen wesentlich zur
Klärung half. Hier berichtet Paulus von dem, was auch für uns
dauernd aktuell ist: von seinem »Geistes-Kampf«, in dem er
überall steht, und wie er ihn führt.

Als mich der Zug nach Pura brachte und mein Blick aus dem
Fenster auf die Nordschweizer Seen ging, fragte ich mich
erstaunt: »Was ist eigentlich mit mir los?« Ich fuhr fast ohne
Vorbereitung zum Seminar des Betheler Freundeskreises, weil in
der Fülle der Gemeindearbeit kaum Zeit zu finden war. Und hier
im Zug erlebte ich, wie sich das Konzept mühelos und wie vor-
geordnet, fast von selbst auf das Papier brachte, und dabei spürte
ich eine große Freude.

Bei den Studenten brach ein unsagbarer Hunger nach Lehre
als persönlicher Orientierung auf. Uns half ein Luther-Wort:
»Gott sieht den Balken die Quere«: Die horizontal auf dem
Balken krabbelnde Ameise sieht nur, was vor ihr, hinter ihr und
mit ihr geschieht als »Geschichte« im Sinne der Ameise. Der
Mensch aber sieht sie von oben über den ganzen Balken aus der
Vertikalen und kann von dort eingreifen. So sieht auch Gott,
greift von oben ein und ordnet es in seinem Sinn. So ist er »der
Ursprung« dessen, was geschieht. Das ist dann »Geschichte« in
Gottes Sinn. Und so regiert er aus der Vertikalen »den Balken«,
die Horizontale.

Aber was erlebten wir tagein, tagaus im Studienalltag? Es gibt
noch einen anderen Ursprung im »Vater der Lüge und Mörder
von Anfang an«, der sich als »Engel des Lichts« verstellt. Von da
her bringt er uns »als Ameise« dazu, uns selbst zum Ursprung zu
machen: »… ich denke mir; ich stelle mir vor …«, oder: »Ich kann

es mir nicht denken und vorstellen.« So stellt man sich von dem, was geschieht, selbst ein Bild her und nennt dann sein eigenes Gebilde »die Geschichte«. Dieses Gewebe meint man, wenn man sagt, Gott sei »der Herr der Geschichte«, und interpretiert von da an die Bibel in diesem Muster.

Von nun an fragten wir: Aus welchem Geist stammt es? Wer führt unser Denken in seinen geistigen Zusammenhang und bestimmt es? Nun lag alles an der richtigen Unterscheidung.

Dazu mussten wir erst selbst vom falschen Geist frei werden. Gottes Weg zu uns und seine Waffen richteten sich jetzt zuerst gegen uns selber. Wir lernten, dass wir den falschen Geist nur loswurden, wenn wir »den Geist aufgaben«. Das geschieht dann, wenn wir sterben. Dazu lasen wir im Kolosserbrief: »Ihr seid mit Christus gestorben in der Taufe.« Das nahmen wir so für uns an als unsere eigene Taufe zu »getauftem Denken«. Und wie findet man da hinein? Mir war Mutter Gretels Wort in Möttlingen im Ohr: »Durch Danken kommt es aus dem Kopf ins Herz.«

Nun brachen viele Gespräche einer »Seelsorge auf dem Felde des Denkens« auf. Manche erkannten, dass sie so im Geist der Bibelkritik gebunden waren, dass für sie notwendig wurde, sich vom falschen Geist bewusst loszusagen. Und zwei erzählten, dass sie danach ihre Frau bzw. ihre Verlobte mit neuen Augen in frischer Liebe sehen konnten.

In dieser Zeit massiver Verunsicherungen und Umbrüche steckten die Studenten randvoll mit Fragen. Wir lernten daraus, das Fragen als »Mutter des Denkens« zu pflegen, das Hinterfragen der Bibel durch die Bibelkritik von der Bibel her zu hinterfragen und den Zweifel selbst zu bezweifeln.

Zunächst wurden wir von anderen Theologen kritisiert, unsere Sprache sei nicht »akademisch« genug, um von der Wissenschaft ernst genommen zu werden. Dem hielt Armin Sierszyn entgegen: Sprachweise und Denkweise gehören zusammen. Wie der Glaube seine ihm entsprechende Sprech- und Denkweise hat, so hat auch »die Akademie« ihre abstrakte, dem Leben und Glauben entfremdete Sprache. So konnten wir der Verachtung standhalten: Wir suchten eine »authentische«, dem Glauben gemäße Sprache.

»Kein anderes Evangelium«

Eines Tages flatterte mir mit der Post eine Einladung auf den Tisch. Zu meinem Erstaunen entdeckte ich darauf auch meinen Namen, las den Text und dachte sofort: »Die sind verrückt geworden!« Der Bethel-Kreis lud in die zweitgrößte Halle Europas, die Westfalen-Halle in Dortmund, zu einer Bekenntnis-Kundgebung ein. »Ich fahre nicht hin – bei allem Engagement für die Orientierung der Gemeinden: Das geht zu weit«, dachte ich. Doch am 6. März 1966 versammelten sich daraufhin an die 25.000 Menschen dort unter dem Spruchband »Der Herr ist auferstanden, er ist wahrhaftig auferstanden«. Bei der gleichzeitig in Berlin tagenden Synode der Evangelischen Kirche soll das eingeschlagen haben wie eine Bombe: »Die Gemeinde steht auf!« – aus sich, und ohne uns!

Zur Begleitmusik gehörte ein Artikel eines Theologieprofessors im »Sonntagsblatt«, nach dem Jesus »Mensch, und nichts als Mensch« sei. Pastor Paul Deitenbeck, einer der mutigen Initiatoren der Versammlung in Dortmund, konterte mit dem 1. Johannesbrief: Wer leugnet, dass Jesus als Gottes Sohn »im Fleisch gekommen« ist, wird daran »als Anti-Christ« erkennbar. Darauf die Antwort im »Sonntagsblatt«: Genau das ist der, der sagt, Jesus sei nicht »nichts als Mensch«. Das ergab eine Patt-Situation auf erschreckendem Niveau. Ein dritter Artikel warf über solch hochkomplizierte hermeneutische Probleme Nebelkerzen der Unverständlichkeit.

Was sollte nun werden? Eine Bewegung war aufgebrochen. Paul Deitenbeck gab ihr den Namen »Kein anderes Evangelium – Galater 1,5«, Rudolf Bäumer wurde ihr Erster Vorsitzender, und da alle anderen Verantwortlichen Veteranen der Bekennenden Kirche waren, wurde ich als junger Pastor zur Aufbesserung des Profils zum Zweiten Vorsitzenden bestimmt. Ich schlug vor, einen Informationsbrief zu entwickeln, der dann bald in vielen zigtausend Exemplaren das Wohnzimmer von Paul Deitenbeck zum Versand füllte.

Während sich die neue Bekenntnisbewegung schnell ausbreitete, war ihr Bundesarbeitskreis von Spannungen geschüttelt. Wie oft bin ich mit Rudolf Bäumer nach gemeinsamer Anfahrt in Frankfurt ausgestiegen, nur wenige hundert Meter vor unserem Versammlungsort, und vor uns lag es wie ein Berg: Wird heute die Bekenntnisbewegung endgültig auseinander brechen? Es waren nicht die gleichen Spannungen wie die des Bethel-Kreises zwischen Tauben und Falken, wobei Letztere in »Treue zum Bekenntnis« bereit waren, den anderen gleichsam die Augen auszuhacken. Mehr als ein Mal erlebte ich, wie Rudolf Bäumer weinend aus der Versammlung lief, weil das für ihn nicht mehr auszuhalten war. Und in mir verdichtete sich die Frage: Woher kommt das? Was ist da bei uns nicht in Ordnung? Wir setzten uns für »Schrift und Bekenntnis« ein, aber warum war die Art, wie wir miteinander umgingen, von beiden weltenweit entfernt?

Auf der Rückfahrt von einer der vielen Sitzungen wurde ich, als ich durch den Zug ging, im Speisewagen angehalten: »Bruder Findeisen!« Ich erkannte verwundert einen der Flensburger Pastoren, einen Doktor der Theologie, mit dem ich vor kurzem vor den etwa siebzig Theologiestudenten unserer Landeskirche gesprochen hatte. Unser gemeinsames Thema war gewesen: »Die Aufgabe des Pastors im Jahre 2000« – das lag damals in grauer Zukunft. Ich hatte ausgeführt: »Es kann dann Ihre Aufgabe sein, in zehn Minuten das Pastorat zu verlassen (die Studenten klopften Beifall, und ich fuhr fort: ›Wenn es Ihr Pastorat wäre, würden Sie nicht klopfen‹), um vor den Augen Ihrer Familie erschossen zu werden, weil Sie Pastor sind.«

Der andere meinte jetzt im Zug: »Meine Aufgabe als Pastor ist es, den Menschen die Illusion zu vermitteln, dass das Leben einen Sinn hat. Es hat keinen Sinn, aber mit der Illusion lebt es sich leichter.« Nun stellte er mich einem Tischnachbarn vor: »Das ist einer von denen, die ich beneide: Er glaubt das, was er sagt!« – Ich konterte ironisch: »Aber wir haben doch beide gelernt, wie man durch die historisch-kritische Methode die Wahrheit findet!« – »Historisch-kritische Methode?« Er machte über seinem Teller die Gebärde des Erbrechens: »Nach jeder Predigt möchte ich sagen: Glauben Sie nicht, was ich sagte – ich glaube es ja selbst nicht!« Wir schätzten uns gegenseitig wegen unserer Aufrichtigkeit, und später hat er einen lebendigen Zugang zur Bibel gefunden.

Bei den verschiedenen Großveranstaltungen gab uns Professor Walter Künneth wesentliche theologische Hilfen. Seine Vorträge begann er in der Regel mit dem bezeichnenden Bild: »Der Damm ist gebrochen ...« Die widrigen Einflüsse brachen wahrlich gleich Katarakten überall herein und waren nicht zu stoppen. In späteren ruhigeren Jahren stieg die Flut allenthalben und unterspülte die Fundamente, so dass das, was man bisher als stabil erlebt hatte, im Nu zusammenbrechen konnte. Wir sahen dies im Zusammenhang von 2. Thessalonicher 2, dass zuerst das, was das Böse zurückhält, weggenommen wird und sich mit einer Wiederkunft des Satans vor der Wiederkunft Jesu »der Mensch der Gesetzlosigkeit« offenbart.

Inzwischen gründeten wir auch bei uns eine Landesgruppe der Bekenntnisbewegung, die ich gezielt als »Kirchlichen Arbeitskreis« benannte. Bald darauf erklärte Bischof Hübner bei einem unserer Sprengelkonvente – der jährlichen Zusammenkunft aller dreihundert Pastoren von Holstein – im Festsaal des Kieler Schlosses: »Ich habe die Gründung der ›Bekenntnisbewegung Kein anderes Evangelium‹ in unserer Landeskirche von ganzem Herzen begrüßt.« Daraufhin meldete sich ein junger Pastor vom Kieler Ostufer: »Nachdem Sie soeben das Entsetzlichste, was in diesem Jahrhundert in der Kirche geschehen ist, begrüßt haben, frage ich Sie: Wie können Sie noch mein Bischof sein?!« Ich war gespannt: Steht er das durch? Doch Friedrich Hübner antwortete: »Gerade darin bin ich Ihr Bischof, dass ich in dieser Sache gegen Sie bin.« Das kennzeichnete die sich zuspitzende Lage in der Kirche. Dazu einige Beispiele:

Die Evangelische Studentengemeinde agierte unter dem Zeichen des »Roten Hahnes« nach dem Landsknechtslied: »Setzt aufs Klosterdach den Roten Hahn« – Feuer und Flamme! In Hannover ging es so weit, dass das Landeskirchenamt das Haus der Studentengemeinde schloss und versiegelte. Am nächsten Morgen standen die Oberkirchenräte verwundert vor dem Eingang des Landeskirchenamtes: Es war von der Studentengemeinde versiegelt worden.

Als einmal ein junger Pastor Landesbischof Lilje mit »Herr Lilje« ansprach, bekam der einen roten Kopf und herrschte ihn an: »Wissen Sie nicht, wie Sie mich anzusprechen haben? Ich stehe im Range eines Kardinals!« Darauf antwortete der: »Natürlich weiß ich, wie ich Sie anzusprechen habe – Herr Lilje.«

In der Pause der Landessynode war ich auf dem Flur dabei, als Bischof Hübner berichtete, wie neulich ein junger Pastor reagiert habe, als er ihn mit »Bruder ...« angesprochen habe: »Nennen Sie mich nicht Bruder – ich glaube nicht an Gott.« Der Bischof konnte dazu nur noch lachen: »Und vor kurzem habe ich ihn noch auf Schrift und Bekenntnis ordiniert!« Was blieb ihm anderes übrig?

Damals sagte er mir einmal: »Unsere Kirche hat nicht mehr die Kraft, Irrlehre aus ihrer Mitte auszuschließen«, und berichtete, wie er einen Pastor, Doktor der Theologie, suspendieren wollte, den er im Gottesdienst verkündigen hörte, Ehebruch sei nach Gottes Willen, wenn er aus Liebe geschehe, denn Gott sei Liebe. »Aber die Kirchenleitung hat meinen Antrag überstimmt«, fügte er hinzu.

Der vorher hoch angesehene Dozent für Praktische Theologie, Professor Martin Fischer, berichtete mir, als wir uns einmal im Restaurant trafen, betroffen: »Früher war meine Vorlesung im größten Hörsaal überfüllt. Heute sitzen dort vier Studenten. Mein Seminar haben sie umfunktioniert – es wird jetzt von einem Studenten geleitet, und ich selbst darf dabei sein.« Dann fuhr er fort: »Früher meinte ich, die Leute zu verstehen, aber jetzt weiß ich nicht mehr, was in ihnen vor sich geht.«

Für jenen besagten Sprengelkonvent hatten wir alle als Pflichtlektüre das Buch von Ernst Bloch bekommen: »Atheismus im Christentum« mit der Leit-These: »Nur ein Atheist kann ein guter Christ sein, und nur ein Christ kann ein guter Atheist sein.« Darin preist Bloch das Bekenntnis, Jesus sei wahrer Gott und wahrer Mensch in einem, weil er damit Gott vom Thron gestoßen und den Menschen auf den Thron Gottes gesetzt habe. Der Bischof meinte dazu: »Früher las ich in den Examensarbeiten immer den Namen Karl Barth. Danach war es stets der Name Rudolf Bultmann. Und jetzt lese ich immer: Bloch, Bloch, Bloch. Wir müssen wissen, was er sagt und womit er so in unsere Kirche hineinwirkt.« Das Referat dazu hielt ein junger Pastor aus Flensburg. Er sagte, Bloch stelle den Menschen vor die Entscheidung, und er habe sich zu Bloch bekehrt. Die Einwände in der Diskussion waren dürftig: Ob es bei Bloch nicht an wissenschaftlicher Präzision fehle? Der Referent lachte: »Wenn sich Bloch wissenschaftlich gibt, dann nur, um die noch Wissenschaftsgläubigen zu fangen. Aber er ist ein Prophet – um Wissenschaft kümmert er sich nicht!«

Ich hörte mir das an und wusste, jetzt müsste ich etwas sagen. Mein hartes Training bei den Stockholmer Schiffsbesuchen half mir. Ich bestätigte den Referenten: »Gewiss, Bloch ist ein Prophet. Und zu dem kann man sich nur bekehren. Aber ich will keinen Zweifel daran lassen: Wer sich dazu bekehrt, kommt auf den Weg, der in der Hölle endet. Und dass heute hier so etwas gesagt ist, ohne dass dem ernsthaft widersprochen wird, zeigt eins: Es muss in unserer Kirche schon von langer Hand vorbereitet sein, dass so etwas geschieht.« Darauf erntete ich, wie damals üblich, ein lautes Pfeifkonzert und langes Füßescharren, doch der Bischof sagte dazu: »Gewiss, es gibt die Weichenstellung zwischen Himmel und Hölle. Aber wir müssen uns damit auseinander setzen!« – und das taten wir.

Einige Zeit später rief mich Bischof Hübner aus Kiel an: »Bruder Findeisen, ich möchte mit Ihnen eine Tasse Tee trinken.« Dann saß er bei uns am Tisch, zog an seiner Pfeife und berichtete: »Wir planen einen Landeskirchentag in Kiel. Ich habe die Protokolle des Vorbereitungsausschusses gelesen, und sie gefallen mir gar nicht. Ich berufe Sie in den Vorbereitungsausschuss. Und wir krempeln gemeinsam den ganzen Laden um!«

Dann saß ich in jenem Gremium wie der Kuckuck im fremden Nest und erlebte mit, wie der Bischof, wie ein Tiger auf und nieder schreitend, mit Drohen und Werben in seiner Autorität das neue Konzept durchboxte: Es sollte für jeden Referenten, der von der so genannten modernistischen Seite sprach, paritätisch einer von unserer Seite zu Wort kommen. Das geschah dann auch fair und offen und wurde auf allen Seiten als Erfolg begrüßt.

In dieser unruhigen Zeit sehnte ich mich nach der Beratung und geistlichen Korrektur eines älteren Pastors. Ich bat darum Pastor Carl-Herbert Hausen, mit seiner Frau und der großen Familie in unsere Nachbargemeinde zu kommen. Er war wie ich

»Möttlinger« und stammte mit seiner Frau Ilse wie ich aus Reval. Sie wurde nicht müde öffentlich zu berichten, dass sie mich »als kleinen Schmurgel« schon im Sandkasten gesehen habe.

Er erklärte einmal auf einem Pastorenkonvent: »Dreizehn Jahre war ich Pastor der Evangelisch-lutherischen Landeskirche, und dann kam ich zum Glauben an Jesus Christus«, woraufhin sein konservativer Propst empört fragte:»Wenn Sie so etwas Entsetzliches sagen können, frage ich Sie: Wofür haben Sie überhaupt Theologie studiert?!«

Wir trafen uns damals wöchentlich zu Bibellese und Gebet, und das war aus verschiedenen Gründen nötig. Ihm verdanke ich entscheidende biblische Einsichten, und ebenso seiner Frau.

Für den nächsten Landeskirchentag wurde die Ausrichtung wieder einseitig und ohne meine Beteiligung geplant. Ich war nur für die Abschluss-Diskussion auf dem Podium der Ostseehalle in Kiel vorgesehen. Mein ungutes Empfinden dabei konnte ich mir nicht deuten.

Da fiel mir eine Äußerung des Philosophen Theodor Adorno in die Hand. Er zeigte, dass sich Diskutieren als Argumentieren vollzieht. Ein Argument aber bezieht sich auf eine von allen anerkannte, gemeinsame Grundlage. Ein Argument gilt darum nur dann als zulässig, als tragfähig und stichhaltig, wenn es dieser Grundlage entspricht. Wer sie nicht übernimmt, gilt als nicht diskussionsfähig, und seine Argumente als undiskutabel.

Als ich das las, wusste ich sofort, warum ich am Podium nicht teilnehmen konnte, denn mit den meisten dort verband mich keine gemeinsame Grundlage. Dieser Landeskirchentag wurde dann, besonders beim Podium, zum Fiasko. Viele traten daraufhin aus der Kirche aus. Es war der letzte Landeskirchentag in Holstein.

Die Frage nach der Diskussions- und Argumentationsgrundlage begegnete mir auch auf eine sehr ernste persönliche Weise. Eines Morgens rief mich Hellmuth Frey an: »Sven, prüfe dich! Ich habe heute Nacht einen entsetzlichen Traum deinetwegen gehabt. Du warst vor dem Absturz.« Als ich anschließend bei Hausens zum Gebet war, bat mich Ilse Hausen ins Nebenzimmer: »Als du vorhin in der Tür standest, sah ich, wie eine große Schlange sich genüsslich an dir hochschlängelte. Ich sehe so etwas nur selten – du bist in großer Gefahr!« Als ich wieder nach Hause kam, öffnete ich die Post. Ein Brief von Frau von Roth, die mir sehr selten schrieb, begann mit dem Satz: »Ich weiß, dass der Teufel dich zu Fall bringen will.«

Ich war ratlos. Was sollte das bedeuten? Ich bat Gott, wenn er mich so intensiv innerhalb von zwei Stunden warne, dass er mir auch zeigen möge, warum. Im Laufe des Vormittags kam mir langsam die Einsicht, dass ich für den Abend zu einer Podiumsdiskussion mit einem Studienkollegen zugesagt hatte, der mir seine These vorher zukommen ließ (es fällt mir schwer, sie hier wiederzugeben): dass die Lehre vom Sühnopfer Jesu am Kreuz eine »spätjüdische Packesel-Theorie« sei, die »wir als Christen nicht zu glauben« hätten. Nun grübelte ich darüber, wie ich ihm denn darauf antworten sollte – denn »gesprächsfähig« wollten wir doch sein. Dann wurde mir klar: Wenn ich mich darauf eingelassen hätte, hätte ich in meinem Argumentieren unbemerkt seine Grundlage übernommen, genauer: den Geist seiner Grundlage. Damit wäre ich in der geistigen Hochspannung der Zeit abgestürzt.

Das war auch eine wichtige Lehre für die Situation der Studenten. Oft sagten ihnen die Dozenten: »Wenn Sie anderer Meinung sind – gut! Wir haben die Freiheit der Wissenschaft. Bringen Sie Ihre stärkeren Argumente, und wir werden Sie anerkennen!« Wie viele Studenten sind aus Unerfahrenheit durch solche »erschlichene Selbstverständlichkeit« (W. G. Gadamer) über eine falsche Weiche gegangen und – in bestem Wollen – dauerhaft vom Glauben abgekommen! Von da an suchten wir uns durch »biblische Grundlagenklärung« auszurichten.

Eines Tages, wir saßen gerade beim Mittagessen, klingelte das Telefon – ein Herr Schippke vom »Stern« rief an: Er wundere sich ja, was jetzt so in der Kirche alles los und möglich sei, und im Vorfeld des nächsten Kirchentages in Stuttgart sei ja auch viel Krach … Ich kaute noch meinen letzten Bissen, und da ich meinte, er erwarte von mir nur eine Meinungsäußerung, plauderte ich lässig ins Telefon. Entsetzt bekam ich dies wörtlich als Zitat von mir im nächsten »Stern« zu lesen. Der Titel des Artikels war: »Die Pastoren glauben selbst nicht daran«, und ich diente als Kontrastfigur. Der Artikel führte zu zwei Sondersynoden unserer Kirche, wobei ich in der ersten aus meiner Sicht zu referieren hatte. Die Kirchenleitung hielt allerdings die Hand über mich.

In jener Nummer des »Stern« von 1967 stand auch ein Artikel über die Ermordung des Studenten Benno Ohnesorg in Berlin, welche die Initialzündung für die »Studentenrevolution« bei uns gab, und der Bericht von der Wiedergewinnung Jerusalems durch Israel im Sechs-Tage-Krieg am 7. Juni 1967. Als Schlüssel zum Verständnis in einer unverständlichen Zeit erwies sich, wie mir Carl-Herbert Hausen zeigte, die Rückgewinnung Jerusalems im Lichte von Lukas 21,24: dass die »Gnadenzeiten« für uns, die nicht-jüdischen Völker, so lange währen, wie Jerusalem unter deren militärischer Hoheit sei. Wenn alle Völker mit dem Evangelium erreicht seien, komme die Stadt wieder zu Israel, das ins Land zurückkehre.

Das schlug bei uns ein. Wir verstanden, warum mit einer Gewalt, von der das »Time Magazin« nach fünfundzwanzig Jahren im Rückblick schrieb, eine Veränderung »wie ein Feuersturm« um die Welt ging. Damals sang der schmächtige Jude Bob Dylan in seiner Schlotterjacke ins Mikrofon: »... the times they are a' changing« – man brauchte keinen Wetterbericht, um zu erkennen, dass das Klima umschlug und sich damit »die Zeiten änderten«. Es war die Zeit des unseligen Vietnam-Krieges und es hieß, Bob Dylan übe mit seinen Liedern mehr Macht über die jungen Leute aus als der Präsident der USA. Als dann am Jahreswechsel 1967/68 der Moderator der sonntäglichen Journalisten-Runde im Fernsehen fragte: »Was hat sich im vergangenen Jahr weltweit verändert?«, meinte ein Journalist: »Es ist eine Variation gewesen – es ist anders, als es war.« Dem widersprach eine junge französische Journalistin: »Das war keine Variation. Es war eine Mutation – eine Veränderung im Wesen der Welt.«

Wer die »Zeichen der Zeit« erkannte, wurde nun hellwach. Zunächst war »Frustration« das Kennwort der Zeit. Ihr folgte die überall aufschäumende Protestwelle der antiautoritären Bewegung in kaltem Hass gegen den unsäglichen Autoritätsmissbrauch der vorigen Generation: »Trau keinem über dreißig!«

Auf den Straßen verbanden sich Studenten zur Kette und skandierten in wildem Outfit und stampfendem Laufschritt »MAMAMA!«, was Mao, Marx, Marcuse meinte. Im Hass auf den »Westen« als Hort allen Unheils konnte das Heil nur von dessen Feind erwartet werden, dem »Osten« mit »der Großen Roten Sonne« Mao Tse-tung in China, und nur aus der Vorzeit, von Karl Marx, und nur aus frechster Provokation, alles sei gut, was Lust macht, und böse, was sie verhindere, wie sie den Philosophen Marcuse der Frankfurter Schule interpretierten.

Die drei waren weit genug entfernt, um Distanz zur entsetzlichen Vergangenheit zu schaffen, die man zornig von der Väter-Generation geerbt hatte. Und sie waren fremd genug, um Hoffnungsträger der Utopie vom »Neuen Menschen« zu sein. Wieder galten die einfachen Einteilungen der Ideologie: Böse sei die alte Generation, und böse ihre Gesellschaft, »das System«. Nun war Befreiung angesagt, »sexuelle Befreiung« vor allem durch »Bruch der Tabus« und durch »Technik der Liebe«.

Der neue Geist führte zur Auflösung der stabilen Sphäre, in der der Mensch – vor allem in Ehe und Familie – dem Menschen ein Gegenüber ist. Was diese elementare Sphäre bisher wie eine Immunabwehr schützte, vor allem so genannte Tabus und moralische Hemmungen, wurde gezielt »gebrochen« und abgebaut.

Das alles deutete für uns darauf, dass nun nach den deutlichen Aussagen von Lukas 21,24 die Gnadenzeit freier Evangeliumsverkündigung zu Ende ging – wir aber waren entschlossen, in die zufallende Tür den Fuß zu setzen und noch einmal in unserem Land vor allem die jungen Leute laut und klar zu Jesus zu rufen.

Wir mieteten dazu die Holstenhalle in Neumünster, die zweitgrößte Halle im Lande, entwarfen ein provozierendes Plakat ohne jeden Hinweis auf eine christliche Veranstaltung – weil dann die nicht gekommen wären, die wir erreichen wollten – und luden mit vielen tüchtigen Helfern sämtliche Schulen im Land mit Plakaten ein. Lediglich im Begleitschreiben hatten wir das Wort »Preach-in« – ähnlich den damals üblichen »Teach-ins«, »Go-ins« und »Sit-ins« – als Hinweis, dass wir als Christen einluden. Allein die Portokosten betrugen über 1.000 DM. Für das

Thema »So kann es nicht weitergehen!« bereiteten wir uns mit Anspielen in unserem Jugendkreis und zwei auswärtigen Referenten vor.

Die Veranstaltung war für Sonntag, den 10. November 1968 geplant. Am Dienstag davor erhielt ich einen Brief der Stadt, ich hätte eine Kaution von 500.000 DM für eine mögliche Zertrümmerung der Halle zu stellen. Wenn unser prächtiger Propst Dr. Hauschildt nicht vertreten hätte, man solle hier »die Tungendorfer« unterstützen, er nicht die Kaution heruntergehandelt und die Summe dann im Eilverfahren gestellt hätte, wäre die Sache im Vorfeld geplatzt – was die Stadt wohl beabsichtigt hatte.

Am Donnerstag vor der Veranstaltung saßen ein Polizeioffizier und ein Wachtmeister bei mir auf dem Sofa: »Wir sagen Ihnen hiermit im Voraus, dass wir als Polizei unseren guten Namen für Ihre Veranstaltung nicht aufs Spiel setzen. Wir kommen nicht, selbst wenn die Halle in Flammen aufgeht – wir kommen erst bei Gefahr für Leib und Leben, und dann mit Helm und Schlagstock. Und dann ist Ihre Veranstaltung sowieso zu Ende.«

Nun war ich informiert. Am Sonnabend erfuhren wir, dass »die Apo« – die studentische »Außerparlamentarische Opposition« – sich von Kiel aus in Richtung Neumünster in Marsch setzte.

Am Sonntagvormittag war ruhiges, kühles Novemberwetter. Die erste Veranstaltung wurde von Hippies geprägt, langhaarigen, schlaksigen »Blumenkindern«. In der Mittagspause führte das Fernsehen mit mir ein Interview im Abstellraum hinter der Bühne durch. Ein junger Mann schaltete sich ein, der sich später als der Apo-Chef vorstellte: »Ich bin von Ihnen enttäuscht – von Christen erwarte ich, dass sie von der Liebe reden.« Ich erwiderte, wir redeten nicht von der Liebe, sondern was wir täten, geschähe aus Liebe – wie diese Veranstaltung. Er hielt dagegen, nach der Lehre von Wilhelm Reich müsse man »freie Liebe« propagieren, da sie den Trieb-Stau auflöse, aus dem die Kriege entstünden. Ich fragte ihn, während die Kamera surrte, ob es wohl Liebe sei, wenn etwa sein Vater neben seiner Mutter noch »frei« drei andere Frauen hätte – nämlich: Liebe zu ihm, seinem

Sohn. Daraufhin schwieg er. Später erfuhr ich, dass dies genau sein Problem war.

Am Nachmittag war der Saal gefüllt mit etwa viertausendfünfhundert jungen Leuten. Trillerpfeifen und Hand-Megafone wurden jetzt eingesetzt, und Gejohle und Getöse begleiteten das, was wir auf der Bühne taten. Ohne die Überlegenheit unserer Lautsprecher wäre die Veranstaltung geplatzt. Ich setzte mich während eines Anspiels in die erste Reihe und sah von dort, wie der Apo-Chef mit seinen jungen Leuten im Gänsemarsch auf die Bühne zuging. Ich schrie im Gebet zum Herrn: »Diese Veranstaltung gehört dir – nicht der Apo! Lass nicht zu, dass sie für die Apo umfunktioniert wird!« Er kam zu mir herüber und setzte sich neben mich. »Wir sind nicht einverstanden mit dem, was Sie hier sagen. Darum werden wir jetzt die Mikrofone übernehmen.« Das war damals bei Go-ins üblich. Aber gegen Gewalt konnten wir als Christen keine Gegengewalt – also eine Prügelei auf der Bühne – einsetzen. Ich sagte ihm: »Sie haben noch gar nicht begriffen, was wir hier wollen! Sie reden immer vom Neuen Menschen, den Sie erziehen wollen. Und wir zeigen hier, wie man durch Jesus Christus zu einem neuen Menschen wird!« Er schwieg. Dann sagte er leise: »Ich glaube, ich fange an, Sie zu verstehen.« – »Werden Sie jetzt die Bühne stürmen?« – »Nein.« – »Geben Sie mir darauf die Hand?« Er tat es und winkte seine Leute zurück.

Wir konnten unser Programm mit Mühe und Not zu Ende bringen, bevor die stets geforderte große Diskussion auf dem Podium einsetzte.

In der Diskussion verhielten sich die mir zum Teil bekannten jungen Pastoren aus Flensburg – dem Gegenpol zu uns in Neumünster – am unangenehmsten: »Diese Veranstaltung ist ein Verbrechen an Jesus, denn hier wird von Bekehrung gesprochen. Dabei ist er gekommen, um uns Entwicklungshilfe für die Dritte Welt usw. zu lehren.« Ein Gymnasiast konterte: »Wir sind aus Hamburg hergekommen, weil wir wissen wollen, was die Christen heute sagen. Wir sind nicht ihrer Meinung, aber wir haben doch Respekt vor ihnen. Doch für das, was Sie da vertreten«, er wandte sich zu jenen Pastoren, »würde ich mir ehrlicherweise kein Studienrats-Gehalt bezahlen lassen!«

Zum Abschluss rief ich durch das Mikrofon in die tosende Halle wie in eine grau wabernde Masse: »Wir sind gekommen, weil wir eure Frage nach dem Neuen Menschen aufnehmen. Und wir zeigen euch, wie man durch Jesus ein neuer Mensch wird. Darum sagen wir, wer Jesus für uns ist ...«

Während ich so sprach, widerfuhr mir etwas Seltsames, zutiefst Erschreckendes: Es war, als zöge durch meine Worte, die in den Raum dröhnten, unwiderstehlich etwas in mich ein, griff mich und trug mich mit sich fort. Ich spürte mit Entsetzen: Ich werde Marxist. Ich wehrte mich, ich schrie innerlich: »Herr, hilf! Erbarme dich! Ich werde Marxist, ich werde Marxist!« Währenddessen musste ich aber meine Sätze, die etwas ganz anderes sagten, auf die Reihe und auch irgendwie zu Ende bringen.

Was war mir da widerfahren? Wir haben danach darüber gesprochen. Ich hatte einen schweren Fehler gemacht. Als ich sprach, nahm ich das, was die Marxisten unter ihrem »Neuen Menschen« verstehen, auf, um damit eine Brücke für die Leute zu bauen, die den Neuen Menschen suchten. Ich meinte damit den neuen Menschen, den uns Jesus durch seinen Tod und seinen Sieg über das Grab gebracht hat, zu dem uns Gottes Geist führt.

Aber war das gemeint, als auf der Kanzel der Gedächtniskirche zu Silvester 1967/68 der Ost-Berliner Theologiestudent Rudi Dutschke programmatisch sagte: »Wir müssen einen Neuen Menschen erziehen!«? Es war das erste Go-in in einem Gottesdienst, genauer: der erste Einzug des Geistes der Revolution in die Kirche. Jetzt erkannte ich nachträglich: Diesem Geist hatte ich meine Brücke gebaut – und er nutzte sie prompt. Hätte ich nicht durch Karl Barths Einsicht wissen müssen, dass es keine Brücke, keinen anderen »Anknüpfungspunkt« gibt als das, was Jesus am Kreuz für uns getan hat? Denn Worte sind Gefäße – welcher Geist bestimmt ihren Inhalt? In Zeiten solch geistiger Hochspannung sind Worte Granaten. Doch wie wird ein Wort seinen falschen Inhalt, seinen Gcist los, um einem anderen zu dienen? Wie wird das Wort also »getauft«? Das sollte ich noch erfahren.

Nach Schluss standen in den Mittelgängen noch über zwei Stunden lang große Trauben in Diskussionen, und unsere Leute vom Jugendkreis in ihrer Mitte. Der Hallenmeister wollte schließlich nach Hause gehen und schaltete die großen Lampen eine nach der anderen aus. Im grauen Schein der letzten Lampe sah ich den Apo-Chef alleine bei der Bühne stehen. Er wartete auf mich: »So einfach kann es doch mit uns beiden nicht zu Ende gehen.« – »Wie meinen Sie das?« – »Wir sollten weiter miteinander sprechen.« – »Aber wie? Und wo? Sie würden ja nie einen kirchlichen Raum betreten. Und wie soll man das nennen?« Er meinte: »Nennen wir es: Gespräch unter Menschen …« Das fand ich gut – denn Menschen waren wir beide. Und Jesus »schämte sich nicht, sie alle Brüder zu nennen«.

Wir trafen uns danach mehrere Male mit seinen Freunden bei uns im Wohnzimmer. Die erste ideologische Phase taute unter Tee und Gebäck bald auf zum Gespräch unter Menschen. Wir fanden auch Gemeinsames im Kampf gegen den Hunger und überlegten eine gemeinsame Aktion mit einem Stand vor Karstadt. »Dazu besorgen wir uns einen toten Vietnamesen, um damit die satten Leute zu schocken!«, meinte einer. »Und wenn dich jemand fragt, warum du das machst?«, fragte ich ihn. »Um die Weltrevolution von Marx und Mao in Gang zu bringen.« – »Und ich sage, weil ich damit die Liebe Gottes zeigen will, damit die Leute möglichst nicht sterben, bevor sie durch Jesus gerettet werden.« Danach gab es kein Wort mehr von gemeinsamen Unternehmungen – wir waren uns im Grunde nicht einig. Daraus habe ich viel gelernt.

Die Gespräche hörten auf, als der Chef erklärte: »Ich stehe nicht mehr zu unserem Gespräch unter Menschen.« Und er erklärte es: »Mein Leben ist nicht wert, das Leben eines Menschen genannt zu werden.« – Bald danach lud Margret Knoop-Schellbach nach Kiel zu einer modernen Oper ein: »Die Geschichte von einem Feuer.« Der Kernsatz war: »Die Kälte kam zu den Frierenden, um sich zu wärmen – und da wusste einer die Geschichte von einem Feuer.« Das erschütterte mich tief. War es so nicht oft bei uns Pastoren? Auf einem der Ränge entdeckte ich den Apo-Chef. Ich wusste, dass er zu dieser Zeit eigentlich das Treffen seiner Gruppe hatte. Er war wohl auf der Suche.

Aus dem Kopf ins Herz

Es war gut, dass wir im Sommer wieder nach Bornholm ins Zelt konnten. Welche Fülle der Eindrücke war zu verarbeiten! Mit unserer Veranstaltung in der Holstenhalle hatten wir mindestens zwei Fehler gemacht:

Ich hatte den Geist in den Worten – also: die Gewalt hinter ihrer Gestalt – nicht bedacht, und das wurmte mich. Mein Fehler im Blick auf den »Anknüpfungspunkt« in der Holstenhalle wurmte mich. War ich nicht schon im Studium mit Worten wie Wahrheit und Wirklichkeit unbemerkt über eine falsche Brücke gegangen und angekommen, wo ich nicht hinwollte? Wusste ich nicht theoretisch, dass Worte verschiedensten Geistern als Gefäß dienen, die dem gleichen Wort dann gegensätzlichen Inhalt und Sinn geben, und die diesen Geist über Emotionen wie Reflexionen transportieren? Jetzt hatte ich es mit dem »Neuen Menschen« wieder erlebt. Zwischen Denken und Leben war bei mir offensichtlich noch eine Kluft – und das sollte mir bald sehr zu schaffen machen.

Der zweite Fehler lag in der ungenauen Auslegung der Bibelstelle, die uns zu unserem Unternehmen geführt hatte. Wir hatten den Hinweis ernst genommen, dass dann »die Gnadenzeiten der nicht-jüdischen Völker erfüllt sind«, wenn Jerusalem wieder zu Israel gehörte, und verstanden es so, dass nun die Türen gleich zufallen würden. Danach sei es für das Evangelium »Schluss und aus! – Finito!« Aber bei genauem Hinsehen zeigte sich, dass es so nicht da steht. Israel und Jerusalem sind hier »Zeichen« für die Zeit, in der der Auftrag Jesu, alle Völker zu erreichen, erfüllt wird, aber noch nicht erfüllt ist. Dafür sind die Gnadenzeiten gegeben

Trotz dieser Fehler sahen wir, dass Gott seine Hand über uns gehalten hatte. Kein Stuhlbein war zerbrochen worden, die großen Rechnungen konnten wir aus Spenden vollständig bezahlen, und unsere Gemeindejugend erlebte dadurch keinen Rückschlag oder Schaden. Wir hatten gewiss auch im Mut der Unerfahrenen etwas gewagt.

Aber noch eine andere Frage lastete in diesem Urlaub schwer auf meiner Frau und mir. In langen Abendwanderungen unter dem honiggelben, warmen Mond über dem stillen Land kreisten unsere Gespräche unaufhörlich um eine schmerzende Wunde: »Ilse – sie macht ja alles kaputt!« Gemeint war die Frau von Carl-Herbert Hausen. Hasste sie mich? Sie redete so über mich, dass ich daran dachte, die Gemeinde zu verlassen. Doch einmal, als ich nicht aus noch ein wusste und wie blind in den grauen Wolkenhimmel über mir sah, war es wieder wie eine klare Stimme: »Bist du Gottes Kind – oder Gottes Erwachsener?« Sie kam nicht aus mir, aber sie machte mich mit einem Schlag frei und leicht wie ein Vogel: Erwachsene müssen für sich selbst sorgen – für Kinder sorgt ihr Vater. Auch wenn galt: »Wenn zwei Menschen sich begegnen, dann begegnet ein Abgrund dem anderen« (Kierkegaard).

Da hörte ich, von Hamburg bis Flensburg warte man gespannt auf das Scheitern des Projekts, wie zwei bibelgläubige Pastoren zusammenarbeiteten. Ich merkte, wie blitzschnell sich in mir böse Empfindungen, schlechte Gedanken und falsche Bilder einstellten. Nun erkannte ich darin die Wirkung einer konkreten Finsternismacht, eines starken Satansengels, der uns gezielt gegeneinander brachte. Daraufhin betete ich, Gott möchte, wenn es so war, einen stärkeren Engel als diesen senden, der uns bewahrte. Das hat sich in einer Veränderung der Gefühle zwischen uns erwiesen.

In diesem Sommer lernten wir Professor Peter Beyerhaus und seine Familie kennen, mit der wir im Nu ins Gespräch kamen, über unsere Zeit und damit über die biblische Deutung der Ereignisse um Jerusalem. Gemeinsam wurde uns deutlich, was diese Entwicklungen für uns praktisch bedeuteten. Damals begann eine über Jahrzehnte bewährte Freundschaft unserer Familien.

Wir begegneten uns bald darauf erneut »Im Schatten«, einem Hotel, wo wir während des Kirchentages in Stuttgart untergebracht waren. Im Vorfeld hatte ich aus den guten Erfahrungen in Kiel vorgeschlagen, den Kirchentag konsequent in einem Pro und Kontra jeder Veranstaltung zu planen. Doch das ließ sich nur in einer einzigen Halle, der »Halle 6«, unter dem Thema »Streit um Jesus« verwirklichen. Unvergesslich ist mir die explosive Atmosphäre in der großen Halle. Vor den Diskussionsmikrofonen standen lange Schlangen, und weithin regierten Geschäftsordnungsanträge den Ablauf, über die immer alle abstimmen mussten. Noch heute sehe ich einen cleveren Studenten mit erhobenen Armen quer durch die langen Reihen flitzen und zur rechten Zeit den nötigen Antrag oder Gegenantrag im Sinne der Bekenntnisleute stellen. Ohne ihn wäre wohl die ganze Veranstaltung gekippt worden. Sein Name war Rolf Hille.

Auf dem Podium entwickelte sich die Situation zu einem Drama: Die Referenten von der Bekenntnis-Seite führten klug und tapfer unsere altbewährten theologischen Waffen ins Feld, aber im Nu wurden die Argumente geschickt von den Vertretern der Gegenseite aufgefangen und dann gezielt gegen uns zurückgeschleudert. Danach hatten wir nichts mehr in der Hand – es war ein entsetzliches Spiel!

Als Letzter sollte Georg Huntemann über die Wiederkunft Jesu sprechen. Am Abend vorher teilte er uns »Im Schatten« mit, dass er nach dem, was er erlebt hätte, sein Konzept völlig umwerfen müsse. Er würde darum morgen frei sprechen. Nach vielen Anträgen in der Halle, er solle gar nicht erst sprechen, machte er deutlich: Jesus kommt wieder – egal, ob die Theologen mit ihren Argumenten dafür oder dagegen sind. Damit fiel Huntemann völlig aus dem Rahmen. Die Halle kochte, und unsere eigenen Leute am Podiumstisch reichten ihm Zettel, er solle sofort abbrechen, weil sie sich seiner schämten.

Am Abend im Hotel griffen sie ihn hart an: Er habe unserer Sache schweren Schaden zugefügt. Das sahen Beyerhaus und einige wenige von uns ganz anders – er hatte das wissenschaftliche Paradigma verlassen – darum »fiel er aus dem Rahmen«.

Nach dem Abschluss in der Halle 6 hatte ich draußen einen Studenten getroffen, der uns früher nahe gestanden hatte, inzwischen aber stünde er, wie er sagte, »links von Mao Tse-tung«. Er fragte mich: »Was ist in dieser Halle geschehen?« Ich antwortete spontan: »Eben ist eine ganze Ära zu Ende gegangen. Und die holt keiner wieder zurück.« Solche Erfahrungen waren für uns Augenöffner. Er sah es ebenso.

Das Dach der Kirche zeigte sich brüchig. Nun galt es, gleichsam Not-Zelte zu errichten. So war es bereits zu Zusammenschlüssen wie der »Bekenntnisbewegung ›Kein anderes Evangelium« gekommen. Aber nicht allen passte unsere offensive Art, und so bildeten stärker kirchlich und konservativ orientierte Gruppen eigene »Sammlungen«, die von Peter Beyerhaus unter dem gemeinsamen Dach einer »Konferenz Bekennender Gemeinschaften« zusammengefasst wurden.

Neben der Konferenz wurde ein »Theologischer Konvent« gegründet, vor allem als Ort der Tröstung für jene Professoren, denen alle Autorität und Reputation zerschlagen war. (In einer Umfrage zur sozialen Rangordnung jeder Zeit rangierte ein Professor damals an vorletzter Stelle – vor den Prostituierten.) Später setzten die Hochschulverwaltungen strengere Prüfungsordnungen durch. Danach fanden diese Professoren wieder Anerkennung und darum kaum mehr in den Konvent. Doch der wurde jetzt zum Ort, an dem entscheidende Themen der Zeit aufgenommen und geklärt wurden und der aktuelle biblische Orientierung in die Gemeinden trug. Ich selbst gehörte als Zweiter Vorsitzender der Bekenntnisbewegung in die Leitungsgremien von Konferenz und Konvent und verdanke dem Theologischen Konvent durch Peter Beyerhaus Entscheidendes für die eigene Klärung.

Damals vertiefte auch der Kontakt zu Pastor Heinrich Kemner, einem erfahrenen und begnadeten Evangelisten und Seelsorger, und zur Ahldener Bruderschaft. In seiner Kirche in Ahlden an der Aller begann der Bekenntnisaufbruch mit einem »Buß-Gottesdienst«. Bald darauf wurde im Nachbardorf Krelingen, wohin er sich eigentlich im Ruhestand zurückziehen wollte, das »Geistliche Rüstzentrum« gegründet. Diese Bezeichnung, die ich in Vorgesprächen vorgeschlagen hatte, gehörte in jene Zeit, doch passte sie weniger in die folgenden ruhigeren Zeiten.

In Krelingen planten wir, mit dem »Rüstzentrum« eine völlig neue Arbeit für künftige Theologiestudenten zu beginnen. Unmittelbar ausgelöst war dies durch ein Pressefoto im »Spiegel« von einer Vikarskonferenz im benachbarten Celle, unter dem man deren These las: »Wir wollen die Kirche von ihren Kanzeln aus zerstören.« Dabei dachten diese naiven Kinder des Wirtschaftswunders nicht daran, dass sie damit auch ihre Kanzeln zerstörten. Aber wir sahen die Chance, im massiven Traditionsabbruch der Kirche und der Theologie genau dort einzusetzen,

190

wo die Weichen für beide gestellt werden: in der Theologenausbildung. Und da die Erfahrung zeigte, dass bereits im ersten Semester, vor allem in den exegetischen Proseminaren, die Entwicklung festgelegt wurde, wollten wir künftige Theologiestudenten, also Abiturienten, zu einem »Vorstudium« einladen. Sie sollten in Verbindung mit einem evangelistischen Glaubenswerk und in geistlicher Gemeinschaft in eine biblische Grundlagenklärung eingeführt werden, wie wir sie uns in Pura erarbeitet hatten. So wollten wir sie lehren, zwischen richtiger und falscher Grundorientierung zu unterscheiden. Dazu waren drei Semester in Krelingen, verbunden mit dem Studium von Griechisch und Hebräisch, vorgesehen.

Die Ahldener Bruderschaft berief mich, meine Zelte in Neumünster abzubrechen und diese Arbeit in Krelingen aufzubauen. Aber wie konnte ich die aufbrechende Arbeit in der Gemeinde verlassen? Und war ich für die Aufgabe in Krelingen geeignet und vorbereitet?

Für unsere nächste Zeit auf der Insel nahm ich mir ein instruktives Buch von einem der großen Gegner der Bekenntnisbewegung, Willy Marxsen, mit. Die Tage im Zelt und am Strand waren damit ausgefüllt, es Satz um Satz aufs Gründlichste durchzuarbeiten. Diesmal ging es mir, trotz manchen Erkenntnisgewinns über Grundlagen und Paradigma der Bibelkritik, wieder ähnlich wie damals im Studium in Bethel: Ich kam in eine gründliche Krise im Denken. Sie traf mich tiefer als damals.

Kurz vorher hatte unser Sohn Arne zu Hause bei mir am Schreibtisch gestanden. Ich wollte mich nicht gerne stören lassen: »Na, was gibt es?« Er sagte nur: »Ich sündige so viel.« Ich horchte auf: »Wie sündigst du denn?« – »Ich lüge und stehle.« Was sollte ich ihm sagen? Er hatte als kleiner Junge einen guten Anfang im Glauben gemacht. Er hatte seine Sünden vor Gott erkannt. Nun war er dort, wohin man bald kommt: zur verzweifelten Einsicht, dass man unter der Macht der Sünde steht. Und weil dagegen Anstrengungen und Methoden nichts ausrichten, wollte ich ihn nicht auf dieses Gleis schieben.

»Ja, du siehst, so steht es mit uns«, sagte ich ihm. »Gott weiß das. Die Macht der Sünde ist zu groß. Wir können uns nicht selber helfen. Darum musste ja Jesus kommen. Und dafür musste er für uns sterben. Da trug er, vor zweitausend Jahren, schon alle Sünden, die ich und du heute und morgen tun. Es sind ja Sünden der Welt – und die trug Jesus am Kreuz.« Wie sollte der Junge das begreifen? Ich begriff es ja selber nicht. Darum fügte ich hinzu: »Wie das möglich ist, können wir nicht verstehen …« Da fiel er mir ins Wort: »Doch, das verstehe ich gut.« Er nahm es als Kind auf – und konnte es fassen.

Eine andere Erfahrung ging mir bei der Auseinandersetzung mit Marxsen durch den Sinn: Eine Missionarin aus dem Kongo, die uns besuchte und von wunderbaren Führungen und Bewahrungen berichtete, beschrieb uns, wie man durch »die Fülle des Geistes« das empfängt, was Gott uns eigentlich geben wolle: Freiheit und Vollmacht zum Dienst, ohne zermürbenden Kampf mit der Sünde.

Das war es, was ich suchte! »Du brauchst dich nur für die Fülle des Geistes zu öffnen und ihn zu bitten – dann empfängst du sie.« Da sagte ich mir: »Du Esel – so einfach ist es! Warum mühst du dich noch ab mit deiner Sünde?« Beschwingt fuhr ich zu einer Tagung der Ahldener Bruderschaft. Da sagte Heinrich Kemner, wohl unter Geistesleitung: »Es ist nicht unser Weg, uns so durch Geisterfüllungen an gründlicher Buße und Reinigung vorbeizuschleichen!« Nur ein gereinigtes Gefäß kann den rechten Inhalt aufnehmen. Schlagartig war mir klar, dass ich fast auf ein falsches Gleis geraten wäre. Aber wie sollte es richtig weitergehen?

Je länger ich nun Marxsens Buch las, packte mich Unruhe. Seine theologischen Fehler durchschaute ich genau, konnte deren Ursachen herausstellen und ihn schlüssig widerlegen. Aber ich merkte auch, dass sich das bei mir nur »im Kopf« abspielte. Ich folgte immer der Frage: »Wer hat Recht?«, und schleuderte ihm die Argumente entgegen. Aber wo war da der Pulsschlag des »Glaubens, der in Liebe tätig ist« – also »das Recht«?

So richtete sich das Schwert, das ich gegen andere führte, nun gegen mich selber. Wie konnte ich auf der Kanzel den Mund voll nehmen, wo ich doch selbst nicht danach lebte? Vermittelte ich nur tote »Maßstäbe«, die unter der Hand zum Prügel wurden, den ich auf andere niedergehen ließ? Je »prinzipientreuer« ich war, umso weniger war ich doch meinem »princeps«, dem Herrn

192

Jesus Christus, treu. Ich bot Konserven an mit ansprechendem Etikett, aber deren Inhalt ließ ich verschlossen. Bot ich Leere als Lehre, richtige Gestalt ohne den rechten Gehalt? Das hatte mich selber doch damals als Junge in der Thomaskirche so tief zurückgestoßen! Wusste auch ich jetzt nur »die Geschichte von einem Feuer« – nur Worte, die nicht wärmten?

So lernte ich jetzt bei mir die Macht der Sünde kennen, und zwar in ihrer härtesten Gestalt. Dass mein ganzes Wesen von der Sünde so durchgiftet ist, wie es Paulus im Römerbrief Kapitel 7 zeigt: »Wer wird mich herausreißen aus dem Leibe dieses Todes?« Ich dachte »im Kopf« etwas anderes, als ich lebte. Da ging mir das Wort durch den Sinn, dass wir »durch und durch«, also in sämtlichen Schichten »geheiligt« werden sollen. Das war entscheidend. Doch wie sollte das geschehen? Paulus selbst fährt nach seinem Notschrei fort: »Ich danke Gott durch Jesus Christus, meinen Herrn!« Nur danken? Das verstand ich nicht. Aber mir ging ein Gespräch zwischen dem Grafen Zinzendorf und John Wesley, dem Begründer des Methodismus, durch den Sinn:

Zinzendorf: Wenn du sagst, dass die wahren Christen keine elenden Sünder seien, so ist das ganz falsch. Die besten Menschen bleiben bis zum Tode die elendesten Sünder. Die, welche es anders lehren, sind entweder Betrüger oder vom Teufel verführt. Christus ist unsere einzige Vollkommenheit. Wer eine innere Vollkommenheit lehrt, verleugnet ihn. – Wesley: Ich aber glaube, dass der Geist Christi in den wahren Christen Vollkommenheit wirkt. – Zinzendorf: Keineswegs. All unsere Vollkommenheit ist in Christus. All unsere Vollkommenheit besteht im Glauben an das Blut Christi. – Wesley: Ist aber nicht der wahrhaft Gläubige heilig? – Zinzendorf: Im höchsten Maße, aber heilig in Christus, nicht in sich. – Wesley: Lebt er nicht heilig? – Zinzendorf: Im höchsten Maße, aber heilig in Christus, nicht in sich. – Wesley: Hat er nicht ein heiliges Herz? – Zinzendorf: Ganz gewiss. – Wesley: Ist er folglich nicht heilig in sich? – Zinzendorf: Nein, nein, nur in Christo, nicht in sich, er hat durchaus keine Heiligkeit in sich.

Das traf bei mir den Nerv. Ich wollte »mit Gottes Hilfe« in mir ein besserer Mensch werden. Aber was meint es, stattdessen »in Christus« zu sein?

Es war sehr früh am Morgen, als ich in tiefer innerer Unruhe, Lähmung und vielleicht gar Verzweiflung aufwachte, zum kleinen Hafen hinausging und mich draußen auf die äußerste Mole setzte. Vor dem weiten Meer unter hellem Himmel, die kantigen Granitblöcke des Wellenbrechers vor mir, schlug ich planlos mein griechisches Neues Testament auf. Was mir vor Augen kam, drang nicht zu mir durch, die Augen glitten nur darüber hinweg, als ich las:

»Ich möchte euch zurechtbringen, meine Brüder, durch die Erweise von Gottes Erbarmen, dass ihr euer Leibesleben darstellt in dem Opfer, das lebendig ist und heilig und so Gott wohlgefällt. Das ist die Logik eures Dienstes.«

Ich wusste: Dieser Anfang des zwölften Kapitels des Römerbriefes fasst alles zusammen, was in diesem Brief vorher gesagt ist, und führt es ins Leben.

Dann setzte bei mir eine »Operation« ein, die auf meinen Lebensnerv zielte. Wie jede schwere Operation war sie umsichtig eingeleitet: »Ich ermahne euch ...« So liest man im gewohnten Text. Aber in meinem griechischen Neuen Testament las ich hier im kleinen Hafen an dieser Stelle ein griechisches Wort (parakalo), das sagt, was ein guter Hirte tut: Er leitet seine Schafe und bringt sie zurecht, wenn sie abgeirrt sind. So »ermahnt« er sie und »tröstet« sie zugleich. »Trösten« meint geschenktes Trauen und Vertrauen. Die Schafe haben es gut bei ihrem Hirten.

Wie brauchte ich das jetzt! Ich erlebte schmerzhaft, wie ich mich aus meiner Kraft nicht zurechtbringen konnte. Mein Geist schaffte das nicht. Aber ich las, dass zu seinem »Trösten« Jesus den »Tröster« sendet, wie Jesus in Johannes 16 seinen Heiligen Geist nennt. Dort zeigt er ihn zugleich als »Lotsen«, der die volle Übersicht bei der gefährlichen Fahrt hat. Er steuert das ganze Schiff durch seine knappen Anweisungen an den Rudergänger, der das Steuerrad in der Hand hält, und nun liegt alles daran, dass der genau hinhört und das, was er hört, auch tut. Der Rudergänger – das war ich.

Für mich fügte sich dem Leitbild des Hirten und des Lotsen ein drittes hinzu: das Angebot des Arztes: »Ich bin der Herr, dein Arzt.« Dem guten Arzt vertraut man sich an: »Herr Doktor – mir geht es nicht gut. Bitte, sehen Sie nach!« Ärzte mögen keine

Patienten, die mit ihren eigenen Diagnosen und Therapiekonzepten daherkommen, und ich dachte an einen guten Liedvers, den ich von Hellmuth Frey gehört hatte: »So wird in Gnaden Sein Reich zum Lazarett, wo jedem Schaden die Heilung offen steht – zum Hospital für Seine Schwachen, die Ihm die Freude, zu helfen, machen.«

Die Operation, die nun einsetzte, deckte mir »den Schaden« in seinem Ursprung auf: in einem abgründigen Hochmut, der mich immer und unentrinnbar auf mich selbst zurückwarf, auf das neupietistische Kreisen um mein »frommes Ich«. Von mir selbst kann ich mich, logischerweise, nicht selbst frei machen. Nun zeigte es sich als böser Sumpf, der von der Tiefe her alles mit Gift durchsetzt, und ich verstand Martin Luther: »Die Angst mich zu verzweifeln trieb, dass nichts denn Sterben bei mir blieb – zur Höllen musst ich sinken.« Und zeigte nicht auch Karl Barth in seiner Kirchlichen Dogmatik, wie »des Menschen Hochmut und Verzweiflung« zwei Seiten derselben Sache sind?

Jetzt lernte ich an mir selbst kennen, was wir vom »Sündenfall« auf den ersten Seiten der Bibel lesen: »Euch werden die Augen aufgetan ...« Damit war verbunden: »... und ihr werdet sein wie Gott ...« Die Vertikale Gottes geht von Gott selbst aus zu uns – von oben nach unten. Ich aber stemmte meine horizontale Welt zur Vertikalen von unten nach oben empor – »wie Gott«. Die Wert-Achse, um die sich alles drehte, war nun in mir selbst, und darum drehte ich mich – und alles um mich her – um mich selbst. Ich hatte meinen Mittelpunkt im Selbst-Sumpf. Wenn ich dann »selbst finde, was gut und böse ist«, werde ich zum Richter »wie Gott«. War mir das nicht auch in Singapur begegnet: die Selbst-Erhöhung im selbst erstellten Götterbild als dem Paradigma? Und folgte es nicht dem gleichen Muster, »kritisch« als Richter mit der Bibel umzugehen?

So stand es also um die Welt und im Grunde auch um mich. Ich verstand den alten schwäbischen Prediger, der erkannte: »Der tiefste Grund in unserem Herzen ist Gottes- und Christus-Feindschaft.« Das bestätigte ich, wenn ich mich oder andere zu meinem Hirten, Lotsen und Arzt an die Stelle Gottes setzte.

So legte die Operation den Schaden frei. Aber wie sollte er

nun geheilt werden? Jetzt lernte ich das Wort verstehen: »Er sandte sein Wort und machte sie gesund.« Ich verstand noch nicht, was ich draußen im Hafen gelesen hatte, aber ich ahnte, dass darin die Antwort verborgen war. Nun versuchte ich, Morgen für Morgen die ersten Gedanken im Aufwachen mit diesen Worten zu verbinden und sie in ein Gebet einzubinden. Die Anleitung dazu gibt Paulus selbst: Auf den Notschrei – »Wer wird mich herausreißen …?« – gibt er ja die Antwort: »Ich danke Gott durch Jesus Christus, meinen Herrn.« Und ich hörte Mutter Gretel in Möttlingen: »Durch Danken kommt es aus dem Kopf ins Herz.«

Das war es, was ich brauchte. Und auf diese Weise begann ich, den Anfang von Römer 12 Wort um Wort durchzubuchstabieren. Aus der Botanik wusste ich, dass eine Wurzel dadurch wächst, dass sie Nährstoffe aufnimmt, und ich nehme auf, wenn ich danke, weil es dasteht. Dass die Wurzel wächst, sehe ich nicht. Und was dabei herauskommt, ist nicht mehr meine Sache.

So begannen sich die wenigen Worte immer konkreter ins Leben hinein zu gestalten. Ich lernte, auf eine neue Weise »mit Jesus« zu leben, anders als am Anfang in Wyk, wo ich dauernd um mich selbst kreiste. Jetzt begann ich zu ahnen, was es heißt, »in Christus« zu sein. Das veränderte Innere wirkte sich auch aufs Äußere aus. Anders wäre die spätere Arbeit in Krelingen und danach kaum möglich geworden.

Jene Zeltferien hatten noch eine eigenartige Erfahrung für mich bereit. An einem hellen Morgen – die Sonne brannte schon heiß aufs Zeltdach und stach feine Strahlen wie Nadeln durchs dunkelgrüne Tuch – steckte ich noch benommen im Schlafsack, als ich eine ruhige Stimme hörte, die deutlich zu mir – oder war es in mir? – sprach: »Dein Sohn James ist noch nicht gerettet.« Ich bekam einen Schreck: Was war das? Der Junge betete mit seinen acht Jahren so, wie wir es in der Familie taten – aber stand es so um ihn? Ich konnte nur antworten: »Herr, ich kann ihn nicht retten. Wenn er gerettet werden muss, tu du es.«

Bei der Andacht am Frühstückstisch beteten die Kinder, doch der kleine James betete anders als sonst. Er wandte sich so gesammelt und konkret an den Herrn, dass ich ihn dann fragte: »Hast du heute mit Absicht so gebetet?« Und er antwortete:

»Ja – ich wusste, einmal muss es sein!« – Dann sprach ich noch seelsorgerlich mit ihm. Als wir zu Hause waren, zog er seine Fußballfreunde immer wieder zu sich auf die Bank vor der Kirche und sprach mit ihnen von Jesus. Er meinte allerdings: »Eigentlich würde ich ja lieber Fußball spielen, aber ich sage mir: Es muss sein.«

Nach einem herrlichen Sommer zwischen Wald und Wellen packten wir unser Ferienzelt ein und fuhren mit bangen Gedanken zum Hafen: »Werden wir auch in Neumünster bald unsere Zelte abbrechen? Was wird mit uns werden? Und wie wird es mit Ilse Hausen weitergehen?« Die Schwierigkeiten, die sie mit uns und vielen anderen hatte, nahmen überhand. Eines Morgens saß ich in stumpfen Gedanken beim Rasieren auf dem Bettrand: »Wie unmöglich sie doch ist! Immer zieht sie alles ins Negative und führt es so vor!« Mit einem Mal überfiel mich der Gedanke: Und was machst du jetzt? Bist du nicht ebenso auf das Negative bei ihr fixiert? Ich tat ja »dasselbe, was ich richte«, wie Paulus zeigt. Ich war mit ihr in der gleichen Verdammnis. Wie kam ich da heraus? Da sah ich vor mir das Bild eines mir bekannten chinesischen Schriftzeichens. Es heißt: »Komm!«, und es zeigt das Kreuz: Auf jeder der beiden Seiten hängt ein Mensch am Querbalken. Sie sind in der Horizontalen einander verbunden. Doch die wird von der Senkrechten durchschnitten. Nun ist die Verbindung in der Mitte durchtrennt. Es gibt sie nur durch Jesus am Kreuz hindurch. Sofort wusste ich: Das ist der Weg – und einen anderen gibt es nicht. Wie viele Male hatte ich schon versucht, Frieden zu machen durch Erklärungen, Entschuldigungen und Demutsübungen – aber es wurde nur schlimmer. Doch jetzt sah ich es vor mir: »Jesus machte Frieden durch das Blut an seinem Kreuz.« Und ich betete, während ich mich weiter rasierte: »Herr, von nun an gibt es keinen Direktkontakt mehr zwischen ihr und mir.«

Ich wusste, dass wir uns in einer halben Stunde zum Gebet treffen würden. Unterwegs stellte ich mich auf den neuen Weg ein: »Wenn ich ihr die Hand reiche – Herr, nur durch dich hindurch. Du bist zwischen uns.« Als ich ihr die Hand gab, stutzte sie kurz – sie merkte sofort, dass zwischen uns etwas anders geworden war. Von da an waren meine Ängste und ihre Aggressionen gewichen; ihre Schärfen konnte ich mit Humor auffangen und neutralisieren. So konnte ich bald vielen raten, die es ebenso schwer mit ihr hatten.

Das also war in Römer 12,1 gemeint: »Brüder« – also Geschwister – sind wir durch unseren gemeinsamen Vater. Spannungen und Streit zwischen Geschwistern hebt die Verwandtschaft nicht auf. Und zusammen finden wir »durch die Erbarmungen Gottes«. Aber was meinte das weiter? Die Frage hatte ich gleichsam im Rucksack, als ich nach Krelingen kam.

Damals wuchs in mir der Mut, vom »Blut Jesu« zu sprechen, obgleich es als »unverständlich« und verpönt galt. Doch von Professor Walter Künneth lernten wir, dass es biblische Grund-Worte gibt, die man nicht ersetzen kann, ohne mit ihnen auch ihren Inhalt zu verlieren. Gott sorgt selbst dafür, dass sie als »Fahrzeug des Geistes« verstehbar werden.

Inzwischen – 1967 – war unser Andreas geboren. Wir luden Hausens ein, und als sie merkten, dass es auf eine Patenschaft zuging, setzte er sich bereits in Erwartung feierlich zurecht. Ich sagte: »Wir haben an Ilse gedacht.« Das war ein Schock! Aber es war vor der ganzen Gemeinde ein Zeugnis für den Sieg Jesu in einer Lage, in der man sonst untergeht. Bald darauf rief mich ein Nachbarpastor an: »Sie ist ja unmöglich, alles macht sie kaputt. Niemand kommt mit ihr aus!« – »Wieso?«, fragte ich, »ich komme sehr gut mit ihr aus!« – »Wie machst du das?« – »Es gibt eben Wunder.« Da legte er wortlos den Hörer auf.

Nach diesen Erfahrungen kam es zu einem deutlichen Aufbruch in der Gemeinde, so als bestätige es sich: Zum Leben geht es nur durch Sterben. Ich hatte unsere Beziehung und die gemeinsame Arbeit unter das Kreuz gebracht und mein eigenes Rechthaben-Wollen sterben lassen.

Diese Erfahrungen waren eine entscheidende Vorschule für das, was bald in Krelingen auf uns zukam. Die Berufung war einstimmig von der Bruderschaft ausgesprochen, die Landeskirche gab mich dafür frei, und der Kirchenvorstand sah die Arbeit mit Theologiestudenten in der damaligen Lage für so wichtig an, dass mich die Gemeinde wie einen Missionar aussandte, so dass ich ihr in diesem Sinne verbunden blieb.

Niemand in Krelingen hatte das, was er dort tat, gelernt, ja nicht einmal Erfahrung damit. Das galt auch für mich. Die Verhältnisse waren so chaotisch, dass ich mir zweimal wünschte, ich könnte sterben, um nicht mit meiner Frau und vier kleinen Kindern nach Krelingen gehen zu müssen. Darum war mir klar, dass mir die Berufung durch die Bruderschaft nicht ausreichte. Ich brauchte Abstand für meine Entscheidung und Bestätigung vom Herrn.

Damals erhielt ich von den Brüdern Scheunemann eine Einladung, ins Ausbildungszentrum der indonesischen Erweckungsbewegung nach Batu auf Java zu kommen. Volkhard Scheunemann war als Student in Cismar dabei gewesen, als ich auf jener Freizeit mit Hans Bürki auf der Wiese meine »theologische Bekehrung« erfuhr. Das war jetzt eine Chance: In Indonesien könnte ich Abstand zu unserer humanistisch geprägten Ausbildung bekommen. Ich lernte zugleich eine Ausbildung kennen, die ihre Wurzeln in der Erweckung hatte und in einer Kultur stattfand, die nicht in unseren »aufgeklärten« Paradigmen gefangen war. So hoffte ich, durch Verfremdung den falschen Selbstverständlichkeiten bei uns auf die Spur zu kommen, um sie dann in Krelingen vermeiden zu können.

Aber das war nicht einfach. Freunde von mir meinten: »In Batu ist der Schwarmgeist. Und du bist zu naiv, um ihn zu erkennen – und schleppst ihn dann zu uns nach Deutschland ein. Gott will nicht, dass du fährst.« Und siehe, ich erhielt kein Visum für die Reise – dafür aber ein Stipendium durch Bischof Hübner, der als erfahrener Missionar meinte, es sei gerade für die Arbeit in Krelingen wichtig, dass ich diese Erfahrung hätte. Als dann das Visum doch eintraf, fuhr ich trotz jener Freunde, doch mit deren »Impfung« los.

Von Indonesien lernen

Der Blick aus dem Flugzeug ging zuerst über die Wälder, die sich hinter Hamburg nach Osten hin erstrecken, und unter den heranziehenden Wolken wusste ich den Todesstreifen, die schlimme Grenze unsäglichen Leidens zwischen zwei Welten.

Dann dehnte sich unter uns ein weites, zerfurchtes Übungs-gelände der Sowjetpanzer, und über die Havelseen schwebten wir schließlich über Berlin – so dicht über den Dächern, dass man die Blumentöpfe in den Fenstern betrachten konnte. Dann stand ich am Denkmal der amerikanischen Luftbrücke in Tempelhof, die West-Berlin zur Zeit der sowjetischen Blockade am Leben erhalten hatte.

Ich befand mich am Anfang meiner großen Reise nach Südasien, und ein Wort des spanischen Philosophen Ortega y Gasset ging mir durch den Sinn: »Wer seine Zeit recht sehen will, der soll sie aus der Ferne betrachten.« Welch unerwartete Chance! Denn »der Fisch im See kann den See nicht sehen« – es sei denn, dass er ihn verlässt und »aus der Ferne betrachtet«. So konnte ich auch den Stuhl, auf dem ich saß – meine »Voraussetzung« – nicht selbst aufheben, denn was mich trug, konnte ich nicht heben. So steht es also um die erste Anforderung an die Wissenschaftlichkeit: sich »über seine Voraussetzungen selbst Rechenschaft zu geben«. Es ist eine Illusion. Umso nötiger erscheint es, dies alles von außen zu sehen – vor allem den »Glauben an die Wissenschaft«. Denn wie Carl-Friedrich von Weizsäcker sagte: »Der Glaube an die Wissenschaft ist die herrschende Religion unserer Zeit.«

Auf dem Flugplatz Berlin-Schönefeld in Ost-Berlin wurde ich gleich in einen Raum gewiesen, um von einem Volkspolizisten »gefilzt« zu werden: »Ich möchte Ihre Maschinenpistole finden!« Ich grinste, aber gleich darauf wurde ich blass, denn er kramte aus einer Tasche meines Parkas ein Traktat heraus, das ich dort übersehen hatte, fing gleich an zu lesen – und wurde eisig. Es handelte vom Sinn des Betens. Wie konnte hier ein Stückchen bedrucktes Papier gefährlich werden wie eine Maschinenpistole! Ich wählte den Angriff als beste Verteidigung: »Lesen Sie genau, es ist wichtig!« Er legte wortlos das Traktat in meinen Pass ein, verschwand durch die Tür, die von innen keine Klinke hatte – und ich war gefangen.

Bald knackte es im Lautsprecher: »Herr Findeisen, zum Kommandanten!« Aha, so schlimm stand es! Aber unterwegs wurde mir mein Pass wiedergegeben, und den Kommandanten traf ich auf einem Flur. Er wartete auf mich. »Sie haben einen christlichen Glauben, und ich habe einen marxistischen – jeder hat seinen Glauben«, eröffnete er das Gespräch. »Können Sie mir erklären, wieso an manchen Orten jeden Sonntag die Kirchen voll junger Leute sind, obwohl wir seit fünfundzwanzig Jahren dagegenarbeiten und sie nur Schwierigkeiten dadurch bekommen?«

»Das kann ich Ihnen leicht erklären«, antwortete ich. »Sie können den Menschen nichts sagen zu dem, was jeder weiß: dass er sterben wird. Und was dann? Marx meint, der Tod sei der Sieg der Gattung über das Einzelwesen. Kann das einem Menschen helfen?«

Er sah mich scharf an: »Woher bekommen Sie Ihr Geld?« Ich war froh, ihm sagen zu können, dass wir mit unseren vier Kindern in Zukunft nur durch Spenden bezahlt würden und das täten, weil die Bibel uns zeigte: »Alle eure Sorgen werft auf Gott, denn er sorgt für euch.« Entweder stimmte es, dann erlebte man es – oder es stimmte nicht, dann lohnte sich alles nicht. Aber ich wusste, dass es sich lohnte.

Er sah mich an: »Was Sie da sagen, ist ja umwerfend!« Dann wollte er wissen, wie man Christ wird. Aus dem Lautsprecher wurde schon mein Flug aufgerufen, aber er hielt mich fest bis zur letzten Minute, und ich konnte ihm sagen, wie man Jesus Christus annimmt. Wir gingen mit Handschlag auseinander. Später erklärte mir mein Bruder in Leipzig, dass er dieses Gespräch auf dem Flur führte, weil es dann so aussah, als würde er mich – was zu seinem Auftrag gehörte – »agitieren«, also einen armen »Westler« zum Marxismus bekehren.

Bald flogen wir auf Kairo zu, und in der späten Nachmittagssonne wurde am Boden etwas erkennbar wie kleine Salmiakpastillen: die Pyramiden von Gizeh. Wie gewaltig hatte dieser konzentrierte Kampf der Technik gegen den Tod ausgesehen, als ich ihnen damals auf dem Kamelrücken entgegengeschwankt war! Und wie beschämend winzig wirkten sie von hier oben als ohnmächtiger Versuch des Menschen, von sich aus das Leben in Gestalt der Sonne im Grab einzufangen!

Die Dämmerung brach schnell herein, als wir der Küste entlang wieder nach Norden flogen – Israel lag dort, im Dunst nicht zu erkennen. Unfasslich – dort stand vor zweitausend Jahren ein Galgen, ein Kreuz, an dem Jesus rief: »Es ist vollbracht!«, auf Aramäisch: »Es ist bezahlt.« Das Wort wird heute auf jede Rechnung gestempelt, wenn die offene Schuld beglichen ist. Und das damals dort für »der Welt Sünde« – und so auch für mich, der ich in die Nacht hinein aus dem Fenster hinüberblickte und nichts davon sah. Etwas schüchtern nahm ich meine Bibel zur Hand – wirklich, wir erfahren es nur schriftlich.

Seit Kairo saß ein Herr neben mir. Ich merkte, dass er die hohen Sitzlehnen und das Brummen der Turbinen nutzte, um etwas zu sagen, das außer mir hier niemand hören durfte. Er stellte sich als hoher technischer Beamter eines Ostblockstaates vor, unterwegs nach Indien zum Bau einer Fabrikanlage. Im Gespräch griff er nach dem Flugplan, um in einer kleinen Zeichnung zu zeigen, was er meinte: Da entstand ein Kreis und darin er selbst: »Ich muss immer bauen eine Bastion um mich herum«, sagte er dazu leise. »Immer wollen sie, dass ich werde wie sie. Aber in mir ist ein kleiner Mann, der sagt, dass ich das nicht soll. Ich muss immer wieder weg und muss Hand halten mit dem kleinen Mann ...« Er sprach von seinem Gewissen. Ich entgegnete, wie gut es sei, dass es nicht ein kleiner Mann, sondern der große Gott sei, der uns dann auch Kraft gibt für das, was richtig ist, »... und er hilft uns auch von unseren Sünden weg.« – Er stimmte zu: »Ja, meine Fehler ...« – »Nein, Sünden sind nicht Fehler. Einen Fehler kann ich korrigieren. Mit den Sünden ist es anders. Für die Sünden ist Jesus gekommen.« – »Aber ich sage lieber – Fehler«, erwiderte er. Dann schlug er den Saum seines Jacketts auf und zeigte mir, dort angenäht, ein kleines Marienbild: »Habe ich von meine Mutti ... habe ich immer bei mir.«

Als wir in Bombay in tiefer Nacht das Flugzeug verließen, schlug uns dumpf-heiße Luft entgegen. In der Flughalle stand ich vor der Visitenkarte Indiens: Alle Religionen, alle Kulturen waren abgebildet – unter dem Dach der Toleranz. Doch wehe, wenn jemand sich nicht unter dem Dach des Hinduismus einfindet – dann trifft ihn die härteste Intoleranz. An einer Seite blickte mich aus einem großen Bild eine tiefbraune Göttin an. Ihre Augen schienen halb geschlossen – ihr Blick ging nach innen. Das Sichtbare war ja nur eine Scheinwelt – »maja« –, der man nur durch Abkehr und Verinnerlichung entging. Seltsam, dachte ich – bei uns ist es genau umgekehrt: Als unwirklich gilt das Unsichtbare.

Schließlich überflogen wir die Urwälder Kalimantans, durchzogen von milchkaffeefarbenen Flussläufen, und die Maschine rollte auf dem Boden aus: »Jakarta« stand auf dem Flugplatzgebäude.

Das erste Gesicht, das ich im Durcheinander der Ankunft wahrnahm, war das eines freundlich grinsenden Chinesen, der mich erwartete. Ich hatte einen Bärenhunger. Dankbar ließ ich mich von ihm in ein kleines Restaurant führen. Als ich in meinem Durst begann, die wasserklare Suppe in mich hineinzuschlürfen, ließ ich sie sofort aus dem offenen Mund wieder hinauslaufen: Sie war scharf wie Feuer. Für den Reis mit Beilagen suchte ich die Gabel, doch die war hier so unbekannt wie mir die Essstäbchen. Ein bisschen Tomatenketchup zum Mildern? – Der machte alles nur noch schlimmer! Darauf saß ich so hungrig wie tiefsinnig vor dem vollen Teller. (Heute entgeht meinen Stäbchen kein Reiskorn mehr!)

»Erweckung in Indonesien!« Es war die größte in der Welt, von der wir wussten. An jeder Ecke erwartete ich nun ihre Musikgruppen, auf jedem Platz ihre Verkündigung und Spruchbänder über allen Straßen – nichts davon! Eine finstere, laute asiatische Großstadt zeigte sich durch das Autofenster. Leute gingen von der Straße in die seitlichen Kanäle und standen bis zum Gürtel ruhig im Wasser. »Was machen die da?« – »...!« – »Ach so ...!«

Ich war in einem kleinen, halbdunklen Raum untergebracht. Rundum an den Wänden umgaben mich Tonbandkassetten, denn mein Gastgeber leitete eine Radiomission mit großem Fernbibelkurs. Jetzt lernte ich das Geheimnis der Erweckung kennen: Etwa dreißig Sender strahlten unentwegt gleichzeitig Evangeliumsbotschaften aus, und Radiohören gehörte noch zu den Hobbys – wer hatte nicht ein kleines Kofferradio? Das zweite Geheimnis war »Weihnachten auf Java«. Ein holzgeschnitztes Bild über meinem Bett zeigte Maria und Josef. Aus freundlichen Mandelaugen lächelten sie auf ein chinesisches Jesuskind. Ich staunte zuerst – warum sind sie nicht »weiß«? Und dann freute ich mich, wie Gott sich so »von oben« in unsere Welt »hier unten« gibt – mal gelb, mal weiß – und auch noch ganz anders.

Weiter ging es nach Surabaya, einer lauten, heißen, staubigen Riesenstadt: Rikscha-Geklingel, Autogehupe, Motorradgeknatter, Pferdetrappeln, Eselsgeschrei und ein Muezzinruf wie eine gesprungene Glocke über der dahinflutenden Menschenmenge.

Die breite Ausfallstraße nach Süden war ein Beispiel für die »Kreativität des Chaos«: Auf meist geborstenem Pflaster bewegten sich die Fußgänger außen, neben ihnen die hoch bepackten Lastesel, dann die emsig trappelnden Pferdegespanne, weiter innen die wackligen Autobusse, »Opeletts« und Motorräder, und zur Mitte hin die vor sich hin hupenden Autos. Vorfahrt? Immer das teurere Auto, und alles regelte sich in wacher Rücksichtnahme. Das war bei den Opeletts, den billigen Taxis als Kreuzung von Opel und Chevrolet, auch angebracht. Später fuhr ich in einem, dessen Reifenprofile glatt waren wie eine Handfläche, die Hupe funktionierte durch das Zusammenbringen zweier Kupferdrähte, und neben dem Bremspedal ließ sich die Straße beobachten. Ein TÜV? Gewiss – man bekam die Plakette, wenn das Auto in Ordnung war oder wenn man bezahlte – je nachdem, was günstiger war.

Das Geheimnis der Erweckung erklärte mir Volkhard Scheunemann auf dem Weg nach Batu. Der ehemalige Präsident Sukarno hatte mit Rot-China geliebäugelt. Die Inseln des Landes waren von Kommunisten, den »Kiminist Indonesia« infiltriert. Bei einem angeblichen Putsch gegen Sukarno wurden die Todeslisten mit den Namen von Christen und Moslems gefunden. General Suharto hatte die Macht übernommen. Jetzt rächten sich die Moslems an denen, die sie hatten umbringen wollen, und auch an vielen anderen, Unschuldigen. Es begann eine schreckliche Verfolgungs- und Säuberungswelle durch das Militär und durch Moslems, bei der hunderttausende von (vermeintlichen) Kommunisten ermordet oder in Lagern inhaftiert wurden. Auf Bali, so erfuhr ich später dort, wurden Kinder morgens auf Lastwagen geladen, und unter trällerndem Singsang: »Wir haben heute noch keinen Kommunisten umgebracht«,

204

wurden sie auf jeden gehetzt, der auch nur den Gedanken einer Bodenreform geäußert hatte, und blutverschmiert und glücklich kehrten die Kinder abends heim.

Doch in der Verfolgung nahmen die Christen gerade die Kommunisten auf und retteten die, von denen sie vorher auf Todeslisten gesetzt worden waren. Das blieb nicht ohne Eindruck. Viele Kommunisten wurden Christen, und der Funke, der von der kleinen Insel südlich von Timor ausgegangen war, sprang auf viele andere Inseln über. Als Bibel- und Ausbildungszentrum der indonesischen Erweckungsbewegung hatte sich Batu in Ost-Java herausgebildet. Hier sollte ich einen Monat bleiben.

»Wie erkennst du in der Seelsorge eine okkulte Belastung? Und wie unterscheidest du sie von einer psychischen Erkrankung?« Diese Prüfungsfrage durch Detmar Scheunemann, den Rektor und Bruder von Volkhard, wurde vom Studenten klug beantwortet – bei uns wäre sie von kaum einem Studenten auch nur verstanden worden. Ich war also dort, wo ich die uns selbstverständliche Welt endlich von außen sehen konnte. Die Studenten hatten oft Hartes hinter sich. Auf manche hatten alle Männer der Familie eingeschlagen, um sie vom Christsein abzubringen.

Einmal am Tag fanden sich alle Studenten und Lehrer in der Kirche ein. Hier lobten sie Jesus als »tuhan, radja, imam, nabi«. »Tuhan« ist der Landlord, der die Leute unterdrückt; »radja« der König, der es sich auf Kosten aller prächtig gehen lässt; der »Imam« ist der moslemische Priester, der dort durch okkulte Macht herrscht, und der »nabi« der ekstatische und fanatische Prophet, der mit Schaum vor dem Mund seine finsteren Botschaften hinausschreit. War das alles – Jesus?

Hier lernte ich das Gegenstück zu meiner Erfahrung mit der Geist-Brücke in der Holstenhalle: Der andere Geist, der die Worte erfüllt und ihnen so Sinn und Inhalt gibt, wird durch Gottes Geist ausgetrieben, so dass er sie in seiner Kraft mit seinem Sinn und Inhalt füllen kann. Anders ging es auch Paulus in Ephesus nicht: Als er von Gott als »theos« sprach, stand das Wort überall an den Zeus-, Venus- und Kaisertempeln. Er hatte nur dieses Wort, um von dem Gott Israels und Vater Jesu Christi zu sprechen. Und er sprach es in der Kraft des Geistes, der Jesus aus dem Grabe geholt hatte. Das Wort war nun gleichsam »getauft«.

Wenn die Praktikanten in die Dörfer gingen, bekamen sie das Busgeld dorthin nur für die Hinfahrt. Zurück gingen sie durch die mondhelle Nacht zu Fuß. Und wenn sie zu einem Dorf Verbindung knüpften, gründeten sie oft zuerst einen Fußballverein. Das war der nötige natürliche Anknüpfungspunkt. Der geistliche aber war, wie ich es in der Holstenhalle gelernt hatte und hier durch die Lieder neu erfuhr, nur durch Jesus und die Unterscheidung durch den Geist Gottes gegeben.

Damals sprach man bei uns viel von den »Wundern in der indonesischen Erweckung«. In den Wochen in Batu hörte ich nur zweimal von ihnen. Einmal fragte der indonesische Leiter, Pak Oktavian: »Warum lässt Gott uns solche Wunder erleben? Doch nur, damit wir tiefer hineinfinden in sein geschriebenes Wort.« Und als ein Praktikant von seinen Erfahrungen auf der finsteren Insel Sumba berichtete, war ihm das Wichtigste das Verteilen der Traktate. »... aber als wir aus einem Dorf hinausgingen, trafen wir auf Leute, die schreiend vor Angst vor uns wegliefen – wir seien Zombies, meinten sie – Tote, die wiederkehren. Dann erfuhren wir, dass man uns in jenem Dorf tödliches Gift zu trinken gegeben hatte. Da stellten wir uns an den Weg und dankten Gott dafür, dass uns nichts geschehen war – und verteilten weiter Traktate.« Denn Wunder werden in einer Kultur, in der man das Unsichtbare im Sichtbaren wahrnimmt, anders als bei uns gewertet. Da trennt man nicht Natürliches und Übernatürliches, Immanenz und Transzendenz voneinander. Wunder gehören darum ins Natürliche. »Wenn ein Wunder geschieht«, meinte einer der Mitarbeiter zu mir, »sehen wir darin zunächst nur ein Abweichen von der üblichen Norm. Dann stellt sich die Frage: Aus welchem Geist ist es gegeben? Von Gott oder seinem Feind zur Verführung?«

Ich lief schon eine Woche lang mit meiner »Impfung« zwischen den indonesischen Christen herum: Wo war der Schwarmgeist? Entdeckte ich ihn? Bei jedem Seufzen im Gebet der Mitarbeiter wurde ich wach und kritisch – und hatte mich bald in meiner Geisterunterscheidung so verheddert, dass ich nicht mehr herausfand. Stimmten denn meine Unterscheidungs-merkmale? Wie vieles lag einfach an der Prägung der Kultur – oder meines Luthertums? Ich war blockiert und konnte nur noch beten: »Herr, hilf mir – ich bin doch nicht hier, um gelähmt herumzulaufen!«

Im Gebet wurde es in mir still und klar: Was ich hier trieb, war meine eigene Geisterunterscheidung. Die war weder tauglich noch gefragt. »Gib es mir, es ist meine Sache!«, sagte mir seine Stimme. Dazu war es nötig, dass zuerst die Geister in mir geschieden wurden, ich also »meinen Geist aufgab« und starb. Das nahm ich nun für mich wahr, wenn ich mich mit dem Opfer einte, in dem Jesus mein Leben am Kreuz in seinen Tod mit-nahm. Da wurde mir wieder leicht wie einem kleinen Vogel.

Aber wie war es mit meiner Berufung für die Studentenarbeit in Krelingen? Deswegen war ich doch hergekommen! Bei einer Gebetsgemeinschaft im Missionshaus bei Volkhard Scheune-mann und seiner Frau beteten wir mit jungen indonesischen Pastoren zusammen. Ich war verzweifelt und fragte Gott: Warum habe ich noch keine Antwort? Nach dem »Amen« sagte mir einer der indonesischen Brüder direkt und vor allen anderen: »Ich habe ein Wort vom Herrn für dich: Jeremia 33, Vers 3.« Mehr sagte er nicht. Ich schlug es auf: »Rufe mich an, und ich werde dich mit Dingen zusammenbringen, die dir zu groß und zu schwer sind.« So zeigte es der Urtext. Ich konnte damit nicht viel anfan-gen, nur das »Rufe mich an« konnte ich umsetzen.

Am nächsten Tag kam der Pastor wieder und meinte, ich müsse mir noch von Gott das Wort von gestern Abend bestä-tigen lassen, ob es recht sei. Und er fügte hinzu: »Ich habe noch ein anderes Wort für dich: ›Ihr werdet mit Freuden ausziehen und mit Frieden heimkehren. Berge werde ich zu Wegen machen, und die Bäume sollen in die Hände klatschen.‹« Dazu erklärte er, »die Berge« seien unüberwindliche Schwierigkeiten, in die ich geraten würde – und gerade in ihnen würde Gott seinen Weg schenken. »Und die Bäume – das ist die Frucht, die Gott daraus schenkt.«

Bestätigte sich dies als rechte Prophetie? Das muss sich im weiteren Verlauf der Biographie erweisen, denn was von den Wundern zu sagen war, gilt auch für solche besonderen Eingriffe

Gottes. Sie sind »ganz natürlich«, weil sie dem lebendigen Gott entsprechen, der sich in seiner Liebe um uns kümmert. Ich lernte dass der richtige Umgang mit ihnen weder die Ablehnung noch die Begeisterung für sie sein konnte. Auch erfuhr ich sie fast nur dann, wenn ich in kritischen Situationen gefährdet war, weil ich nicht genug im geschriebenen Wort erfahren und verwurzelt war.

Aus jener Zeit in Batu wäre noch eine Fülle zu berichten. Herausragend war für mich eine Reise durch die Nacht hinüber zur östlichen Nachbarinsel Bali.

Bali …! Das Abenteuer dort fing gut an: Rund um mich her in der kleinen, halbdunklen Hütte huschte es, raschelte, knisterte, trippelte es um mein Bett herum – ich war nicht allein. Da merkte ich, wie sich das Kissen unter meinem Kopf leise hob – das konnte doch wohl nicht sein! Ich nahm es auf, husch! – entleerte sich ein Mäusenest, und Mäuse, Mäuse um mich her! Gerade legte ich mich müde von der sechzehnstündigen Busfahrt wieder hin, und bevor mir die Augen zufielen, zogen noch die Eindrücke der letzten Stunden durch meinen Sinn:

Ich saß am Strand und wartete auf die Fähre über den Sund. Blassgelb ging die Sonne hinter Balis Bergen auf. Wann fuhr die Fähre ab? Um sieben, sagten die einen, um acht, die anderen – und um sechs legte sie dann ab.

Mit mir fuhr ein Balinese, der mich am Ufer ansprach, er sei Elfenbeinschnitzer. Aber in Jakarta, wo er seine Sachen verkaufen wollte, sei ja gerade der Fastenmonat Ramadan, niemand habe da Geld wegen des vielen teuren Essens nach achtzehn Uhr, und ob ich nicht als sein Gast mitkommen wolle, er habe neu gebaut und – »sogar ein Bett für dich!« Nach kritischem Zögern – ist er ein Verbrecher? – sagte ich Ja zum Abenteuer. Nun lag ich hier, mitten auf der Insel, inmitten von Mäusen, und starrte gegen die Decke. Wie hieß doch der Ort? Tampaksiring!

Am nächsten Morgen wurde ich draußen in der Sonne schon erwartet, es gab zu essen: Auf einem Reisteller lag, handtellergroß, ein Stück grün eingefärbte Schweineschwarte. Die Borsten staken einladend heraus – und mein Magen drehte sich um:

»Danke, danke – ich vertrage es leider nicht.« Aber es schmeckte der Familie – den Kindern und Eltern, den Groß- und Urgroßeltern und den Ururgroßeltern. Es waren Animisten. Die Familie aß gemeinsam mit den Ahnen in deren kleinen Häusern rings- um – ein Geist braucht ja nicht viel Platz, aber wohl das gute Essen vom Familientisch, das ihm der Familienvater ins Haus brachte. Wenn er im Haus war, hing vor der Tür ein kleines weißes Fähnchen aus.

In der Werkstatt schnitzten einige Männer an einem riesigen Elefantenzahn. »Ramajana, Ramajana!«, erklärte man mir, das immer uralte, immer junge Drama des Kampfes von Gut und Böse: Der böse Löwenkönig raubte die schöne Prinzessin, doch der gute Affenkönig Hanuman beschützte sie und der todesmu- tige Prinz befreite sie.

Als die Dunkelheit einbrach, zog sich die Familie festlich an, denn nun ging es zum Tempel. Welch eine Chance für mich, ein »Hinziehen zum Heiligtum« mitzuerleben. Es war ihr »Ernte- dank«, und einige Männer stemmten meterhoch aufgeschichtete bunte Reisfladen auf die Köpfe der Frauen, die sie wie Türme balancierten. Betäubend süß dufteten die Lilien hinter hohen, dahinmodernden Mauern. Dann halfen wieder einige Männer beim Herabnehmen der Reis-Türme, die nun mit anderen zusammen hier im Tempel dargestellt wurden, damit sie sich mit dem Geist vollsaugten. Nach einigen Tagen würden die Frauen sie wieder nach Hause tragen, wo sie sich die Familie beim Essen einverleibte.

Im weiträumigen Tempelinneren ging es lebhaft zu: Männer saßen beim Glücksspiel an diesem glückbringenden Ort zu- sammen, ein Bäcker backte im Hintergrund heiliges Brot, und wo ich auch war, fanden sich junge Leute ein, um ihre spär- lichen Englischkenntnisse zu üben. Ich freute mich, ein vor- zügliches Traktat zu haben: »Hidup tampa kemudi« stand im Bild über einem Auto, das auf schmaler Straße am Abgrund entlangfuhr – doch niemand saß hinter dem Steuer: »Leben ohne Steuer.« Im Nu waren wir bei zentralen Fragen, und ich hätte nicht gedacht, dass ich im Hindutempel so gezielt mis- sionieren könnte. Am Blumenopfer, zu dem ich eingeladen wurde, nahm ich natürlich nicht teil, wohl aber sah ich mir das

Bühnenstück an, zu dem um Mitternacht das »Klingklang-klongkling« des Gamelan-Orchesters einlud. Die Leute, die um mich her am Boden vor der Bühne Platz genommen hatten, kugelten sich vor Lachen über den Tölpel wie über den lächerlichen Bösen – besonders die Kinder in der ersten Reihe. Ich verstand nur die Mimik, und man erklärte mir: »Just for fun!« Doch sie hätten auch Stücke »for the demons« – und dann auch nur »for the tourists«. In jenen Tagen war ich der einzige Weiße weit und breit – die Touristen hatten ihre »Ameisen-straßen« anderswo.

Weiter ging es nordwärts durch die Insel. Der Car-Boy im alten Kleinbus hatte immer zu tun – alle zehn Kilometer hielt das Auto, er stieg aus, machte mit aneinander gelegten Händen sein Puji vor einer Opfersäule mit indogermanischen Haken-kreuzzeichen, und weiter ging es, während er die Opfergabe aus Reis in Palmblättern für den nächsten Opfer-Halt flocht. Später, auf der Rückfahrt, fragte ich einen Studenten von Bali, der in Jakarta moderne Medizin studierte: »Machst du auch alle zehn Kilometer dein Puji, wenn du über die Berge fährst?« – »Aber natürlich!«, lachte er. – »Und wenn du es einmal nicht machst?« – »Das würde ich nie wagen – dann gäbe es doch gleich einen Unfall!«

Auch hier setzten sich gerne junge Leute zu mir, und das Gespräch verlief immer nach dem gleichen Muster: »Wo kommst du her?« – »Aus Deutschland.« – »Wie ist es in Deutschland?« – »Oh, very bad!« – »Warum?« – »Weil sie nicht an Jesus glauben!« – und schon waren wir beim Wesentlichen. Hier gehörte das Beten zum Menschsein. Das ist bei vor-christlichen Religionen eher gewahrt als in unserem nach-christlichen Horizontalismus. Die Frage war hier nicht, ob, sondern zu wem man betet.

In Singaraja, der alten Königsstadt, wurde ich im Königspalast erwartet. Ketut Gana, ein junger balinesischer Pastor aus Batu, stand in der Tür. Den langen, geraden Weg aus spitzigen Kieseln mussten die Untertanen auf Knien zum König hinrutschen, doch als er Christ wurde und vor dem Volkszorn nach Jakarta fliehen musste, übergab er seinen Palast Ketut Gana als Kirche. Als der Pastor einzog, war alles voller Ratten. Das kannte man hier und wusste, was zu tun war. Er bedrohte den Geist dahinter, und die Ratten waren verschwunden.

Wir wurden schnell Freunde. Ketut Gana verdiente mit seiner jungen Frau zehn Mark im Monat. »Für den Rest vertraue ich dem Herrn«, strahlte er. Zwanzig Mark brauchte er. Als Sohn eines Hindupriesters, eines okkulten Mediums, hatte er die Christen in seiner Stadt Untal-Untal gehasst. Es waren die ersten auf der Insel, da die holländische Kolonialregierung hier zur Wahrung der religiösen Kultur jede Mission untersagt hatte. So wurden Balinesen nur außerhalb der Insel Christen – etwa wenn sie nach einem Vulkanausbruch auswandern mussten. Um diese Christen aus dem Ort zu vertreiben, ließ er sich nachts im Tempel einschließen, um sich – wie er sagte – mit dämonischer Kraft gegen sie vollzusaugen. Aber sie blieben. Hatte der, zu dem sie beteten, größere Macht?

In der Missionsschule in der Hauptstadt von Bali, Denpassar, bildete er eine pressure-group, mit der er bei jedem christlichen Satz des Lehrers den Raum verließ und an die dünnen Wände polterte. Da kam, so erzählte er mir, einmal der Lehrer zu ihm auf den Flur, sah ihn freundlich an und sagte nur: »You will much be used.« Das ließ ihn nicht los. »Sehr gebraucht« – das konnte doch nur in christlichem Sinne gemeint sein!

Zur Abitur-Vorbereitung musste er die Bücher der christlichen Mitschüler benutzen, weil seine Familie zu arm war, welche zu kaufen. »Da erlebte ich, wie lieb dort abends die Eltern am Bett mit ihren Kindern beten.« Das traf ihn so, dass er begann, die Hinduschriften mit der Bibel zu vergleichen. Dieser Vergleich ist dort oft der erste Schritt zum Glauben. »Ich las: Du sollst keine Steinmale anbeten – und genau das tun wir ja, wie es uns der Bali-Hindu vorgibt.« Als bald danach sein Vater starb, mussten alle fünf Söhne unter der hochgehobenen Leiche mehrmals hindurchgehen, um sich mit seinem Totengeist zu verbinden. Da brach es aus ihm heraus: »Das kann ich nicht!« Einige Tage war die Familie wie erstarrt, dann prügelte man tagelang auf ihn ein. Doch er kam durch wundersame Führungen zuerst nach Batu, dann hierher, und später besuchte er uns in Krelingen.

Wieder in Batu hatte ich an einem strahlenden Sonntagmorgen in einem Dorf einen Gottesdienst zu halten. Hier lernte ich ein Geheimnis der Erweckungszeit kennen: die Liebe. Sie fand ihren festlichen Höhepunkt in den Weihnachtsfeiern als dem »Fest der Liebe«, das damit zur wichtigen Missionsveranstaltung wurde. Auch war sie abzulesen an den christlichen Ehen und Familien. Ein Moslem braucht nur dreimal hintereinander seiner Frau zu sagen: »Ich verstoße dich!«, dann muss sie ihre Koffer packen. Die Liebe zeigte sich auch an den Schulen. Als ich einen Studenten fragte, wie es in einer Erweckungszeit natürlich ist: »Wie bist du Christ geworden?«, freute er sich: »At school!« Da wollte ich wissen, wer wohl so eine gute Schule unterhielt. Da strahlte er noch mehr: »God Himself!« – Kein Wunder, wenn Schüler Christen werden, die von ihrer Schule den Eindruck gewinnen, »Gott selber« leite sie!

Zu den fünf Grundprinzipien des riesigen Inselreiches, formuliert als »fünf Säulen« gegen den materialistischen Kommunismus, gehört als Erstes: »Jeder Indonesier glaubt an Gott« – welchen Gott man auch damit meinte. Darum wurden die Missionsschulen vom Staat unterstützt und geschützt. Und morgens um fünf, bevor die heiße Sonne aufging, dankten wir in Batu in der Gebetsgemeinschaft oft dafür, dass diese moslemische Regierung »von Gott« war. Das war Gnadenzeit für das Land – ein »kairos«, für den Jesus sich »die Mächte und Gewalten« in diesem Sinne »im Triumphzug« dienstbar machte. Doch zunehmend lief diese Zeit ab.

Bald musste ich ein Telegramm nach Manila auf die Philippinen senden, um Helmut Keller, meinem Freund, meine Ankunft mitzuteilen. Das kurze Telegramm kostete – ich konnte es kaum fassen – zweieinhalb Monatsgehälter eines indonesischen Lehrers. Doch das wurde mir erklärt: Wer telegrafiert, muss so reich sein, dass er das auch bezahlt.

In Manila landete ich kurz nach dem Papst und einem gewaltigen Taifun, der Betonmasten an den Straßen abgeknickt hatte. Weil auch Erdbeben immer wieder alles aufrissen, klappte kaum eine Telefonverbindung, und jedermann fuhr stundenlang durch das Gewühl der Millionenstadt, um zu klären, was sonst mit wenigen Sätzen am Telefon erledigt wäre. Bald saß ich in einer »Piper-Cub«, einer winzigen Propellermaschine, und sah mit seltsamem Gefühl nach unten: Da war das schwarze Rad unseres kleinen Flugzeugs – und darunter gähnende Leere bis zum Boden tief unter uns. Über dem Urwald, der von oben aussah wie ein riesiger Wirsing, wurde es ungemütlich, die langen Zweige schienen nach unserer dünnen Plastikbespannung zu greifen. Doch statt ihnen auszuweichen, fiel die Maschine immer tiefer, immer dichter an sie heran, dann fing auch noch der Motor an zu stottern, jetzt sackten wir durch – ich dachte an Frau und Kinder, dann schwieg der Motor ganz. Wir segelten noch gerade durch die Kurve eines kleinen Flusslaufes – da öffnete sich eine Grasnarbe vor uns – die Landebahn! Braun-häutige Kinder liefen fröhlich lachend herbei. Der Missionspilot grinste – so etwas machte er absichtlich, wenn er Gäste flog. Aber nun ahnte ich, wie gefährlich seine Arbeit war: Zweimal war hier schon ein Missionsflugzeug abgestürzt.

Wir waren in der Steinzeit angekommen. Helmut Keller, der als Praktikant bei uns an der Andreaskirche gewesen war, hatte im Dienst der »New Tribes Mission« vom Missionsflugzeug aus hier eine der vorübergehenden Siedlungen der Bergnomaden entdeckt. Tagelang ging er dann durch den Urwald, nur in Bergflüssen watend, die Füße wund gescheuert vom scharfen Vulkansand, der in die Schuhe drang. Er kletterte steile Wasserfälle empor, neben Nahrung und Medikamenten immer die schwere Motorsäge mit Benzin im Rucksack. Zweimal brach er vor Erschöpfung in der feuchten Hitze ohnmächtig zusammen.

Dann rodete er den Urwald, der hier haushoch als undurchdringliche Mauer stand, für die Landebahn, die er hier bauen wollte, als Voraussetzung der Arbeit. Doch zweimal wurde sie vom Fluss weggerissen. Undurchdringlich wie Mauern waren auch die Menschen vom Stamm der Dumagat gegen ihn. Er wurde sehr krank, baute danach das Haus auf Pfählen für sich und die Familie und riss es dann gleich wieder ab, weil der »bugbug« hineingekommen war, ein vernichtender Holzkäfer. »Wie oft war ich entmutigt!«, sagte er. Aber als die Dumagat sahen, was er um ihretwillen auf sich nahm, schwand ihr tiefes Misstrauen.

Sein Leiden war der Schlüssel zu ihren Herzen – und dann auch dafür, das Leiden Jesu für sie zu verstehen.

Inzwischen waren einige Dumagat Christen geworden.

»Was hat sich seitdem bei dir geändert?«, fragte ich Billoso. Er antwortete sehr langsam und fast eintönig, denn im eintönigen Urwald hatte man Zeit, viel Zeit: »Früher nahm ich meine Kinder und warf sie auf den Boden. Jetzt liebe ich meine Kinder und spiele mit ihnen.« Und ein anderer erzählte: »Mein kleiner Sohn wurde sehr krank. Der Missionar flog mit uns nach Manila ins Krankenhaus. Der Arzt sagte nur: Nimm ihn wieder mit, es ist besser, er stirbt zu Hause. Das wusste ich im Voraus – er war von einem Dämon krank. Da hilft kein Arzt. Und da betete ich für meinen Sohn zu dem Gott, an den der Missionar glaubt. Ich glaubte noch an die Geister. Und nach zwei Stunden war mein Sohn gesund und spielte mit den anderen auf der Landebahn.« Dann stiegen ihm Tränen in die Augen: »Wie lieb muss Gott mich doch haben, dass er mein Gebet erhört hat, obwohl ich noch nicht an ihn glaubte!«

Billoso bat mich: »Komm heute Abend zu uns. Meine Frau will glauben, aber sie kann es nicht. Hilf ihr!« Ich erschrak: Bei uns waren mir die Denkmuster der Kultur, die Glauben verhindern, und die Sünden vertraut. Aber hier, in der Steinzeit? Über ein Batteriegerät hörte ich eine Kassette von Heinrich Kemner, meinem künftigen Chef – und fasste Mut: einfach, kindlich und geradeheraus sprechen!

Am Abend rief uns das Scheppern einer Eisenstange in Billosos Hütte. Rundum auf den Balken saßen lauter Dumagat – Wände gab es hier nicht, auch keine Tür. Das Bibelwort, das ich mir überlegt hatte: »Siehe, ich stehe vor der Tür ...« griff hier nicht. In der Mitte brannte ein offenes Feuer, magere Hunde streunten umher, Hühner saßen an der warmen Asche, und Myriaden hellbrauner Käfer liefen mir über die Knie. Billoso, im Lendenschurz wie alle, saß nicht weit von mir auf dem Balken. Nun legte ich ihnen das Wort aus: »Wer zu mir kommt, den werde ich nicht hinausstoßen!« Dazu stand ich auf, ging die wenigen Schritte zu Billoso hin – und blieb bei ihm stehen: »Ich bin gekommen. Und nun bin ich hier. Bleibe ich jetzt hier?« – Billoso verstand mich: »Sicher, ich stoße dich ja nicht weg!« –

»So ist es auch, wenn wir zum Herrn Jesus kommen. Dann sind wir bei ihm. Und wir bleiben bei ihm, denn er sagt ja, dass er uns nicht wegstößt.«

Jetzt war es still unter dem dunklen Palmdach. Billosos Stimme klang ganz lieb zu seiner Frau hinüber: »Komm doch, komm zum Herrn Jesus.« Es blieb still, dann betete ein Mädchen. Wieder eine lange Stille. Dann betete Billosos Frau – lange, gesammelt und eindringlich. Was mochte sie sagen? Ich blickte zur Missionarin, die mich hier übersetzte – ihr liefen Tränen die Wangen hinunter: »Sie ist zu Jesus gekommen. Und alle ihre Sünden hat sie ihm gebracht.«

Ich sprach Frau Billoso zu, was geschrieben steht: »So sagt Jesus dir …« Sie ließ sich darauf ein. Da erfuhr sie, dass Jesus ihr heute sagte, was er damals schon zu anderen gesagt hatte, die es aufschrieben. Konnte das sein? Ja, wenn man erfuhr, dass er heute derselbe war wie damals, und heute lebte, wie er es damals tat. Darum: »Wer wissen will, ob das von Gott ist, was ich sage, der soll es tun, und dann merkt er, dass es von Gott ist.« So erwies sich das Wort als der »Same der Wiedergeburt«. Da findet sich kein »garstiger Graben«, der uns von der Vergangenheit trennt. Ich überlegte: Sah ich nicht als Junge in Reval vom Aussichtpunkt her, wie das Licht »von oben« das ganze Meer »hier unten« von Horizont zu Horizont erhellte? So war auch Jesus »gestern« – also zur Zeit des Neuen Testaments – derselbe wie »heute« hier im Urwald – und er bleibt »derselbe in Ewigkeit«, wann und wo jemand ihn hört und »zu ihm kommt«.

Doch ich dachte auch an einen jungen Pastor, der seiner Gemeinde den gleichen Bibeltext so auslegte, wie er es im Studium gelernt hatte: »Hier lässt der johanneische Schriftsteller – gemäß seiner theologischen Konzeption – seinen (!) Jesus sagen …« Wer so die Bibel liest, führt Menschen zu einer »theologischen Konzeption« und nicht zu Jesus selbst. So wurde mir hier im Urwald das Ziel unserer künftigen Arbeit in Krelingen immer deutlicher: Menschen – vor allem Studenten im Theologiestudium – zu begleiten, damit sie andere Menschen zu Jesus führen konnten, so wie er selbst es durch sie tat.

Dann saß ich bei Helmut und Doris Keller über dem luftigen Rost des Lattenfußbodens: »Was denkt eigentlich ein Dumagat, wenn er euren Kühlschrank hier sieht?« Doris lachte: »Da ergreift unsere Leute ein großes Erbarmen mit uns – einmal, weil wir so viel arbeiten und – als noch größeres Unglück! – dadurch auch noch so viel besitzen!« Denn der Urwald-Nomade war glücklich, wenn er so wenig wie möglich mit sich zu tragen hatte.

Am nächsten Tage nahm Helmut mich zu einem anderen Stamm mit. Wir hieben uns am Fluss entlang einen Weg frei und kamen dann zu einem Einbaum am Ufer. Ich setzte den Fuß hinein – und was dann folgte, vergesse ich nie: Der ausgehöhlte Balken drehte sich sofort um sich selbst, und die kleinste verkrampfte Bewegung hätte zum Kentern geführt. Also: ruhig, nur ruhig – und entspannen!, sonst landeten wir im Wasser. Diese Erfahrung steht mir oft in kippligen Situationen vor Augen: entspannen – nur entspannen!

Bald legten wir am anderen Ufer an. Keiner der Leute, die uns erwarteten, sah uns an. Der Grund: Sie waren hier keine Christen und lebten darum in Angst vor Geisterübertragung durch die Augen. Darum wurde auch kein Gruß, kein Name ausgesprochen, man gebrauchte nur vor den Geistern tarnende Spitznamen. Aber wir waren willkommen. Zur Begrüßung bekamen wir vom einzigen Porzellanteller, einem kleinen Heiligtum aus der Zivilisation, Reis angeboten, nachdem der Teller durch die »Waschmaschine« gegangen war: Ein Hund leckte ihn vor unseren Augen sauber. Helmut sprach mit den Leuten. Auf dem Rückweg holte ich mir im Wasser einen kleinen Hautriss am Bein.

Ich denke an die Menschen, denen ich hier begegnete. Wie viel Kultur lag in ihrem Verhalten, wie viel Takt im Umgang miteinander. Da erschrak ich tief vor dem Bild, das wir von Steinzeitmenschen in uns tragen, von einer wilden, behaarten Ur-Horde affenartiger Wesen, wo die Söhne sich zusammenrotten, um den Vater umzubringen, wie Siegmund Freud schrieb.

Am Mittwoch tat mein verletztes Bein weh, rötete sich und schwoll an. Ich hatte am Donnerstagmorgen um sechs zu christlichen Kaufleuten zu sprechen, danach zu den Schülern der riesigen Internatsschule der »Faith Academy«, und schließlich noch eine Vorlesung im Asian Theological Seminary zu halten. Inzwischen ging es mir mit hohem Fieber – man maß nachher

41 Grad – so schlecht, dass ich fast das Bewusstsein verlor und zwei Missionare mich ins Krankenhaus fuhren. Ich saß hinter ihnen und als wir ankamen, bat ich sie, doch mit mir nach Jakobus 5 um Heilung zu beten, denn ich musste unbedingt am Sonnabend flugfähig sein. Während sie vorne beteten, merkte ich nichts, aber als ich ausstieg, fühlte ich mich ganz leicht und frei. Der Chefarzt, aus einer Sitzung herausgeholt, verstand das nicht, das Fieber war schon auf 38 Grad herunter, und mit Medikamenten versorgt kam ich heim. Helmut versorgte mich stündlich weiter aufopfernd mit Medikamenten. Ich war noch sehr schwach, aber im Rollstuhl konnte er mich bis ins Flugzeug bringen.

Beim Flug durch die Nacht sah ich die spärlichen Lichter von den Inseln im Chinesischen Meer tief unter mir. Meine Gedanken wanderten zurück. Ich hatte jetzt viele Religionen erlebt: die islamische auf Java, die hinduistische auf Bali, die buddhistische damals auf Sri Lanka – und nun den Animismus, den Glauben an die Ahnengeister hier »in der Steinzeit«. Mir standen auch die Ahnenhäuschen auf Java vor Augen, und der große graue Tempel der Affen auf Bali, in denen nach dem Glauben der Menschen die Geister der Ahnen, tief verehrt, herumturnten.

Mir war aufgegangen: Wo immer ich Menschen begegnete – in all den Kulturen und Religionen –, zeigte sich, was man bei keinem Tier sehen kann: Menschen beteten, feierten Feste, sie machten sich Bilder, sie opferten und beerdigten ihre Toten. Es machte den Menschen zum Menschen. Das wirkt die Vertikale in sein Leben und gibt ihm seinen Mittelpunkt. Bei uns sehen viele nur einen kleinen Unterschied zwischen Mensch und Tier (alles eine Frage der Evolution). Mit Schreck ging mir durch den Sinn: Wie viel mehr lebte hier der vor-christliche Mensch noch als Mensch! Und wie viel hatte der entseelte nach-christliche Mensch an Menschsein verloren! Das war nun, am Schluss der Reise, sicher ein wichtiger Ertrag davon, das Gewohnte »von ferne zu sehen«.

Bei den Zwischenstopps in Singapur, Prag und Berlin fragten mich die Leute neugierig, was mit mir los sei, und so konnte ich ihnen mit vorgestrecktem Bein im Rollstuhl vom Eingriff des lebendigen Gottes erzählen.

Ich erreichte auch alle Anschlussflüge und war rechtzeitig zum Weihnachtsfest daheim – dem letzten in unserer Gemeinde vor unserem Umzug.

Da schallte es dann laut am Heiligen Abend durch die Kirche: »Welt ging verloren – Christ ist geboren ...!« Wie klang das wider im Gedan-ken an alles Erlebte – bis hin zum Weihnachtsgottesdienst als Kind in der Olai-Kirche, und an all die Erfahrungen der verlorenen Welt danach! Aber bei uns waren es nicht wenige, die wussten, warum sie sangen: »Freue dich, o Christenheit!«

4 Bewährung – Krelingen

»Berge will ich zu Wegen machen ...!«
Jesaja 49,11

Krelingen ist ein Walddorf in der Lüneburger Heide. Durch
Wald kommt man hinein und nur durch den Wald wieder
hinaus, und für Stunden kann man sich in der Umgebung beim
Pilzesammeln verlaufen. In jenem Wald, so berichtete Pastor
Kemner, »lag die Pistole der SS an meiner Schläfe«. Später baute
er sich, nachdem er aus der großen Gemeindearbeit im benachbarten Ahlden und dem weit verzweigten Evangelisationsdienst
im In- und Ausland ausgeschieden war, mit seiner Frau am
Waldrand von Krelingen einen Ruhesitz. Doch um die Ruhe war
es geschehen, als Kemner am Dorfrand ein Häuslein erworben
hatte, das zur Keimzelle eines großen Glaubenswerkes wurde.
Nur wenige Jahre später, im Februar 1971, zogen wir hier in ein
für uns neu gebautes Haus ein.

Ein Werk, das aus Glauben gebaut, also auch finanziert wird
und lebt, erscheint vielen wie eine paradiesische Insel im Ozean
der widrigen Welt. Doch kommt man ihr nahe, merkt man, dass
davor eine steile Brandung steht. Im Nu wird man von ihr
erfasst, hohe Brecher begraben einen, man ringt nach Luft und
sieht nur noch seinen Untergang. Aber wer da durchhält, spürt
bald festen Boden unter den Füßen, die Wellen reißen einen
nicht mehr mit sich fort – man hat Halt gefunden.

In diesem Bild fanden damals wohl alle Mitarbeiter der
Pionierzeit in Krelingen ihre eigene Erfahrung. Es würde hier
den Rahmen sprengen, von all den Tüchtigen und Tapferen der
»ersten Stunde« mit Namen so zu berichten, wie Kemner es in
seiner vorzüglichen Autobiographie »Da kann ich nur staunen«
bereits getan hat. Wir lernten gemeinsam, dass ein Glaubenswerk »nur im Glauben« – dem lutherischen »sola fide« – besteht.
Und der Glaube »sieht nicht auf das Sichtbare, sondern auf das
Unsichtbare«. Sichtbar wurde allerdings sehr bald, dass es der
Glaube von Sündern war.

Pastor Heinrich Kemner

Ein Glaubenswerk ist also ein Sünderwerk. Wer klagt: »So habe ich es mir nicht vorgestellt!«, erlebt, dass ihm seine eigenen Vorstellungen zerschlagen sind – nun stellt unser Herr sich ihm vor. Erst wenn der Idealismus und mit ihm die Illusion eines Glaubens-Heldentums zusammengebrochen ist, ist der Glaube – und das Glaubenswerk – gesund geworden. Dann bekommt Jesus allein die Ehre.

Kemner war Bauer durch und durch, und er leitete das Werk wie ein Bauer: mit der Nase. Es war, als würde er Witterung aufnehmen von dem, was nicht zu sehen und doch da war oder kommen würde. An meinem ersten Morgen rief er alle Küchenmitarbeiterinnen zusammen und fragte, wie eben ein Bauer fragt, über den Küchentisch: »Was machen wir heute?« Damit meinte er dann unser aller Arbeitsplan. Ich, der ich kein Bauer bin, blieb dabei ungefragt im Hintergrund.

Ein Bauer kennt wie sein Vieh keinen Urlaub und verachtet

die »spazieren gehenden« Städter. So wurde auch mir eröffnet, dass es hier keine freien Tage und keinen Urlaub gebe. Nur mit Mühe und gegen Widerstand konnte ich, unter Berufung auf die kirchliche Ordnung für Pastoren, beides durchsetzen. Und wie hatten wir es nötig! Aber Kemner lernte auch im Alter schnell.

Die Nähe des Bauern zur Erde, zu Saat, Wachstum und Ernte, seine ständige Abhängigkeit von Sonne und Regen brachte einen gesunden Grundzug in die Arbeit. »Frucht statt Erfolg« war eine Devise, als sich immer mehr Konzepte für »geistlichen Gemeindeaufbau« durch sensationelle Erfolgsbilanzen im Ausland empfahlen. Wir unterschieden bei ihnen hilfreiche Beobachtungen und Erfahrungen von ungesundem Machbarkeitsdenken: »Keinen Kunstdünger!«, der ein Wachstum unnatürlich hochpeitsche, rief Kemner, und so wurde »das Geschenkte, nicht das Gewollte« zum Kompass im Aufbau, in dem wir uns geführt sahen »wie ein blinder Gaul«.

So lernten wir im Glaubenswerk von Kemner, aber auch wegen Kemner zu glauben. Er trug seine Fehler vor sich her wie auf einem Silbertablett, und jeder, der wollte, konnte sich davon reichlich bedienen. »So ist es eben bei Leuten, die Gott gebraucht«, erklärte mir Hellmuth Frey. »Dadurch werden sie und wir bewahrt, den von Gott gesegneten Menschen in den Mittelpunkt zu stellen.« Dabei wurde uns aufgedeckt, wo wir der Heiligung als Ideal nachstrebten, dem man entsprechen will. Das Ideal ist dann der Gesetzgeber, und wer dem nicht entspricht, wird gerichtet. Das wurde nun, wo wir andere richteten, auch als unsere eigene Hochmutswurzel herausgereizt, denn »du tust selbst, was du an anderen richtest«.

Viele kamen bald von außen zu uns, denen es ebenso ging. Wir verstanden sie und konnten ihnen weitergeben, was wir über uns selbst in dieser »Krelinger Schule« lernten. Entscheidend war, dass Kemner sich seiner Fehler und Sünden wegen auch vor uns beugen konnte: »Verzeiht, Brüder – der Teufel hatte mich gebissen.« Das brachte ihm viel Vertrauen bei Jung und Alt ein, und wir verstanden jenen Schwabenvater, der sagte: »Christ bist du nur so weit, als du dich beugen kannst.« Die Erfahrungen mit Ilse Hausen waren mir für diese Schule sozusagen der Kindergarten gewesen.

So lernten wir auch, dass die eigentliche Schlangen-Sünde der Hochmut, vor allem der fromme, ist. Dieser Hochmut meldete sich unter uns, als die Arbeit schnell wuchs: »Tausende kommen!« Unmittelbar darauf gerieten wir in eine der schwersten Krisen, in der wir – wie noch oft – dachten: Jetzt ist es zu Ende, nun bricht alles zusammen. Aber für unsere Arbeit galt dasselbe Prinzip wie für den Bagger auf unserem Bau: Wenn die Fundamente tragfähig sein sollten, musste der Boden tief aufgebrochen werden. Da ging zunächst alles drunter und drüber, und damit manch nettes Glaubensgärtlein kaputt, das man sich zur eigenen Freude angelegt hatte.

In der Fülle der Krisen im Werk blieb mir immer bewusst, dass ich an Kemners Seite berufen war. Der Gründer muss den Durchbruch schaffen, und ihm fallen dabei die Steine ebenso auf den Kopf wie denen, die bei ihm sind. Erst die nächste Generation kann dann mit Besen und Staubtuch für das Gefällige sorgen. Ich bin dankbar, dass ich nie gegen ihn stand, wohl aber manchmal nachdrücklich gegen das, was er tat – und das um seinetwillen. Dazu lernte ich, die knochennüchternen Fakten wahrzunehmen, aber keine wertenden Schlüsse über den Menschen zu ziehen. Wenn es richtig ging, so ging es nur über das Kreuz von Golgatha.

»Du leitest das Werk«, meinte Kemner bei meiner Berufung nach Krelingen, »und ich werde evangelisieren.« Doch bald hielt ich eine Ansichtskarte vom ersten Bauabschnitt in der Hand, mit dem Aufdruck: »Leiter: Pastor Heinrich Kemner«. Nun wusste ich Bescheid – und so war es auch gut. Bald nach dem Umzug erfuhr ich von Kemner beiläufig: »Ob wir hier je Studentenarbeit machen werden, weiß ich nicht.« Wozu hatte ich denn die Andreas-Gemeinde verlassen?! So kam ich in die »Brandung« jener »Krelinger Schule«.

In dieser »Schule« lag als erstes Übungsstück eines Morgens zur Begrüßung der Besucher vor dem Haupteingang ein alter, riesiger Traktor-Reifen, den Rand in Zacken ausgeschnitten und rundum farbenfroh bemalt, von schwarzer Erde angefüllt und nett bepflanzt mit roten Geranien. Ich konnte mein Entsetzen nur mühsam verbergen – doch wer immer das vollbracht hatte, es war »aus Liebe« geschehen. Jetzt lernte ich das ABC in der

Schule eines Glaubenswerkes mit der Frage: Wem gehört das Werk? Doch nicht Kemner! Also betete ich: »Herr – es ist dein Werk. Wenn dir der Reifen gefällt, dann lass ihn. Gefällt er dir nicht, nimm ihn weg.« Wie sollte das geschehen? Das war nun nicht mehr mein Problem. Als ich mich am nächsten Tag nach dem Reifen umschaute, war er verschwunden. Wie – das habe ich nicht erfragt.

Als Erstes sollte ich ins tiefste Ostfriesland zu einer »Stuben-Evangelisation«, im Dörflein Busboomsfehn. Da die ostfriesischen »Quadratschädel« traditionell im Streit mit der Kirche lagen, fanden Evangelisationen in Privathäusern statt. Man stand da selbst in der Stubentür, links und rechts in den Zimmern saßen die Leute, weitere auf den Stufen der Treppe nach oben und auch mit Übertragung auf dem Heuboden draußen. Man selbst sprach darum gegen den Türrahmen. Dabei erkannte ich ganz hinten rechts zwei junge Leute – blass mit langem, strähnigem Haar, und ich erschrak: Drogenabhängige! Das war für uns damals noch ganz neu, erst kürzlich hatten wir von dieser fremden Welt eine Ahnung bekommen, als David Wilkerson von seiner Drogenarbeit in der Bronx im Buch »Das Kreuz und die Messerhelden« berichtete.

Dann kam auf mich zu, was ich befürchtete: Sie baten mich um ein Gespräch. Die erste Frage war: »Kann Jesus auch kaputte Knochen heilen? – Der Arzt hat mir gesagt, mein Rückgrat bricht mir von den Drogen zusammen. In zwei Jahren bin ich tot.« Er sah mich aus seinen leeren Augen an. Mir blieb keine fromme Ausflucht. Ich sagte ihm: »Ja«, im Vertrauen auf Gottes Wort, und lud beide zu uns nach Krelingen ein.

Dann legten sie eine Schallplatte auf. Zu hören war zunächst ein langer Dauerton. Der brach mit einem Knall ab, wie wenn ein Motorrad angeworfen wurde – und danach folgte eine ganz seltsame Musik. Ich verließ den Raum, weil ich für beide im Nebenzimmer beten wollte. Kaum hatte ich angefangen, war es wie eine deutliche Stimme. »Geh, stell die Musik ab!« Das war hart. Ich wehrte mich. Jungen Leuten ihre Musik abzustellen, war zumindest höchst unhöflich, und ich dachte, beten könne doch nicht falsch sein. Doch wieder kam diese Stimme. Ich aber wollte trotzdem beten, und nun sah ich etwas vor mir wie einen weiten, grauen Ozean. Aus ihm ragten gewaltige Betonsäulen, und von den Schwingungen der Musik, die durch die Wand drang, begannen sie zu beben, dann zu wanken – gleich würden sie reißen und in sich zusammenstürzen. Sofort wusste ich: Was ich da sah, war das Tragende unserer Welt, meines Lebens. Und die Musik brachte es in Gefahr!

Jetzt wusste ich Bescheid – ich ging hinüber, nahm den Tonarm von der Schallplatte und sagte: »Leute, ich glaube, die Musik ist nicht gut, die wir hier hören.« Sie waren sofort einverstanden und zeigten mir das Cover der Platte: ein junger Mann, die wirren blonden Haare über stumpfen Augen von schmutzig rotem Stirnband zusammengebunden. »Der ist auch schon tot.« Dann erklärten sie mir die Musik: »Der lange Ton am Anfang – das ist die Eintönigkeit unseres Lebens. Mit dem Knall fahren wir ab, von da an ist man auf dem Trip. Was dann zu hören ist, ist alles im Drogenrausch geschrieben.«

Ich lud sie ins Nebenzimmer ein, wo ich eben noch zu beten versucht hatte, und dort setzten wir uns vor das Kreuzigungsbild von Matthias Grünewald, das ich gerne bei der Arbeit vor mir habe. Wir schwiegen. Sie erkannten schnell, was sie sahen: das Lamm, das sein Blut für uns in den Goldkelch gibt. »Dadurch ist Jesus Sieger geworden – über Sünde, Tod und Teufel.« Ich erklärte ihnen, dass dies gerade in der unsichtbaren Welt gilt: Die Finsternismacht, die sich als Licht verstellt, zielt auf Vernichtung. Und Jesus hat sie besiegt, als er unsere Sünde mit in seinen Tod nahm. Denn sie kommt vom Satan, dem Verführer, der uns an den Tod bindet.

Damit hatte ich offenbar etwas bei ihnen ausgelöst, denn nun berichteten sie von ihren erschütternden Horrortrips: »Wer das erlebt, der weiß, dass es den Teufel gibt. Und wenn es den gibt, gibt es wohl auch Gott?! Dann schreien wir in unserer Angst zu ihm. Wenn wir dann aufwachen, sind wir entsetzt, wie die Leute um uns her sich über die Wirklichkeit täuschen. Die kennen wir jetzt. Sie nicht. Das halten wir nicht lange aus. Darum wollen wir in einen neuen Trip fliehen – zurück in die Welt, die wirklich ist.«

Doch darüber verliert der Mensch seinen Willen, so dass er nur noch wie eine Feder im Sturm seiner Emotionen getrieben wird. Der »Wille des Herzens« – also das Herz selbst – wird gebrochen. Aber der Sieg Jesu umfasst auch dies, und als wir davon sprachen, erreichte es sie. Sie konnten Jesus annehmen und ihm ihr Leben geben, wie es war. Sie wurden sein Eigentum mit ihren schweren Schädigungen. Später wurde der eine von ihnen Krankenpfleger, heiratete und hatte Kinder. Noch einmal erhielt ich später von ihm per Post eine blutige Spritze, womit er sich von einem Rückfall distanzieren wollte. Der andere arbeitet, wie ich höre, noch jetzt als Missionar unter Drogenabhängigen in seiner ostfriesischen Heimatstadt.

Zu der Zeit wurde uns in Krelingen der benachbarte Bauernhof zum Kauf angeboten: »Für eine Million – ganz oder gar nicht«, und die sei in einem Jahr zu bezahlen. Wir hatten kaum Geld. Kemner rief mich von einer Evangelisation an: »Was machen wir mit dem Hof?« Mir war es klar: »Drogenarbeit!« Kemner erbat ein klares Zeichen von Gott, er erhielt es. Und bald gingen wir mit Schwung daran, den Hof zu renovieren. Im Stall war der Dung uralt und so hart, dass ich ihn nur mit der Spitz-hacke losschlagen konnte. In einem Jahr war die Million durch viele Spender bezahlt. Der Hof erhielt den Namen »Glaubenshof«.

Ausbildung in der Freiheit des Glaubens

In Busboomsfehn war in stillen Stunden noch etwas anderes geschehen: Ich konnte mit der Unsicherheit, ob wir die Studentenarbeit beginnen würden, jetzt so umgehen, wie ich es in der Lektion mit dem Traktorreifen erfahren hatte: »Herr, wenn es deine Arbeit ist – fang du sie an.« Beim Aufschlagen der Bibel traf ich damals auf das Wort aus Sacharja 4:

»Es soll nicht durch Heer oder Kraft, sondern durch meinen Geist geschehen, spricht der Herr Zebaoth. Wer bist du, du großer Berg, der du doch vor Serubbabel zur Ebene werden musst? Er wird hervorholen den Schlussstein, so dass man rufen wird: Glück zu, Glück zu! Und es geschah zu mir das Wort des Herrn: Die Hände Serubbabels haben dies Haus gegründet, seine

Hände sollen's auch vollenden ... Denn wer immer den Tag des geringsten Anfanges verachtet hat, wird doch mit Freuden sehen den Schlussstein in Serubbabels Hand.« Und so kam es dann.

In den kommenden Jahren stellte sich das Sacharja-Wort immer wieder ungesucht ein, wenn schwere Krisen als »großer Berg« vor uns standen: Es soll »nicht durch Heer oder Macht« geschehen, weil Gott den Berg durch seinen Geist zur Ebene macht und Berge zum Weg. Und was wünschten wir als jenen »Schlussstein« anderes, als dass durch die Arbeit mit künftigen Pastoren Menschen zu Jesus geführt würden, die ihm dann in seinem Reich dienten und schließlich zur ewigen Anbetung des Lammes Gottes fanden!

Zunächst ging es in »den Tag des geringsten Anfanges«, und das auf recht witzige Weise: Von den ersten Studenten – es waren wohl vier oder fünf – wollte Pastor Kemner ein Foto machen. Aber wie kümmerlich war ihr Anblick! »Kommt her!«, rief er da den Leuten auf dem Bau zu, »ihr sollt alle mit auf das Bild!« Da kamen sie in ihrem Arbeitszeug – unter ihnen, freundlich grinsend, der Tiefbaumeister Günter Schorling, der prächtige »Baumeister Gottes« der Krelinger Anfänge – als »unser erster Studentenjahrgang«! Aber man sollte es nicht zu früh belächeln: An den Seminaren nahmen bald auch Leute vom Bau, vor allem Zivildienstleistende, und Gäste aus der Rehabilitation und von Freizeiten mit Freude teil. Einem der »Zivis« schaute ich in einer Pause über seine Nachschrift. Was ich da zu lesen bekam, traf mich wie ein Schlag: Es war so vorzüglich formuliert, dass ich den Eindruck einer deutlichen Gabe bekam. Der Zivi wollte eigentlich Kriminalkommissar werden, aber in einem langen Gespräch ergab sich für ihn die Entscheidung zum Theologiestudium. Zudem verliebte sich unsere Tochter Claudia mit zwölf Jahren in ihn, und heute trägt sie seinen Namen. Hans-Jürgen Peters wurde Studienleiter im Bodelschwingh-Studienhaus, der späteren Zentrale unserer studienbegleitenden Arbeit in Marburg.

Von einem anderen Zivi lasen meine Frau und ich den Entwurf einer Information über die Grundlagen unserer Arbeit. Es war zum ersten Mal und gleich so gültig formuliert, dass meiner Frau und mir aus Dank beim Lesen die Tränen kamen: »Jetzt ist es erfasst worden!« Der Text stammte von Erhard Berneburg, der heute Studienleiter in Krelingen ist.

Ein dritter Zivi der damaligen Zeit, Harm Bernick, baut heute eine Pionierarbeit als berufsbegleitende Ausbildung zu verantwortlicher Gemeindeleitung auf. Sie zielt vor allem auf die Zeit einer »Kirche nach der Kirche«, wie sie in den neuen Bundesländern schon vor Augen ist.

Sie und viele, viele andere sind durch die schwere Anfangsphase einer so ungewöhnlichen Aufgabe seit Jahren in Freundschaft miteinander verbunden. Zu ihnen gehörte auch Martin Westerheide, der als Student, wie man sagte, lieber auf dem Trecker oder auf dem Bagger saß als hinter seinen hebräischen Vokabeln. Er ist seit Jahren Vorsitzender des Vorstandes der Marburger Studienarbeit und Theologischer Referent der Evangelischen Allianz. Durch diese Crew des ersten Jahrgangs wird die Arbeit auch noch nach dreißig Jahren entscheidend getragen und geprägt. Sie alle haben die Grundregel eines Glaubenswerkes gelernt: Ohne Opfer geht es nicht.

Doch wie sollten wir die Arbeit strukturieren? Wir hatten alle Freiheit zur Gestaltung, aber wir verstanden nichts vom Lehren. Da erinnerte ich mich an den Adelshofener Bibelschullehrer und Indonesien-Missionar Werner Jahnke: »Werner, kannst du uns zeigen, was nach der Bibel Lehren ist?«, fragte ich ihn. Was er uns zum »Lehren und Lernen in biblischer Sicht« sagte, wurde für unsere Arbeit prägend. Damals erkundigte sich ein bekannter Theologieprofessor am Telefon nach unserem Anfang: »Bruder Findeisen, welche Professoren haben Sie denn?« Ich hörte die deutliche Betonung der Mehrzahl heraus, holte Luft und antwortete: »Wir haben einen Bibelschullehrer.« Darauf antwortete er mit beredtem Schweigen: Na, das kann ja nichts Ordentliches werden! Ich aber hatte nun, befreit wie ein Vogel, den Rahmen des Paradigmas überflogen und dachte: Du armer, kluger Mann!

Die Studenten waren im Gästetrakt untergebracht. Die Zweierzimmer hatten zwei Betten, aber nur einen Tisch, und folglich arbeitete einer der Studenten mit der aufgeschlagenen Biblia Hebraica kniend vor seinem Bett. Da war klar, dass die

Arbeit ein eigenes Dach brauchte. Ich träumte von einfachen Baracken, die unserer Zeit der Abbrüche im Übergang zur Wiederkunft Jesu entsprächen. Aber Kemners planten zum Glück anders, und unser Tungendorfer Architekt Eberhard Schultz, der inzwischen Regierungsarchitekt in Bonn geworden war, entwarf auf einer Bahnfahrt ein Haus für uns in Gestalt eines Zeltes. »Das ist die Gestalt gewordene Studienarbeit«, meinten Leute, welche die Zielrichtung unserer Arbeit verstanden. Hier gruppieren sich um einen verbindenden Innenhof vier Wohnungen für je acht Studenten, weil ich aus der Gruppenpsychologie lernte, wie sich die Zahl Vier im Zusammenleben bewährt. Er entwarf auch hier, wie für die Andreaskirche, ein Beton-Relief, das den Menschen vor unüberwindlichen Schwierigkeiten zeigt. Mitten darin wird er vom Kreuz und der Auferstehungssonne aufgenommen – meint er aber allein durchzukommen, verheddern sich seine Wege.

Von vornherein war klar: Wir wollten die Arbeit so anlegen, dass »Leben und Lehren« ebenso wie Glauben und Denken zusammenfinden. Wie sollte das geschehen? Mir steckte dazu die abendliche Mahnung unserer Mutter im Ohr: »Wasch dich ordentlich! Wasch dich auch hinter den Ohren – und: vergiss den Hals nicht!« Das war's: Vergiss den Hals nicht! In unserer Theologie und ihrer Ausbildung hatte sich eine vom Leben abgehobene Denk-Welt gebildet, und »das Leben« lief eigene Wege. Da konnte sich, wie wir es an den Universitäten erlebten, ungestört ein dumpfer, dunkler Emotions-Filz bilden, der in den schrillen Studentenprotesten Ausdruck fand. Nun suchten wir die normale, gesunde »Hals-Verbindung«, und wir fanden vereinzelt auch akademische Lehrer, die uns darin halfen.

Mittwochabends trafen wir uns in unserem geräumigen Wohnzimmer zum »social«, um Vorkommnisse und Sorgen auszutauschen. Zur Erbauung lasen wir eine Zeit lang die Erzählungen des »Papalagi«, der als Südsee-Insulaner schilderte, als wie seltsam und verschroben er unsere Zivilisation erlebte. So übten wir uns, das Selbstverständliche im Abstand verfremdet wahrzunehmen. Wir sangen gern und ohne Scheu fröhliche Kinderlieder. Die »Hausordnung« gedeihlichen Zusammenlebens musste sich jede der vier Wohngemeinschaften aus eigenen Erfahrungen und Fehlern selbst erstellen, und nicht selten waren Zivis und auch Rehabilitanden vom Glaubenshof Gäste am Tisch einer studentischen Wohnküche. Zum Leben gehörte auch der wöchentliche Arbeitseinsatz auf dem Acker oder auf dem Bau, und das auch bei schlechtem Wetter, wie es zum Leben gehört.

Das alles geschah in der Abgeschiedenheit des Walddorfes und doch mitten in den Wirbeln der Zeit. Ihr Stichwort in Theologie und Kirche war »Aufbruch«, ihr Leitbild »Exodus«, als Auszug aus verstaubter Tradition. Im »Ruf nach Freiheit« lauteten die Parolen: »Weg von …!« und hin ins »verheißene Land«. So sahen wir es auch, jedoch im gegenläufigen Sinne – zur Freiheit des Glaubens. Um uns her zerbrachen die gewohnten Ordnungsraster. Welch eine Zeit ungeahnter Chancen! Wir erlebten es wie ich als Junge am Glint in Estland: Im Abbruch wurde man erst der falschen Fundamente ansichtig.

Zugleich wussten wir, dass uns für die Neubesinnung nicht viel Zeit gegeben war, weil sich das Vakuum, das im Paradigmenwechsel auftrat, nur zu bald mit einem neuen, vielleicht noch schwierigeren Paradigma auffüllen würde. Wir luden nun auf einem einfachen, hektografierten Blatt zu einer »Ausbildungshilfe« nach Krelingen ein. Doch »Hilfe« konnte die »Ausbildung« nur sein, wenn sich das Bild Jesu in ihr ausbildete. Darum fragten wir: Wie hat Jesus ausgebildet? Wir sahen, wie er seine Leute mit auf seine Wege nahm, sie sozusagen bei sich laufen ließ und, was sie erlebten, als »bei-läufige« Ausbildung durchsprach. Das lag sogar in der Zeit: Im bolivianischen Urwald bildete der Revolutionsheld Che Guevara in seinem »Exodus« die Leute auch »beiläufig« aus – wenn auch mit ganz anderer Ausrichtung.

Wir hatten das Studentenhaus (Studienhaus) in die Mitte des Werkes gelegt, so dass jeder Blick aus dem Fenster auf einen anderen der rundum gruppierten Arbeitszweige traf. Die Ausbildung befand sich damit im Herzen des Werkes und im Pulsschlag der Arbeit für das Reich Gottes. Für den späteren Bau der Seniorenwohnungen setzte ich mich ein, weil Großmütter den Studenten gut tun können – zum Teetrinken, um sich auszuweinen und damit für sie gebetet wird, vor allem in der angespannten Zeit vor den Sprachprüfungen in Griechisch und

Hebräisch. Den Sprachunterricht gaben in der ersten Zeit uns von Pura her vertraute Studierende, und später tüchtige, bewährte Studenten des vorigen Jahrgangs, nach dem norwegischen Sprichwort: »Der weiß am besten, wo der Schuh drückt, der ihn anhat.« Die große Verantwortung für schließlich über dreißig Sprachschüler formte die Charaktere der jungen Sprachlehrer.

Für unsere Arbeit sahen wir ein doppeltes Ziel: Einmal in Jesus Christus »verwurzelt und gegründet« zu werden, und zum Zweiten im »Denken des Glaubens« zu wachsen. Das galt es von vornherein im Umfeld der Universitätsausbildung in »biblischer Grundlagenklärung« zu bewähren. Die eigene Grundlage dafür hatten wir im Einladungsblatt formuliert. Am Anfang stand jedoch eine erschütternde Erfahrung:

Ein bekannter Evangelist, Mitglied der Ahldener Bruderschaft, zog mich zur Seite und berichtete von seinem Sohn, der die geistigen Spannungen der Zeit hochsensibel wahrgenommen und nicht ausgehalten hatte. »Er stieg auf einen Hochspannungsmast und griff in die Drähte – und dann fanden wir bei ihm einen Zettel: ›Vater, es kommt etwas auf uns zu, dem wir alle nicht gewachsen sind.‹« Bewegt fügte der Vater an: »Das gebe ich dir jetzt als Vermächtnis meines Sohnes für die Arbeit mit den Studenten weiter.«

Vater sein

Unsere drei älteren Kinder kamen nun in das Alter, wo sie sagten, ihre Eltern seien »in einem schwierigen Alter«. Claudia wurde ein von Jungen umschwärmter Teenager und genoss es kräftig: »Ich habe bei euch Eltern gesehen, wie schön es ist, sich als Mann und Frau lieb zu haben, und jetzt freue ich mich darauf, dass ich auch bald so weit bin.« Unsere ziemlich angstfreie Erziehung machte mir nun Angst. Was geschah mit ihr, wenn sie in der Schule war? Ich sah mich in meiner väterlichen Verantwortung völlig überfordert und betete: »Herr, hier bin ich und das Kind, das du uns gegeben hast. Du siehst, wie es mir geht.

Beim Bauen in Krelingen (mit Hut: S. F.)

Krelingen: das erste Studienhaus heute

Du bist dort, wo sie ist. Bitte, übernimm du die Erziehung des Kindes!«

Von da an stellten sich erstaunliche Hilfen ein. Vor allem gewann sie in unserer Griechisch-Lehrerin, Dorothea Killus, eine reife Freundin, die sie treu leitete. Sie kam dann schon mit sechzehn Jahren auf eine weiterführende Internatsschule zur Ausbildung als Erzieherin und musste von da an lernen, sich selbst durchzubeißen. Ihr Taufwort wurde ihr Lebensspruch: »Unser Glaube ist der Sieg, der die Welt überwunden hat.«

Anders war es bei Arne. Er ließ sich betont die Haare lang wachsen. Ich sagte mir, dass ich deswegen mit meinem Sohn keinen Streit anfange, und fragte: »Warum lässt du dir die Haare lang wachsen?« Er streichelte sie im Nacken: »Schön warm!« Inzwischen hat er längst kurze Haare, während meine deutlich länger sind.

Ernst wurde es, als er einmal bei der Gartenarbeit unter Tränen sagte, er könne nicht mehr glauben. Mir war das entsetzlich. Am Abend vor seiner Konfirmation setzte er sich mir gegenüber vor den Schreibtisch: »Ich habe mir überlegt – wenn ich mir Eltern aussuchen könnte, wäret ihr die allerletzten! Ihr bedeutet mir nichts. Wenn ihr sterben würdet, würde es mir auch nichts ausmachen – na, vielleicht ein bisschen –, aber eigentlich doch nicht, denn ihr bedeutet mir nichts!« Ich fragte ihn, ob ich denn noch für ihn beten dürfe. »Na, meinetwegen, wenn du willst ...« Nach einiger Zeit kreuzte er wieder bei mir auf: »Ich möchte, dass du aufhörst, für mich zu beten.« Ich fragte: »Warum? Wenn das nach deiner Meinung doch nur Unsinn ist – dann stört es dich doch nicht. Lass mich den Unsinn machen.« Darauf konnte er nichts erwidern.

Nun meinte ich, ich könnte bei seiner Erziehung als Vater ebenso billig davonkommen wie bei Claudia – aber als ich so betete, war der Himmel dafür zu. Ich musste jetzt lernen, was es heißt, Vater zu sein. Da wir in Krelingen damals keinen Jugendkreis hatten, ging Arne im Fußballverein des Dorfes auf und unter. Er provozierte uns ständig mit den Mitteln, die einem Jungen dieses Alters zur Verfügung stehen. Mir war himmelangst um ihn und darüber lernte ich, wie bitter es meinem Vater im Himmel um mich selbst war – denn wie benahm ich mich vor

Gott? Ein Tiefpunkt war für mich, als ich eines Abends in unseren alten VW-Bus stieg, um meinen Sohn in den Drogenkneipen im nahen Walsrode zu suchen. Zum Glück kam er von sich aus nach Hause. Ich wurde barmherzig, wo Eltern in der Erziehung scheitern.

Die Studenten bekamen unser Drama mit. Einer von ihnen erklärte mir einmal an unserem Abendbrottisch: »Bei uns zu Hause ist es genauso. Und uns ist klar geworden: Es ist nichts anderes als bloße Gnade, wenn von uns jemand zurechtkommt.« Das hat mich tief getröstet, denn vor allem hatte mich der Verlust meines guten Images als Vater gequält. Das hatte sich noch gesteigert, als Arne und James betont paffend mitten durch das Gelände gingen, obwohl Rauchen bei uns wegen der Rehabilitation verboten war. Ich ging verzweifelt zu Kemner: »Es tut mir Leid – ich habe meine Söhne nicht mehr in der Hand!« – »Ach – lass sie!«, meinte er nur. »Ich war auch ein Rebell!« Wie war ich ihm dafür dankbar! In solchen Sachen konnte man sich auf Kemner verlassen wie auf niemanden sonst.

Einmal hatte ich bei Arne den Eindruck, sein Maß sei voll, und ich donnerte ihn an: »Ab in dein Zimmer – ich komme nach!« Er wusste, was ihm blühte. Aber von Hans Lohmann und Karl Barth hatte ich gelernt, dass bei Gott sein Zorn und seine Liebe zusammengehen und so auch meine väterliche Strafe in Liebe und gesegnet sein muss. Als ich darum beten wollte und in die Knie ging, war es wieder wie eine klare Stimme: »Geh hin und rede lieb zu deinem Sohn!« Ich wehrte mich und hielt die einschlägigen Bibelworte dagegen: »Bosheit steckt dem Knaben im Herzen« – »Wer seine Rute schont, der hasst seinen Sohn, wer ihn aber lieb hat, der züchtigt ihn bald.« Und »bald« wollte ich es tun. Aber wieder war es die Stimme: »Geh hin, rede lieb mit deinem Sohn!«

Schließlich war ich bereit, setzte mich zu Arne ans Bett – er hatte sein Gesicht im Kissen vergraben – und fragte: »Nun sag mal – was ist eigentlich los?« Er schluchzte ins Kissen: »Keiner hat mich lieb – alle hacken sie auf mir herum!« Wie war ich dankbar, dass ich davor bewahrt worden war, im Zorn zu reagieren! Vielleicht wäre etwas kaputtgegangen, was nicht wieder zu heilen gewesen wäre. Er war im Alter der hochgradigen Empfindlichkeit, wie der Taschenkrebs, der seine alte Schale verlässt, die ihm zu klein wird, und nun ungeschützt daliegt.

Für die Schulfragen der Kinder sah ich meine Frau zuständig. Doch eines Tages erklärte sie: »Wegen Arne tu ich nichts mehr in der Schule. Jetzt lerne du mal, Vater zu sein!« Da er eine Fünf nach der anderen kassierte, war ein Lehrerbesuch unumgänglich. Im Gespräch stutzte ich: Immer wenn ich »mein Sohn« sagen sollte, sagte ich stattdessen »mein Bruder«. Kaum etwas offenbarte mir mein Versagen als Vater so beschämend wie dieses! Wie oft hatte ich über die »vaterlose Gesellschaft« gewettert – nun war mein Sohn selbst vaterlos.

Als ich Arne einmal fragte, warum er sich so gegen seine Eltern stelle, antwortete er mir: »Ich habe den Eindruck, du willst, dass ich so werde wie du!« Ich dachte bei mir, das wäre doch auch in Ordnung … und verkannte dabei völlig, wie wichtig es für ein Kind ist, eigenständig zu werden. Da sagte ich ihm einmal in einer ruhigen Stunde: »Ich bewundere dich eigentlich, wie viel Kraft du aufwendest, um dich aus dem Kielwasser deines Vaters freizuschwimmen …« Von da an konnte ich die Bauchtritte, die ich dabei erhielt, besser verkraften. Als ich einmal Arne und James, der munter im Fahrwasser seines großen Bruders mitzog, fragte: »Warum seid ihr eigentlich so unmöglich?«, antworteten sie nur grinsend: »Wir sind eben in der Pubertät!« Das überlegte ich mir und fragte sie dann: »Und wie lange bin ich für euch schon Vater? Als Vater bin ich so alt, wie ihr jetzt seid – also bin ich als Vater auch in der Pubertät. Also: Habt Geduld mit meinen Fehlern als Vater ebenso, wie ich mit euch geduldig sein soll!« Arne meinte: »Seid froh, dass ich den Sch… mit sechzehn mache – mit zwanzig wäre es viel schlimmer für euch.«

Unvergesslich ist mir eine Szene oben im Badezimmer, als ich Arne mal wieder anschrie. Meistens sagte er dann: »Papa, dasselbe kann man doch auch leiser sagen …« Recht hatte er. Doch jetzt fragte er: »Warum schreist du eigentlich so?« – »Weil ich Angst um dich habe!« Denn da steht man wie vor einer undurchdringlichen Wand und versucht, sie durch Lautstärke zu überwinden. Da meinte er: »Ich denke, du glaubst an Gott. Dann kannst du doch glauben, dass er auch mit mir fertig wird – ich glaube ja nicht an ihn, aber bei dir möchte ich das doch voraussetzen.« Versehen mit dieser kräftigen Lektion ging ich die Treppe hinunter und sagte mir: Wie gut, dass der seelisch stabile Arne dein ältester Sohn ist – er konnte wohl die Fehler seines Vaters eher verkraften als unser impulsiv-sensibler James. Arne half mir zu lernen.

Einmal hatte Arne mir zum Geburtstag ein Bild mit einem großen Schiff im Meer gemalt, über dessen Ankerklüse als Name groß zu lesen war: »VERTRAUEN«. Eines Tages saß er vor mir im Schneidersitz auf dem Teppich: »Ich möchte, dass du mir erlaubst, dass ich sonnabends bis eins in die Disko gehe – meine Freundin geht auch dorthin.« Ich war entsetzt, stürmte wie ein Löwe im Zimmer auf und ab und redete von oben her auf ihn ein: »Statt wie ein Schaf mitzutrotten, wenn deine Freundin so etwas macht, bring sie davon ab!« Er aber beharrte hartnäckig darauf und fragte mich unvermittelt: »Vertraust du mir denn, wenn ich dir sage, dass ich keinen Scheiß bauen werde, wenn ich bis eins in die Disko gehe?« Ich blieb wie angewurzelt stehen. Dieses letzte Band eines Ur-Vertrauens zwischen uns hatten wir nie angetastet. Und ich sagte ihm: »Das Vertrauen zu dir lasse ich mir nicht nehmen – hiermit erlaube ich dir …« Aber er grinste mich nur von unten an: »Ich habe es ja schon längst eingesehen, dass das Mist ist mit der Disko – aber ich wollte dich mal auf die Probe stellen!« Ich war vor einem schweren Fehler bewahrt geblieben.

So hatte ich also zu lernen, Vater zu sein. Dazu las ich in Epheser 3,14-15, dass – bei genauer Übersetzung – alles Vatersein unter uns seinen Namen daher hat, dass Gott »der Vater« ist. Sehen meine Kinder an dem, wie ich ihnen Vater bin, etwas von dem, wie Gott uns Vater ist? Lesen sie daran etwas ab von Gottes Liebe in Gerechtigkeit – auch in Strenge und Strafe? Erfahren sie die Geduld, sie zu tragen und sie gerade unter Schmerzen nicht loszulassen? Erleben sie eine Verbundenheit, die Freiheit schenkt? So legte sich mir die Bibel mitten im Leben aus.

James explodierte oft in keltischer Hitzköpfigkeit, aber dann war er auch wieder sehr aufmerksam. Einmal schrie er uns am

Mittagstisch an: »Ich will frei sein, frei!« – Ich fragte: »Gut. Und was meinst du damit?« – »Eben: frei – tun und machen, was *ich* will, nicht andere!« Ich stand auf und holte das etymologische Wörterbuch: »Frei, das geht zurück auf eine Wortwurzel, die es in Muttis Heimat, in der Ostschweiz, noch gibt: fryne heißt lieb, lieblich, also frei sein, und Freiheit geben in Liebe, in ganzer Zuwendung. Und das suchst du nun – für dich?« Danach konnten wir besser besprechen, was er denn da liebte – nur sich selber? »Als ich deine Mutter kennen lernte, freite ich sie – ich musste alles für sie drangeben, damit sie frei wurde, sich mir ganz anzuvertrauen, um dann einmal dich als unser gemeinsames Kind in ihrem Leib zu tragen ...«

Andreas reagierte als Kind anders: Ihm gefiel in seinem sensiblen Empfinden nicht, was er bei den Brüdern erlebte. Er emanzipierte sich pfiffig, aber nie lieblos, auf seine Weise. Als ich ihn einmal auf einen Gemeindetag in die Dortmunder Westfalenhalle mitnahm, damit er die Großstadt kennen lernte, sprachen mich meine Freunde an: »Dein Sohn ist ja geschäftstüchtig. Er meinte: Ich gebe Ihnen einen guten Rat – er kostet eine Mark!« – Als er von den belustigten Leuten die Mark kassiert hatte, erklärte er: »Mein Rat ist: Gehen Sie nicht dorthin, wo mein Vater redet – denn wenn der einmal anfängt, hört er nicht wieder auf.« So besserte er sich auf Kosten des Vaters sein Taschengeld für Süßigkeiten auf.

Beim Gute-Nacht-Sagen fragte er mich einmal: »Was wirst du tun, wenn meinetwegen die Polizei kommt?« Ich horchte auf: »Wieso die Polizei?« – »Ich plane einen Streich ...« – »Wieso denn das?« – »Ich plane einen Streich, weil ich noch zu wenig Streiche gemacht habe.« – »Wieso hast du zu wenig Streiche gemacht?« – »Ich habe nicht genug Streiche gemacht, um später meinen Kindern davon zu erzählen.« Ja, Erzählungen von Streichen ihres Vaters liebten die Kinder, besonders wenn ihr Vater dabei auf die Nase gefallen war. »Was planst du denn?«

Wir wurden uns einig, dass dabei keine anderen Menschen einen Nachteil haben dürften, und ich dachte an den Ausspruch von Hans Lohmann: »Jeder junge Mensch hat das Recht, einmal im Leben einen schweren Fehler zu machen – nur sollten dabei nicht andere Leute in Mitleidenschaft gezogen werden.«

Linien- und Lagerdenken

Neben der intensiven Krelinger Arbeit musste ich viel reisen, vor allem aufgrund der Leitungsverantwortung in der Bekenntnisbewegung. Sie vereinigte seit ihrer Gründung in der Westfalenhalle 1966 zwei Richtungen: eine eher konservative, die durch Rudolf Bäumer verkörpert war, unter dem Leitwort der Bekennenden Kirche im Dritten Reich: »Kirche muss Kirche bleiben!« – und eine andere Richtung, die sich am Weg geistlicher Erweckung der Gemeinde orientierte. Für sie stand der Pastor und Evangelist Paul Deitenbeck. Zwischen beiden Prägungen ergab sich, weil eine der anderen dienen sollte und konnte, zunächst eine ausreichend breite, gemeinsame Schnittmenge. Aber Spannungen waren schon dadurch vorgegeben, dass sich seit den Fünfzigerjahren konservative Pastoren und Theologen oft als Gegner der Erweckung zeigten.

Die Spannungen führten bald zu ernsten Irritationen. Rudolf Bäumer verfasste zum zehnten Jahrestag der Bekenntnisbewegung eine radikale Abrechnung mit den Kirchenleitungen: »Sie sind schuld! ... schuld! ... schuld!« – an all dem, was sich allenthalben auf Kanzeln und Kathedern abspielte. Als Zweiter Vorsitzender suchte ich ihn gegen die Angriffe der Kirche zu verteidigen, aber ich wurde unruhig: Tat Bäumer damit Recht? In langen Speisewagen-Gesprächen bei der Anreise zu unseren Sitzungen in Frankfurt wurde mir klar: Der Hintergrund waren seine bitteren Erfahrungen, die er nach dem Krieg als mutiges Mitglied der Bekennenden Kirche gemacht hatte. 1945, noch mitten im Zusammenbruch, hatten sich die Reste der Landeskirchen gesammelt, um sich neu zu konstituieren. Man war, zum Teil noch mit dem Fahrrad, nach Treysa bei Kassel gefahren, weil die dortige diakonische Anstalt fast als Einzige unbeschädigt war, um »die Chance des Nullpunkts« für einen kirchlichen Neuaufbau zu nutzen. Da prallten zwei Richtungen aufeinander, und hier zeigte sich der eigentliche Hintergrund der heutigen Spannungen:

Die eine Richtung sah Gottes Gericht über die Volkskirche, die zur »Völkischen Kirche« pervertiert worden war. Nun sollte das, was sich im Kirchenkampf herausgebildet hatte, für die

Breite des Landes verwirklicht werden: weg mit der traditionellen Volks- und Landeskirche, hin zur eigentlichen Gemeinde. Von einem Bischofs- und Kirchenamt wollte man nichts mehr wissen. Das wurde damals vor allem in den reformierten Landeskirchen und von der Schweiz her durch Karl Barth vorangetrieben.

Dem stand eine andere Richtung entgegen, die »das Volk« gerade im Elend des Zusammenbruchs als »seine Kirche« ansprechen wollte und darauf verwies, dass fast alle im Volk durch volkskirchliche Taufe und Sitte an »die Kirche« gebunden waren. Dies wurde vor allem von lutherischer Seite vertreten.

In Treysa einigte man sich 1946 auf einen Kompromiss zwischen beiden Richtungen: Man behielt zwar die flächendeckenden Landeskirchen bei, doch formulierte man ihre Rechtsordnungen so, dass sie – und zwar ausschließlich! – für die glaubende Gemeinde passten. Das entsprach der Quadratur des Kreises, weil nach »Schrift und Bekenntnis« die landeskirchliche Institution und die Gemeinde Jesu nicht deckungsgleich sind. Nun aber wurden sie – rein abstrakt – als juristische Grundlage der Landeskirchen festgeschrieben.

Heute ist klar, dass damit die unsäglichen innerkirchlichen Spannungen der folgenden Jahrzehnte vorprogrammiert waren. Man konnte sich daraus nur retten, indem man – wiederum rein abstrakt – aufgrund der Taufsitte die Volkskirche zur Gemeinde, ja, zum »Leib Jesu« erklärte. Was machte man dann aber mit der zentralen reformatorischen Unterscheidung zwischen »Christen im weiten Sinne« und »Christen im eigentlichen Sinne«? Der Ernst der Vergebung und der Heilsgewissheit als Brennpunkte biblischer und reformatorischer Einsicht war damit aufgenommen. Aber daraus Konsequenzen zu ziehen, brächte das ganze Konstrukt ins Wanken. Wer darum in der Kirche zwischen »Gläubigen« und »Ungläubigen« unterscheidet, erhält häufig als Antwort, das sei eine »hochmütige Vorwegnahme von Gottes Jüngstem Gericht«.

Rudolf Bäumer, als ein tapferer und lauterer Christ, war von jenen neuen Kirchenordnungen begeistert: »Wir brauchen sie nur genau zu befolgen und durchzusetzen, um intakte Landeskirchen des reinen Wortes zu haben.« Damit sollte das

Evangelium in der Kirche kraft ihrer Kirchengesetze garantiert und gewahrt werden. Wir verfassten »Appelle« und »Alarmrufe«, formulierten »Aufschreie« und forderten Synoden und Kirchenleitungen zur »Buße« auf, riefen: »Zurück zu …!«, begleitet von der illusionären Forderung: »Kirche muss Kirche bleiben!« – Doch was heißt hier: »muss«?

Wache Leute fragten sich damals: War solche Einforderung von Gesetz noch »Evangelium«? Lehrten uns »Schrift und Bekenntnis«, für die wir eintraten, eine solche Haltung? Ja, kam nicht, tief versteckt unter dem Namen der »Bekenntnisbewegung ›Kein anderes Evangelium (Galater 1,6)‹«, genau jenes »andere Evangelium« zur Geltung, das aus dem Gesetz entsteht? Denn was wir forderten, war Gerechtigkeit vor dem Gesetz. Als es nicht durchgesetzt wurde, nahmen wir die Kirchenleitungen und Fakultäten – wie vor Gericht – unter Anklage, fällten über sie unseren Schuldspruch und verurteilten sie. Und als man sich dort um unsere »Alarmsirenen« nicht mehr kümmerte, suchte man bei uns die Schuldigen, die das verhinderten, in den eigenen Reihen als »Abweichler«, ja, als »Verräter« des Evangeliums, welches als Gesetz gehandhabt wurde.

Mir wurde langsam klar, dass sich die Spannungen innerhalb der Bekenntnisbewegung am Brennpunkt der Verbindung von traditioneller Kircheninstitution einerseits und der Gemeinde Jesu innerhalb der Kirche auf der anderen Seite konzentrierten. Für die traditionelle Kirche war »Bekenntnistreue« die Treue zu überlieferten Formulierungen. Dazu genügte eine abstrakte »Christologie«, bei der man Jesus als seinen persönlichen Herrn weder kennt noch nötig hat. In der Gemeinde aber kennt man ihn so, und dazu – und darum! – bekennt man sich zu ihm.

Allerdings erkannte die Gemeinde in den überlieferten Bekenntnisformulierungen den gültigen Ausdruck ihres Bekennens. Darin ergab sich jene gemeinsame Schnittmenge, welche traditionelles und erwecktes Christsein in der Gründungsversammlung in der Westfalenhalle 1966 zusammengeführt hatte. Doch die Spannungen verstärkten sich unausweichlich, als in den folgenden Jahren die Kirche, die aus Tradition Kirche ist, in den Traditionsabbruch geriet. Darin verlor sie die Traditionskraft, welche in die Formeln den authentischen Sinn-Gehalt gibt:

Der Geist schien aus ihnen gewichen. Vorübergehend galten sie als »leere Hülsen« und »Leerformeln«, bis sie vielerorts im neuen Sinn »interpretiert«, also mit anderem Inhalt gefüllt wurden. Zunächst ließ man dort die alte Formulierung bestehen, kümmerte sich aber nicht mehr um ihren eigentlichen Sinn und konnte sie dann nach und nach abschaffen und durch anderes ersetzen. Dann »Bekenntnistreue« einzufordern, hätte entweder angepasste Heuchelei oder natürliche Rebellion erzeugt.

Rudolf Bäumer legte größten Wert darauf, jede Nuance der Formulierungen aufs Exakteste durchzugestalten. »Gut!«, meinte ich dazu, »aber kümmert sich noch jemand um deine guten Formulierungen?« Doch das verstand er nicht.

Die inneren Streitigkeiten steigerten sich zu solcher Heftigkeit, dass immer mehr die Bekenntnisbewegung unter Trauer, ja, Entsetzen verließen, darunter die meisten meiner Freunde. Schließlich verließ selbst Paul Deitenbeck mit dreifachem »Kyrie eleison« eine Sitzung und erklärte, bevor er aus der Tür ging: »Ich verlasse die Bekenntnisbewegung unter Tränen als einer ihrer Gründer!« Ich aber entschied mich anders. Ich wollte, als Sohn eines Arztes, den Kranken nicht verlassen, weil er krank war. Ich wollte bleiben, bis sich die Ursache und vielleicht die Heilung der Krankheit zeigten. Ich hatte erkannt, dass sich in den Spannungen der Bekenntnisbewegung die Spannung von Tradition und Erweckung konzentrierte. Und dies durchlitt sie im Traditionsabbruch der Volkskirche stellvertretend für jene, die nicht so intensiv vom Abbruch getroffen wurden.

Kemner war der Leiter der niedersächsischen Bekenntnisbewegung. Als er sich entschloss, beim Kirchentag 1983 in Hannover mitzuarbeiten, stieß er bei Bäumer auf härtesten Widerstand: »Du wirkst damit an der Verführung auf dem Kirchentag mit!« Kemner erwiderte als Evangelist: »Ich will nicht die Leute auf dem Kirchentag verloren gehen lassen.« Ich vertrat die Sicht, dass beide Aspekte, die logisch nicht zusammenpassen, im praktischen Vollzug nebeneinander möglich waren. Das lehnte Bäumer strikt ab: »Der Heilige Geist ist immer eindeutig« – und ich fragte mich: Meinte er damit nicht nur seine eigene Auffassung?

Die Sache polarisierte sich so, dass sich Kemner und Bäumer

in der weltlichen Presse gegenseitig angriffen. Mir war es entsetzlich, dass der Kirchentag nun auch dies fertig gebracht hatte. Nachts wachte ich einmal davon auf, dass mir mein Pulsschlag bis in die Zehen hämmerte. Der Arzt wollte mich direkt aus der Praxis ins Krankenhaus schaffen, doch eine Kur sorgte vorübergehend für eine Senkung meines hohen Blutdrucks.

Was war da über uns gekommen? Später lernte ich von meinem Sohn James, dass unter uns ein »Linien- und Lagerdenken« herrschte. Da ist man konzentriert auf die »klare Linie«, der man »treu« folgt oder von der man »abweicht«. Und das eigene »Lager« wird als »Position« auf- und ausgebaut, vom »Gegner« sauber abgegrenzt und gegen ihn »gesichert«, also verbarrikadiert. Damals las ich im Jakobusbrief: »Die Weisheit von oben her ist zuerst lauter, dann friedfertig, gütig, lässt sich etwas sagen, ist reich an Barmherzigkeit und guten Früchten, unparteiisch (!), ohne Heuchelei.« – Und wie sah es unter uns aus? Sahen wir die anderen in ihrem Geheimnis vor Gott, wie Jesus sie sah? Diese Erfahrung half mir später zu meiner Ablösung vom parteilichen und gesetzlichen Linien- und Lagerdenken, besonders in der Klärung gegenüber der so genannten charismatischen Bewegung.

Damals rückte die Frage »Was ist Kirche?« in den Vordergrund. Walter Künneth, unser Nestor, wurde in der Konferenz um ein Referat gebeten. Er stellte »die Kirche« – konkret unsere Volks- und Traditionskirche – nach dem Neuen Testament dar, wie es von Treysa her seit 1946 vorgegeben war. Jeder merkte, dass das vorn und hinten nicht zusammenpasste, aber die offizielle Theologie kannte keine Begriffe dafür, und so konnte man es sich nicht denken.

Eines Morgens sah ich im Aufwachen den Kreis vor mir, und daneben das Quadrat. Beide finden nicht zusammen, ohne dass eins von beiden stirbt – im Versuch der »Quadratur des Kreises« oder der »Zirkulatur des Quadrates«. Wenn man die Traditionskirche als Quadrat und die Gemeinde als Kreis sieht, so kann wohl der Kreis im Quadrat ruhen. Wenn aber die Kirche sich als die Gemeinde versteht, kommt es zur Utopie der »Quadratur des Kreises«, in der die Gemeinde aufgelöst wird. Oder es erfolgt die Zirkulatur des Quadrates, bei welcher der Maßstab der

Gemeinde an die Kirche gelegt wird, wie es etwa von der Bekenntnisbewegung her geschieht. Es bleibt also, wie es die Reformation erkannte: die Gemeinde Jesu – der Kreis – als »Kirche im eigentlichen Sinne«, und diese innerhalb und im Schutz der »Kirche im weiten Sinne« – dem Quadrat, wie auch Frucht und Schale als eine Mandarine zusammengehören und doch unterschieden sind. Zugleich gibt die Utopie von Treysa kurioserweise der Gemeinde das verbriefte Recht, als Gemeinde »nach Schrift und Bekenntnis« in der Kirche Gemeinde zu sein.

Das wurde bald hochaktuell auf einer spannungsgeladenen Sitzung in der Zentrale des Gnadauer Verbandes in Dillenburg bei Siegen. Hier sollte der Austritt des Gnadauer Verbandes, des innerkirchlichen Pietismus, aus der »Konferenz Bekennender Gemeinschaften« verhandelt werden. Die Gnadauer erklärten: »Unser Ziel ist es nicht zu kämpfen, dass die Kirche Kirche bleibt. Unser Auftrag ist die lebendige, erweckte Gemeinde. Denn gesunden kann die Kirche nur von der Gemeinde her.« Mir ging durch den Sinn, dass das ausgezeichnete Verhältnis, das wir in der Andreasgemeinde in Tungendorf zur Landeskirchlichen Gemeinschaft hatten, genau diesem gemeinsamen Anliegen entsprach: den Segen der Gemeinde Jesu in die Kirche bringen.

Da ich während der Besprechung die Lutherischen Bekenntnisschriften aufgeschlagen vor mir hatte, meldete ich mich: »Was die Gnadauer sagen, entspricht genau dem, was uns unsere Bekenntnisschriften vorgeben.« Daraufhin sauste neben mir ein Arm auf den Tisch nieder, und der Bischof der lutherischen Freikirche (SELK) rief: »Das ist falsch!« – Ich sagte: »Aber Herr Bischof, es steht doch hier …« – Er rief: »Mit Ihnen rede ich nicht mehr!« Ich war verdattert.

Das steigerte sich noch, als ich auch von einer Reihe von Teilnehmern aus der Konferenz angegriffen wurde. Da meinte ich: »Ich wusste nicht, dass ich, wenn ich unter uns die Bekenntnisschriften zitiere, in ein Wespennest greife. Aber ich halte es jetzt mit Matthias Claudius: ›Greif nie nicht in ein Wespennest, doch wenn du greifst, dann stehe fest!‹ Und das sage ich euch: Darin stehe ich jetzt fest!« Die Unterscheidung hatte mich ja durch Hellmuth Frey zur Bekenntnisbewegung geführt – allerdings nicht zur Traumtänzerei von »Treysa«. Das hatte mich auch in Leipzig aus der Kirche und in Wyk wieder in sie hineingebracht. Es hatte uns die Grund-Motivation für die Veranstaltung in der Holstenhalle gegeben und war bestimmend für meinen Dienst als landeskirchlicher Gemeindepastor wie im Hauptvorstand der Allianz – und dies alles getreu »nach Schrift und Bekenntnis«. Damit war diese Sitzung für mich Höhepunkt und instruktiver Abschluss zugleich nach drei Jahrzehnten der Mitverantwortung in der Bekenntnisbewegung.

Mit ihr kam es für mich zum Ende, als sie einen warnenden Artikel gegen die Groß-Evangelisation »ProChrist« mit Ulrich Parzany veröffentlichen wollte. Davon trennten mich Welten, und dabei hatte mein Name nichts zu suchen. Ich teilte darum dem Vorsitzenden mit: »In dem Augenblick, wo ich diesen Artikel, durch uns veröffentlicht, in der Hand halte, bin ich nicht mehr in der Bekenntnisbewegung. Damit habe ich nichts mehr gemein.« Er wurde veröffentlicht, und so bin ich weder ausgetreten noch ausgeschlossen worden – ich fiel einfach heraus wie durch ein kaputtes Netz, in dem mich nichts mehr hielt. Und dafür war es auch Zeit, denn ich hatte jetzt gelernt, was ich für mich und andere »diagnostisch« hatte lernen wollen.

Anders als die Kirche und die Bekenntnisbewegung sieht sich der Hauptvorstand der Deutschen Evangelischen Allianz nicht »der Kirche«, sondern der Gemeinde Jesu und der Evangelisation verpflichtet. Ich wurde als Krelinger Mitarbeiter in den Hauptvorstand berufen und erlebte fünfundzwanzig Jahre nicht immer leichte, aber gesegnete Begegnungen. Der Hauptvorstand sieht seine Aufgabe darin, der Gemeinde Jesu in Kirchen, Freikirchen, Verbänden und Werken zu dienen, sie in Gebet und Evangelisation zu sammeln, dazu eigenständige Initiativen und Arbeitskreise zu bilden und zur Orientierung in einem geistlichen Kurs durch die Zeit zu helfen. Wir waren ein Unikum, das zu keiner gängigen Institutionsform passte und auch darin zeigte, dass Jesus »in der Welt, aber nicht von der Welt« ist. Beschlüsse wurden damals nur einstimmig gefasst. Das änderte sich, als wir nach dem Zusammenschluss mit der Ost-Allianz ein großer Kreis wurden.

Wir fanden uns in einem Grund-Konsens zusammen.

Darüber konnte man auch einen Teil-Dissens ertragen. Der Grund-Konsens war nicht diskutabel, weil wir unseren gemeinsamen Grund im Leben mit Jesus Christus erfuhren, wie es in der »Glaubensgrundlage« ausgesprochen ist.

So lebten wir im Hauptvorstand im »Pulsschlag des Reiches Gottes«, in herzlicher Liebe, in manchmal ausgelassener Fröhlichkeit, auch in Ernst und Schmerz einander verbunden in unserer Gemeinschaft beim Herrn. Manchmal erfuhr ich unser Beisammensein als Vorgeschmack der ewigen Herrlichkeit, aber auch als Vorbereitung einer sich ankündigenden Zeit der »Kirche nach der Kirche«. Weil im Traditionsabbruch der Traditionskirche abbricht, was sie zur Kirche macht, liegt die Zukunft bei der Gemeinde in ihr, der Kirche im »eigentlichen Sinne«, wie sie die Schrift zeigt und die Reformation meinte.

Nicht mehr für sich selbst leben

In Krelingen ging es weiter in der Weise eines Glaubenswerkes: Großer Segen und harte Belastungen und Krisen hielten sich die Waage, so dass beides ausgewogen und damit gesund blieb. Ohne die »großen Berge« würde man nicht auf Gott alleine angewiesen bleiben, der sie »zur Ebene« und »zum Wege« macht. Wir hatten den Eindruck, dass eine Dauer-Krise so im Werk installiert war, dass wir fast ständig an die Grenze kamen: »Jetzt geht das Werk endgültig kaputt!« Doch wie Luther sagt: »Die Anfechtung lehrt auf das Wort zu merken«, und weil wir es selbst erfuhren, konnten wir den vielen etwas sagen, die es ähnlich erlebten.

Im Tiefpunkt einer schweren Krise fand 1976 die Grundsteinlegung für das erste Studienhaus statt. Ich sagte am Morgen davor zu meiner Frau: »Mir ist, als wäre heute meine Beerdigung.« Wir sammelten uns bei Nieselregen am Bauplatz, und ich erfuhr von anreisenden Gästen, dass Gretel Kemner, Kemners Frau, sie mit dem Satz begrüßt hatte: »Kommt ihr auch zu unserer Beerdigung?«

Aber die Krise betraf nicht nur uns im Werk. In der Überspannung der Zeit bekämpfte man mit den Irrtümern auch die

Menschen, die sie vertraten. Streit und Lieblosigkeit waren zum verbreiteten Umgangsstil geworden. Damals fuhr im »Opel Diplomat« ein Botschafter der Liebe kreuz und quer durch die Lande, um in persönlichen Gesprächen zerstrittene Christen »zurechtzubringen«, Rolf Brockhaus. Er erinnerte uns daran: »Alle eure Dinge lasst in der Liebe geschehen.« So stieg er auch oft bei mir aus und entfernte mir die Brille liebloser Kritik. Darin wurde er mir beispielhaft, und viele haben ihm darin viel zu danken. Seitdem betete ich für seine wichtige Verlagsarbeit, und Rolf Brockhaus war dafür dankbar.

Im Frühling 1975 waren Ruth und ich zum ersten Mal in Israel. Beim nächtlichen Anflug knackte es im Lautsprecher, und ein unbeschreiblich jubelndes »Halleluja« erfüllte das Flugzeug. Ergriffen sahen wir unter uns das herrliche Lichterdiadem der Küste. Was war von hier alles ausgezogen »unter alle Völker« und kehrte nun zurück in sein »Gelobtes Land«! Wir sahen mit eigenen Augen, wie nach Lukas 21,24 (wörtlich) die »Gnadenzeiten für die Völker« in ihre Abschlussphase finden. Wie kann es uns wundern, dass dies für uns mit unsäglichen Abbruchspannungen und Auflösungskrisen einhergeht?

Was ich in den folgenden Tagen erlebte, versetzte mich wie in Trance. Es sprengte die ganze Bilderwelt, die ich bisher beim Bibellesen bewohnt hatte. So setzte sich das Sein in harter Ernüchterung gegen den Schein durch: Israel – der Ort, an dem Gott seine Verbindung mit uns aufnahm, einfach und irdisch, als Stein und Staub und als karge Wüste in schwierigem Klima –das »Heilige Land«. Und so ist Jerusalem – in lauten, heißen Straßen die »goldene Stadt«, mit ratterndem Busverkehr und ihren »heiligen Stätten« neben der Müllabfuhr. War das »die Stadt, die Gott gebaut« hat?

In den Sommerferien dieses Jahres kam ich endlich zur Ruhe, und wieder merkte ich: Ich war aus der Krise nicht entlassen. Meine Seele war dünnhäutig geworden. Die bloßen Füße spürten jeden spitzen Stein – und wie würde ich fertig mit den »Bergen«, die vor mir standen? Und vor allem mit dem »Selbst-Sumpf«, der sich in mir auftat? Im vorigen Jahr hatte sich mir im kleinen Hafen drüben der neue Weg geöffnet: »Ich will euch zurechtbringen ... durch die Erbarmungen Gottes« – durch das »Tor der Erbarmungen« vor dem »großen Berg«, den Gott doch »zur Ebene« macht.

Die Krise brachte mir den Modergeruch des Selbst-Sumpfes zu Bewusstsein. In Hebräer 4 erkannte ich sie wieder: meine »toten Werke«. Nun war es so, als legte Gott seinen Finger auf diese Schriftstelle: Du steckst voller »toter Werke«. Das traf mich wie ein Schlag. War ich dafür Pastor geworden? Hatte ich die Arbeit in Krelingen begonnen, um »tote Werke« zu produzieren? Und waren sie »tot« dadurch, dass sie in mir selbst wurzelten, also nicht »in Christus«, wie es Zinzendorf im Gespräch mit Wesley gezeigt hatte? Ich las weiter: »Das Blut Jesu Christi reinigt unser Gewissen von den toten Werken, zu dienen dem lebendigen Gott« (Hebräer 9,14). Das wünschte ich. Mein Gewissen signalisierte mir, dass ich »gereinigt« werden musste. Aber ich verstand es jetzt nicht und konnte damit nichts anfangen.

Doch dieses Bibelwort drang unter meine dünne Haut. So also baute sich die Brücke: Gott legte mir seinen Finger auf dieses Wort und darum jetzt auch ich meinen Finger darauf: »So steht es geschrieben.« Dann fing ich an, dafür zu danken, wie es geschrieben steht – und beschritt schon die Brücke, hinüber über den Abgrund meines Nicht-Verstehens. Also musste ich nicht erst verstehen, wieso »das Blut Jesu unser Gewissen reinigt von den toten Werken, zu dienen dem lebendigen Gott«. Bei Karl Barth hatten wir erfahren, dass wir verstehen, wenn wir »dort stehen, wo es entstanden ist«. Bei der Reinigung musste ich nicht verstehen, wieso die Seife reinigt.

Nach einigen Tagen erlebte ich dann, wie sich ein Verstehen unversehens einstellte. In 2. Korinther 5 las ich, dass Jesus »... dafür gestorben und auferstanden ist, damit die, die leben, nicht mehr sich selbst leben, sondern dem, der für sie gestorben und auferstanden ist«. Das erschien mir zentral wichtig in meinem neopietistischen Kreisen um mein eigenes Ich. Aber unverständlich blieb mir die Begründung dafür. Paulus zeigt sie so: »die Liebe Christi« führe ihn dazu, »dass, wenn einer für alle gestorben ist, sie alle gestorben sind«. Aber wenn ich auf mich sah, musste ich doch ehrlicherweise zugeben, dass ich kräftig darin engagiert war, »für mich selbst zu leben«. Doch damit sah ich ja wieder auf mich und »gründete« mich auf mich selbst.

Die Sache klärte sich in einem griechischen Restaurant, als ich mein Bifteki bezahlen wollte. Der Kellner brummte mich unfreundlich an: »Das geht nicht!« – Ich bestand darauf. Er wies mich ab: »Nein, Ihr Schwiegersohn hat schon für Sie bezahlt.« Verdattert setzte ich mich auf einen Stuhl: Das war es ja! Hatte einer für alle bezahlt, so hatten sie alle bezahlt. »Es ist vollbracht!« (Johannes 19). Das hebräische wie das griechische Wort bedeuten ja: Es ist bezahlt.

Beim Morgenlauf, die Füße in den anbrandenden Wellen, wanderten die Gedanken weiter zu den Studenten. Sie gingen auf die Krise zu, die ich damals selbst erlebt hatte, als die Schrift dem Wahrheits- und Wirklichkeitsanspruch der »historischen Vernunft« ausgeliefert wurde. Dann ging es zurück in der Strandeinsamkeit des frühen Morgens, bis an die Waden im lichtdurchstrahlten Wasser watend, das in der Morgensonne gleißend flimmerte.

Der Blick wanderte umher im herrlichen, strahlenden Morgen: Durch sein Licht sah ich erst, was war. Die »Aufklärung« erhellt, klärt und erklärt, sie beleuchtet so, dass es einleuchtet, ja »erleuchtet« und »evident« wird. Carl Friedrich von Weizsäckers Vergleich hatte mir oft geholfen: Mit der Aufklärung und ihrer Wissenschaft sei es so wie bei einem Autoscheinwerfer, der in der Nacht einen scharf begrenzten Teil der Wirklichkeit überhell beleuchtet. Was aber außerhalb des Lichtkegels bleibt, ist nun so schwarz, dass es »nicht da ist« – man ist geblendet und damit blind und verblendet. Nicht so aufgeklärte Kulturen nehmen es – wenn auch in einem Halbdunkel – allerdings wahr.

Wir lernten, dass unser Wissen jene Sicht ist, die sich in einem gewissen Licht ergibt und als Wissenschaft ausbildet. Sie ist die Frucht der »Inspiration«, die sich »Erleuchteten« und »Verklärten« unverhüllt darstellt. Doch welcher Geist hatte uns inspiriert, als wir begeistert sangen: »Und wenn wir marschieren, dann leuchtet ein Licht ...« – und in welchen Finsternissen hatte dies nach dem Krieg geendet? So erkennt man: »Die Aufklärung schreitet fort – es wird dunkler«, und man sieht sie heute – bei fraglos manch Wichtigem und Gutem – als »missglückte Aufklärung« (Peter Sloterdijk). Daraus ergibt sich uns eine neue Freiheit zur Wahrnehmung außerhalb der Blendung.

Aber wie leicht kann ich den Sinn dessen, was geschrieben steht, verfehlen! Jetzt weiß ich allerdings, woran es liegt: Mir fehlt dann, was hier den Sinn gibt – die Verbindung zu dem, der da schreibt. Wenn dies fehlt, kommt es leicht zu einem großen Fehler: Man ersetzt den Schrift-Sinn durch seinen Eigen-Sinn. Nun wird die Gestalt, in der die Schrift vorliegt, unter Kritik genommen und nach eigenem Sinn verändert. Den eigenen Sinn hält man für den eigentlichen Sinn, ohne es zu bemerken. Was dabei geschieht, bezeichnet das griechische Wort »hamartia« als Fachausdruck der Jägersprache. Es meint Zielverfehlung, im Deutschen durch »Sünde« übersetzt. Hier als Sünde auf dem Felde des Denkens. Vom Geist, der dieses wirkte, mussten wir uns daher bewusst lossagen.

Nun ahnte ich, wieso es sinnvoll war, »den Finger auf das Wort« zu legen, wie es dastand. Und ich war entschlossen, dabei zu bleiben, bis mir der Same seine Frucht brachte, und wenn sich in meiner Bibel an dieser Stelle von meinem Finger ein Fettfleck bildete! Denn »es soll erfüllt werden, was geschrieben steht«.

Theologen hören das oft mit Entsetzen. »Was! Sie glauben doch nicht etwa an die Verbalinspiration?« – Meine Antwort: »Natürlich – Sie etwa nicht?« – Denn jedes Wort ist die Gestaltwerdung eines Geistes – es fragt sich allerdings, welches Geistes. Und ob ich es dann verstehe, weil ich es im gleichen Geist vernehme.

Denn »verstehen kann man nur, wenn man dort steht, wo es entstanden ist«, wie Karl Barth es uns in seiner Sozietät gezeigt hatte. In diesem Sinne wurde für uns »biblische Grundlagenklärung« zur zentralen Aufgabe der Arbeit mit den Studenten. Und in Krelingen stand sie bald wieder vor mir. Sie sprengt das Paradigma in seiner Selbstverständlichkeit auf, denn sie klärt, ob etwas auf dem »einzigen Grund, der gelegt ist«, also »auf Christus gegründet« ist. Also gibt es neben ihm keinen letztlich tragenden Grund. Das ist das Ende jedes Fundamentalisten.

Doch auch das Verstehen muss gelernt werden. Immer wieder hörte ich von Studenten: »Zuerst wusste ich gar nicht, wozu das alles gut sein soll, was du uns erzählst. Aber nach zwei, drei

Andreas von Mirbach

Jahren begriff ich, wie wichtig es ist!« Da antwortete ich gerne: »Wie gut, dass du dann noch wusstest, was ich gesagt habe.« Das hatte seinen Grund: Unsere Arbeit war nicht vom Akademischen her, gleichsam »von oben her« konzipiert, sondern aus der Kinderarbeit und dem Konfirmandenunterricht erwachsen. Sie wurzelte also im Leben der Gemeinde. Dabei helfen einfache Bilder und Skizzen wie Stadtpläne zur Orientierung.

Die Mitte der Siebzigerjahre erlebte ich als eine raffinierte Falle, in welche die Achtundsechziger-Revolution geriet: Ihr Erzfeind, der »Konsum«, nahm sich ihrer an. Im Schaufenster des Kaufhauses bei uns blickten mich die Modepuppen jetzt revoluzzerhaft grimmig mit schockierender Haartracht und Kleidung an und machten sich so das andere Lebensgefühl zunutze. Einige kritische junge Leute wanderten in den Untergrund eines erbitterten Terrorismus mit unsäglichen Morden.

Als ich nach einer Reise vom Flugplatz in Hannover zurückfuhr und im Auto die Nachrichten einschaltete, kam die Meldung von einem Überfall auf die deutsche Botschaft in Stockholm. Dort wusste ich meinen Freund Andreas von Mirbach als Militärattaché – und ich erfuhr, dass er erschossen worden war. Ich war kaum eines Gedankens fähig: Er war wie ich im Internat in Wyk auf Föhr Christ geworden, hatte Christa, die Tochter der Schulleiter von Roth geheiratet, war Pate unseres jüngsten Sohnes, wie ich der Pate seines Sohnes – und ich sah ihn, wie er bei seinem letzten Besuch in Krelingen vor mir stand: »Den warmen Mantel brauchst du gewiss im Winter dort oben«, meinte ich. Er griff in die Manteltasche: »Wichtiger ist, was ich darin habe …« Es war – keine Pistole, sondern ein Neues Testament. »… denn wenn ich als Geisel genommen werde, möchte ich das bei mir haben. Wir werden beobachtet – bei uns in der Nähe liegt eine Jacht, die da nicht hingehört.« Und nun war das Entsetzliche geschehen. Ich überlegte sofort, wie ich seine Frau mit den Zwillingen in Krelingen aufnehmen könnte, und bald erhielt ich die Bitte, die Beerdigung beim Staatsbegräbnis zu halten.

Dort sprach Verteidigungsminister Leber in dieser schweren Situation in überzeugender Weise, und ich konnte in der Predigt von der Begebenheit mit Andreas von Mirbachs Neuem Testament berichten. »Jesus bleibet meine Freude« von Bach spielte die Orgel auf Wunsch der jungen Witwe. Ihr und ihren Kindern standen schwere Zeiten bevor. Sie blieb unserer Familie, und besonders Andreas, treu verbunden.

In der Seelsorge hatte ich damals fast ausnahmslos Gespräche zu führen, wo ich zwischen psychischer und okkulter Belastung unterscheiden musste, wie ich es in jener Prüfungsfrage in Batu schon kennen gelernt hatte. Die Unterscheidung ist Voraussetzung einer verantwortlichen Seelsorge, weil man Psychisches nicht als dämonisch ansprechen darf und Dämonisches psychologisch nicht zugänglich ist.

Damit stand ich wohl in einer Vorschule für den nächsten »großen Berg«, der vor uns lag: die »neue Seelsorgebewegung«. Sie hatte sich in der Kirche in kürzester Zeit weitgehend durchgesetzt, wurde verbindlich in die Aus- und Fortbildung eingeführt, und viele ihrer Vertreter erhielten kirchliche Anstellungen auf Lebenszeit. Den Grund für ihren Erfolg hörte ich von einem von ihnen: »Wir waren als junge Leute verzweifelt über das leere

Stroh der verkopften konservativen Theologie. Dann erlebten wir das Aufkommen der Gruppendynamik und ihrer neuen Seelsorgebewegung von Holland und den USA her als eine Erweckung und haben sie überall umgesetzt – endlich waren wir wieder beim Menschen, im Leben und in der Praxis.« Die Methoden wurden als Geschenk Gottes für die verdorrende Kirche bewertet.

Das brachte mich vor einen neuen »Berg«, der mir »viel zu groß und viel zu schwer« war. Im Bus auf einer Rückfahrt von Bornholm durch Südschweden las ich in einem Buch, das mir ein Freund, ein christlicher Psychologe, auf meinen Wunsch geschenkt hatte. Es zeigte die Entsprechungen zwischen dem inneren und dem äußeren Menschen, wie sie uns die Sprache meldet: »Es bricht mir das Herz«, oder »Es geht mir an die Nieren« – und so findet es sich ja auch in der Bibel.

Als ich aus dem Busfenster in die weite Landschaft hinausblickte, wollte ich Gott dafür danken – und konnte nicht beten! Wie eine bleierne Wand war es über mir, durch die ich nicht hindurchkam. Das war mir bisher völlig unbekannt gewesen. Ich war wie gelähmt. Mit stumpfem Blick sah ich aus dem Fenster. Was konnte jetzt bloß geschehen? Da stand mir eine Skizze aus dem Konfirmandenunterricht vor Augen, die darstellt, wie unsere Sünde die Verbindung mit Gott wie ein Telefonkabel durchtrennt, denn »eure Sünden scheiden euch von Gott, dass ihr nicht gehört werdet …« Aber, so hatte ich den Konfirmanden gesagt, »… es gibt dann immer noch die Not-Leitung: ›Rufe mich an in der Not, so will ich dich erretten, und du sollst mich preisen.‹ – Die Not-Leitung geht nie kaputt« (Psalm 50,15). Und so betete ich: »Herr – ich kann nicht beten, aber jetzt benutze ich die Not-Leitung: Was ist geschehen?«

Langsam kam mir dann unter der Fahrt zu Bewusstsein, was mit mir passiert war: Ich war beim Lesen fasziniert worden von den durchaus zutreffenden Beobachtungen. Aber darüber war ich in eine rein psychologische Sicht hineingeraten, in der diese vorgetragen wurden: Sie sah den Menschen vom Menschen und nicht von Gott her. Das aber ist eine Lüge, die Richtiges in falschem Zusammenhang zeigt. Ich bat um Vergebung – und da war der Weg frei, und ich konnte wieder beten. Meinem Freund erklärte ich daraufhin: »Weißt du, dass deine ganze Psychologie eine einzige Lüge ist, wenn sich dabei die Theologie in die Psychologie auflöst?« Er war betroffen: »Wie meinst du das?« Ich berichtete meine Erfahrung mit dem Buch, und da stimmte er zu: »Wenn du es so siehst, hast du Recht.«

Gruppendynamik

Mir war das Wort »Gruppendynamik« neu, und erste Erklärungen schilderten sie als völlig harmlos: »Gruppendynamik stellt sich natürlich und spontan ein – etwa wenn man zusammen am Kaffeetisch sitzt.« Doch Peter Hofstetter, einer der ersten Experten, erklärte es anders: Unsere Worte hätten heute das »innere Richtmaß« verloren, so dass man unter dem gleichen Wort Verschiedenes, ja Gegensätzliches verstehen könnte. Nun nehme man Zuflucht zu den Emotionen, den weithin unterbewussten Kräften menschlicher Beziehung. Gruppendynamik sei eine Technik, diese Emotionen in der Gruppe zu entbinden und gezielt auf eine Veränderung hinzusteuern. Dies sei Aufgabe eines Trainers, der wie ein Ingenieur entsprechende Instrumente und Methoden dazu beherrsche. Das verstand man im kirchlichen Raum als »Seelsorge«, die dadurch methodisch erlernbar und machbar werden sollte. Aber wir sahen in diesem Herstellen das Gegenstück zu dem, was wir als biblisch orientierte Seelsorge kannten.

Damals erlebten wir – wie gesagt – in Krelingen eine besonders schwere Zeit. Eine Krise folgte der anderen. Wie lange konnte das noch gut gehen? Was sollten wir tun? Wir hörten, wie in den neuen, gruppendynamischen Trainings verfestigte Herrschaftsstrukturen aufgedeckt und aufgebrochen wurden, um dann »therapiert« zu werden. Schrie nicht alles bei uns danach? Ich traf mich mit Burghard Affeld, der damals den »Glaubenshof« leitete, und uns war klar: Unsere Schwierigkeiten trieben uns sattdessen zu Jesus Christus. Sie waren seine Sache. Unsere Aufgabe war es, sie »unter das Kreuz« zu bringen – und auch dort zu lassen. Aber was lief nun in der Kirche durch die »neue

Seelsorgebewegung« ab? Wo kam es her? Wo führte es hin? Was machte es aus uns? Spontan formulierten wir dazu nach dem, was wir wussten, einige Sätze. Es war nicht mehr als eine Schreibmaschinenseite, die von der »Konferenz Bekennender Gemeinschaften« veröffentlicht wurde.

Bald darauf saßen wir in Krelingen um einen Tisch zusammen mit mehreren Theologen aus den Kirchenleitungen, die aus Berlin, München und Hannover angereist waren. Mir gegenüber saß der Vorsitzende der »Deutschen Gesellschaft für Pastoralpsychologie« (DGfP), Dr. Klaus Winkler.

Er eröffnete das Gespräch: »Ich möchte von vornherein klarstellen, dass weder ich noch irgendjemand von der Gesellschaft auch nur das geringste Interesse hat, mit Ihnen, Herr Findeisen, oder mit irgendjemandem von der Konferenz überhaupt zu sprechen.«

Ich konterte: »Gewiss, denn wenn man wie Sie das Denken ins Fühlen überführen will – worüber gäbe es dann noch zu sprechen?« – Die Oberkirchenräte wurden nervös: »Aber wir sind doch in einer Kirche! Wir müssen doch miteinander sprechen!«

»Das gefällt Ihnen so!«, erwiderte Dr. Winkler. »Die Mutter Kirche vereinigt ihre streitenden Kinder und meldet: Es haben Gespräche stattgefunden. Als wäre das Problem damit gelöst!« Und dann fügte er in erfrischender Offenheit hinzu: »Nicht mit mir!«

Ich warf dazu ein: »Von wegen Mutter Kirche! Für uns ist die Kirche in solchen Sachen ein Dienstleistungsbetrieb, der dafür zu sorgen hat, dass alles in ihr nach ihrer Grundlage, nach Schrift und Bekenntnis verläuft. So gilt es, und so ist das zu bemessen, was Dr. Winkler oder ich sagen. Aber das geht nicht mehr. Die Auslegung der Bibel ist in den hermeneutischen Sümpfen untergegangen, und es gibt in der Kirche keine verbindliche Schriftauslegung mehr.« Darauf war Stille. Jeder wusste, dass es so war.

»Ja, was machen wir da, Bruder Findeisen?«, fragten sie mich.

»Nichts leichter als das: Wir lesen die Bibel, und zwar so, wie sie heute Morgen hunderttausendfach in unserem Land gelesen worden ist. Christen lesen in ihrer Bibel das, was da steht, und nicht einen Hintersinn zwischen den Zeilen oder so, wie es die

Methoden lehren. Darum bin ich nur bereit, mit Ihnen etwas zu machen, wenn wir bei allem zugleich deutlich machen, wie es mit dem Wortlaut der Bibel übereinstimmt.« – Sie antworteten mit Kopfnicken.

So kamen wir zu dem, was Oberkirchenrat Dr. Horst Reller vom Lutherischen Kirchenamt in Hannover mit unserer Krelinger Begegnung erreichen wollte: dass unser Einspruch auf möglichst breiter Ebene möglichst effektiv zur Wirkung käme. Das aber war in der Kirche nur durch offizielle Gespräche auf hoher Ebene zu erreichen. Seinen Grund dafür nannte er später bei einer öffentlichen Gelegenheit: »Wir hörten aus dem Einspruch der Konferenz die Frage heraus, ob wir in der neuen Seelsorgebewegung in der Kirche noch das Erste Gebot ernst nähmen.« Denn in den Landeskirchenämtern war man bereits alarmiert bis verstört über die Folgen, die sich als Schädigungen durch die diversen Trainings einstellten, aber man konnte sich nicht erklären, was da falsch lief.

Zum Schluss unserer Begegnung sagte ich zu Winkler: »Ich lade Sie ein, dass wir einmal hier zwei Stunden miteinander durch die Krelinger Wälder wandern. Ich würde Sie gerne persönlich kennen lernen, um zu erfahren, warum Sie sich für diese neuen Methoden einsetzen. Und ich möchte, dass auch Sie erfahren, warum ich von ganzem Herzen dagegen bin.«

Bei der ersten Gesprächsrunde hatten wir uns auf eine gemeinsame Klausurtagung im Studienzentrum der lutherischen Kirche in Pullach bei München verständigt, die folgen sollte. Der Pullacher Studienleiter berichtete, es sei dort gerade ein Training zu Ende gegangen, nach dem drei Pastorenehepaare sich zur Scheidung entschlossen hätten, und auch seine Ehe sei angeknackst. Er war keineswegs erschüttert, denn dies diene ja der so genannten Selbstverwirklichung, die damals alle anderen Werte zur Seite schob – eine neue, vom Menschen erstellte Vertikale.

Auf dieser ersten von drei Tagungen prallten die Gegensätze frontal aufeinander. Die Tagung folgte dem nicht falschen Schema von Konfrontation zur Abklärung, welches eine Differenzierung ermöglichte, die wir auf der zweiten Tagung erlebten. Da erkannte man, worin auch der andere Recht hatte und wo man bei sich selbst die Fehler suchen musste. Danach auf einer dritten Tagung zur Kooperation zu kommen, erwies sich von vornherein als Illusion. Unter Seelsorge verstanden wir von der Konferenz Bekennender Gemeinschaften, unter der Leitung Jesu als dem Hirten, Lotsen und Arzt zu sehen und zu sagen, was er gesehen und gesagt haben will. Die Pastoralpsychologie dagegen vollzog, was ihr Name sagte: reine Psychologie, für Pastoren aufbereitet.

Bald darauf rief Dr. Winkler mich an und lud mich für unser Gespräch zu sich nach Hause ein. Wir saßen in bequemen Sesseln, als er von seinem Elternhaus in der DDR erzählte und von dessen hoch liturgischer Tradition, die jede lebendige Kommunikation des Pastors mit der Bevölkerung verhinderte. »Das erschien mir als ein psychologisch bedingtes Kommunikationsproblem, und ich entschloss mich, neben Theologie in Berlin auch Psychologie zu studieren. Meine Freunde warnten mich – dann sei ich bald ›weg vom Fenster‹ und verlöre meinen Glauben. Aus lauter Trotz tat ich es trotzdem. Nach dem Studium gab es für mich keine Geheimnisse mehr im Menschen. Und wenn Sie von Bekehrung, von Sündenvergebung und Heilsgewissheit erzählen, sind das für mich leicht durchschaubare innerseelische Mechanismen …«

Was sollte ich darauf antworten? Ich wusste, dass er – in seinem Paradigma! – Recht hatte, bestätigte es ihm und fügte hinzu: »Aber wenn nur etwas hinzukommt, das außerhalb Ihres Rahmens ist und diesen sprengt, stimmt nichts mehr von dem, was Sie sagen.«

Damit hatte ich ihn im Nerv getroffen, er ging hoch und rief: »Auch Sie haben Ihren Rahmen …« – »Was meinen Sie?« – »Ihren biblizistischen Rahmen, in den Sie alles hineinbringen!«

In diesem Augenblick war ich dankbar, dass ich von 2. Korinther 10,3-5 her genügend von der paradigmatischen Bannung des Denkens verstand, um mich nicht zu wehren. Rückblickend meine ich, dass nur Gott mich festhielt, als ich ihm antwortete: »Sie haben Recht. Aber wenn Sie von meinem Rahmen sprechen, dann sprechen Sie von meiner Sünde. Und haben wir nicht bei Paulus und Luther gelernt, dass es alle unsere Rahmen sprengt, wenn Gott bei uns eingreift und zu uns spricht?« Die Veränderung, die danach eintrat, war verblüffend.

Als ich mich selbst nicht schonte, fing er an, auch von all den Kämpfen zu sprechen, die in den verschiedenen Lagern – er sagte »Konfessionen« – der Pastoralpsychologie tobten. Nun sprach er mich als »Bruder Findeisen« an.

Als wir uns zu verabschieden begannen, hatte ich das deutliche Empfinden: Biete ihm eine Gebetsgemeinschaft an! Das war mir unangenehm – gemeinsames Gebet war damals unter Theologen völlig ungewöhnlich. Aber das Empfinden blieb, und ich schwieg. Wir erhoben uns, seine Frau trat dazu, es ging auf den letzten Händedruck zu – und ich fasste mir ein Herz: »Bruder Winkler, wir beide haben doch eine erhebliche Verantwortung – wäre es nicht sinnvoll, wenn wir noch zusammen beten würden ...?« Es war, als hätte er nur darauf gewartet: »Ja! Gewiss!« Wir setzten uns wieder, und er betete frei wie ein Kind. Bald darauf hatten wir in Hannover eine »Kundgebung« der Bekenntnisbewegung im Blauen Kuppelsaal auf dem Messegelände. Dr. Winkler war dazu gekommen, und als er mich erblickte, kam er mit ausgebreiteten Armen in der Vorhalle auf mich zu: »Wie freue ich mich, Sie wiederzusehen ...!« Er nahm den ganzen Tag über an der Versammlung aufmerksam teil.

Diese Erfahrung teilte ich dann meinen Freunden mit und erntete Entsetzen: »Dich kann man auch nirgends hinschicken – weißt du denn nicht, dass Gebetsgemeinschaft eines der Instrumente ist, mit denen die gruppendynamischen Methoden den Gruppenschluss herstellen?« Ich war erschüttert und schrieb diese Erfahrung in einem Brief an alle Teilnehmer unserer nächsten Pullacher Tagung: »So weit sind wir gekommen, dass man in der Kirche nicht einmal mehr zusammen beten kann, ohne zu fürchten, dadurch manipuliert zu werden!« – War es zwischen Dr. Winkler und mir ein echtes Gebet gewesen? Ich beschloss, dass es so sei, und schrieb, dass weder ich noch sonst jemand außer Dr. Winkler selbst dies nachprüfen könne.

Horst Reller, dessen überaus kluge und faire Leitung mir ein starkes Vorbild wurde, versandte den Brief, und so wurde ich bei der zweiten Tagung sofort hart angegriffen: Es sei doch eine Unverschämtheit, was ich mir da geleistet hätte. Aber Dr. Winkler stellte sich zu mir. Er sei tief betroffen gewesen, aber ich hätte Recht. Und er sei dankbar, dass ich unser gemeinsames

Gebet so aufgenommen habe, wie auch er es gemeint habe. Im Schlusswort meinte er dann, wenn er bete, nehme er sich das Recht, in seinem emanzipierten Gottesbild zu beten: »Vater – das ist Mist, was du da machst.« Ich war sprachlos. Ich erzwang mir ein Schlusswort und fragte: »Zu wem haben wir gebetet: zu Gott als dem Vater des Herrn Jesus Christus – oder zu unserem eigenen Gottesbild? Steht es zwischen uns auf einmal wie bei Elia – zur Scheidung zwischen dem wahren Gott und den Götterbildern?«

Darüber geriet alles in Unruhe, und der Pullacher Studienleiter meinte zu mir, ich solle dies doch nicht so auf die Goldwaage legen. »Wieso?«, antwortete ich. »Ich lege es nicht erst auf die Goldwaage – es liegt auf der Goldwaage!« Wie sollte ich meine Erfahrungen mit Dr. Winkler deuten? Wenn ich nicht gelernt hätte, den Menschen in seinen verschiedenen, auch gegensätzlichen Schichten wahrzunehmen, wäre ich damit nicht zurechtgekommen.

Unser Einspruch und die Tagung, von der es eine Veröffentlichung gab, haben »wie nichts anderes von Seiten der Konferenz die Lage der kirchlichen Ausbildung verändert«, wie ein Oberkirchenrat mir einmal sagte. Einzelne Forderungen von uns wurden als verbindlich in die Vikarsausbildung und Pastoren-Fortbildung aufgenommen. Mir brachte es zudem die Berufung in die Generalsynode der Vereinigten Evangelisch-Lutherischen Kirche ein. Für mich bewährte sich angesichts der Psychologie, was wir gegenüber der Bibelkritik schon gelernt hatten: Die zutreffenden Beobachtungen von den falschen Bewertungen und Schlussfolgerungen zu unterscheiden und zu trennen, um sie im Dienst der Seelsorge neu zu bewerten.

Aber dass die spontane Gruppendynamis am Frühstückstisch und die Gruppendynamik des Psychotrainings zwei verschiedene Welten waren, wurde klar: Die Endung »-ik« deutet auf Technik hin, die dazu dient, aus Material mit Methoden herzustellen, was einem fehlt. Psychotechnik ist das Gegenteil zu biblischer Seelsorge ebenso wie ihr Ziel der Selbstverwirklichung durch die Gruppe. Wieso war man in der Breite der Kirche darauf hereingefallen? Ein Pastoralpsychologe erklärte es mir: Nachdem historisch-kritische Methoden gegenüber der Bibel so erfolgreich waren, wäre es doch Heuchelei, nicht auch Methoden gegenüber dem Menschen einzusetzen. Da sahen wir, wie wichtig es war, vorher zu bedenken, was denn der »Person-Kern« des Menschen war. Er war Gottes Hoheitsgebiet, da hatte der Mensch nichts zu suchen. Und was »Methoden« daraus machen.

In jener Zeit erreichte die Belastung der Arbeit für mich den kritischen Punkt, an dem aus dem Opfer, ohne das man so eine Aufgabe nicht wahrnehmen kann, Schädigung zu werden begann, mit der man sie nicht mehr auszuführen vermag. Auf einer Fahrt zum Bahnhof wunderte ich mich einmal: Warum steckt meine Frau einen Rotstift ein – und wohl so, dass ich es auch bemerke? Den Stift zückte sie, als wir im Auto auf den Zug warteten: »So! Und jetzt nimmst du deinen Terminkalender heraus! Und an jedem Montag schreibst du jetzt mit Rot hinein: Frei!« Ich stutzte: »Das ist ein Überfall! Wie kann ich denn …« – »Doch! Und zwar gleich: Frei!« Und ich schrieb.

Mir war klar: Es war ein Notsignal. Wir waren jetzt etwa achtzehn Jahre verheiratet. Die verwirrten Auffassungen zur biblischen Über- und Unterordnung von Mann und Frau hatten wir für uns gelöst: Es heißt Unter-Ordnen, nicht Unter-Unordnen. Und in Fragen unserer Ehe, der Familie und unserer Gesundheit hatte meine Frau die Kompetenz – und darin für mich Autorität. Wir hatten seit Wochen kaum noch Zeit, richtig miteinander zu sprechen, denn bis zu acht Stunden am Tag unterrichtete ich im Seminar, dazu der Korrespondenz-Berg, all die Reisen und die Belastungen im Werk. Ich vertraute schon lange auf »die Kreativität des Chaos« und darauf, dass bei Gott auch Unmögliches möglich werden mochte.

Als Student hatte ich von Nathan Söderblom die Devise übernommen, im Amt müsse man sich »zu Tode arbeiten – aber langsam und mit Verstand«. An dem fehlte es mir offensichtlich. Seit zwei Jahren bemerkte ich nicht, dass ich meinen Sohn Arne zwar sah, aber in seinen entscheidenden Umbruchsjahren nicht wahrnahm. Dabei hätte er mich gerade jetzt gebraucht. Meine Frau bestand darauf: »Unsere Ehe ist auf den geistigen Austausch gegründet. Und wenn dafür keine Zeit ist, ist auch alles andere zu Ende.« Wie oft hatten wir zusammen in Vorträgen zur Ehe erklärt, dass die »Hilfe«, die Gott mit der Erschaffung der Frau dem Mann gab, im Urtext den »geistigen Austausch« meinte. Ich erkannte, dass wir in akuter Gefahr waren, und gewann von da an den Mut für den schwierigen Lernschritt, bei Anfragen für Montag »rot« zu sehen: »Es tut mir Leid, am Montag bin ich besetzt – da bin ich nämlich frei für meine Familie.« Jetzt erinnerte ich mich an einen Leitsatz, den »Campus für Christus« in seinen internationalen Management-Trainings für hauptamtliche Mitarbeiter lehrte: Zuerst dein Leben mit dem Herrn, danach dein Leben mit deiner Familie und dann erst dein Dienst für den Herrn. Bei uns gilt es zumeist umgekehrt – und die Folgen sind katastrophenträchtig.

Beim nächsten Jugendtag in Krelingen wurde mir eine freundlich lächelnde Dame vorgestellt. Ihr Pastor sagte mir mit bedeutsamem Blick: »Sie heißt Aurelie – die Goldene.« Sie erklärte sich bereit, mir in meiner inzwischen uferlos gewordenen Korrespondenz zu helfen, in der ich darum nicht unterging, weil ich von ihr weit weg floh. Im ersten Jahr schrieb mir Frau Hofmann 1.200 Briefe und im Laufe der nächsten fünfundzwanzig Jahre ungezählte weitere. Die Professorenwitwe war Assessorin für Geschichte gewesen und als Mitglied der Gesellschaft für Deutsche Sprache firm in Konjunktiv, Dativ und Plusquamperfekt, für die ich mich so wenig interessiere wie für Kommasetzung. Vor allem war sie unermüdlich bereit, meine chaotischen Manuskripte immer von Neuem zu korrigieren und ungezählte »Bändle« von Diktiertem abzuschreiben. Zwischen uns entstand eine so vitale geistige Symbiose, dass ich zu ihrem »Herrn Neffen« aufstieg. Mein Verhältnis zu ihr als urfränkischem Original reimte sich so: »Mit einem Franken ist gut zanken, denn Humor bricht bald hervor.« Als sie einmal ihren Ausstieg ankündigte, fragte ich spontan: »Wollen Sie mich unter den grünen Rasen bringen?« Ohne sie wäre nicht nur das Nötige, sondern ohne ihren Rat auch viel Wichtiges nicht entstanden. Sie hatte Erbarmen – und blieb.

Am 15. Mai 1978 fand einer der Krelinger Glaubens- und Erweckungstage statt. Zwei Vertreter des Kirchenvorstandes der Andreaskirche in Tungendorf waren angereist, um mich zu bitten: »Komm zurück zu uns!« Sie sprachen im Auftrag des Kirchenvorstands, da die Gemeinde vakant geworden war, und wenn es nicht meine lieben Freunde gewesen wären, hätte ich ihnen ins Gesicht gelacht: Was? Die aufblühende Arbeit hier verlassen, wo gerade unser schönes Studienhaus fertig geworden ist? Aber ich schwieg. Das Datum des Gespräches steht bis heute in meinem Losungsbüchlein, weil es eine entscheidende Wende einleitete.

Im folgenden Sommer kampierten wir mit den Kindern auf der schwedischen Insel Öland. An einem Abend genossen Ruth und ich die warme Sonne im winzigen Hafen Kristianopel. Kleine Segelboote kreuzten kühn im Hafenbecken hin und her, und in der Gelöstheit des stillen Abends wurde uns beiden gleichzeitig und wie von selbst klar: Ja, es ist Zeit. Unsere Aufgabe in Krelingen ist beendet. Verschiedene Hinweise verdichteten sich für uns, besonders die nicht mehr zu bewältigende Menge an Kontakten und die daraus folgende Terminnot. Durch sie war die Familie und unsere Ehe bereits dabei, schweren Schaden zu nehmen. Damals las ich gerade die alttestamentlichen Erzväter-Geschichten und sah, wie Gott sein Reich gerade durch Familien baut, und so war meine Entscheidung klar: Die Familie hat jetzt Priorität.

Kemner teilte ich nach unserer Rückkehr mit, ich sei durch die sieben Pionierjahre recht verschlissen und übergäbe ihm eine fertig aufgebaute und durchorganisierte Arbeit. Für ihren Ausbau brauche er einen neuen Studienleiter mit entsprechenden Gaben. Wir schieden »im Frieden«, und die Studenten malten mir dazu ein Bild von den »Bäumen, die in die Hände klatschen«. Ich war dankbar, dass sich mein Ausscheiden organisch ergab und nicht in – oder gar aufgrund – einer Krise. Kemner besuchte uns mehrfach in Neumünster, und uns verband eine unsagbar tiefe Liebe »in Christus«. Als er zu seinem neunzigsten Geburtstag beerdigt wurde, ergab es sich, dass ich allein mit dem Bestatter in der Kirche in stillem Dank zu Gott vor dem offenen Sarg blieb. Wortlos reichte er mir das Werkzeug – er verstand mich. Ich schloss Kemners Sarg. Das Bild von ihm und seiner Frau steht nun bei mir neben dem Bild meiner Eltern.

Dr. Joachim Cochlovius wurde als mein Nachfolger berufen. Er brachte für den Ausbau der Arbeit Gaben ein, die mir fehlten. Was sollte ich ihm – als Quintessenz meiner Erfahrung und

Gruß zur Einführung – überreichen? Ich nahm vom Friedhof ein paar Sargnägel mit als Zeichen: »Wer da leben will, der sterbe – wer nicht stirbt, der lebet nicht«, wie es in einem Lied heißt. Das wirkt nur auf den makaber, der die Wachstumsgesetze des Saatkorns, das in die Erde fällt und aus dem Frucht wächst, nicht kennt. Und Krelingen war ein guter Ort, dies zu studieren.

Da wir weder Kraft noch Mittel hatten, die Studenten an der Universität zu begleiten, waren sie auf Eigeninitiative angewiesen. Noch mitten in den explosiven Studentenunruhen entstand die »Marburger Tagung« für Theologiestudierende in der dortigen Evangeliumshalle. Niemand hätte geahnt, wie viel daraus entstehen sollte. Damals las ich in einem Studenten-Rundbrief: »Ich habe eingesehen, dass mir auf meine Fragen kein Mensch eine Antwort geben kann. Und so habe ich Jesus gebeten, dass er mein Lehrer sei.« Es war Hans-Jürgen Peters. Da wusste ich, dass hier die Arbeit zum Ziel gekommen war – und weitergehen würde.

Weiterbauen

Nach Neumünster ging ich wohlgemut zurück, denn ich brachte, wie ich meinte, einen voll gepackten Rucksack mit Erfahrungen aus elf Jahren in derselben Gemeinde mit, kräftig angereichert durch die sieben Jahre Studienleitung in Krelingen. Doch so gut wie alles hatte sich verändert. Mit fünfzig Jahren hatte ich die seltene Chance, noch einmal von vorn damit anzufangen, Pastor zu sein.

Was war geschehen? Die Umbrüche der Studentenbewegung und die von ihnen geprägten Siebzigerjahre hatten tiefe Spuren hinterlassen. Die Menschen waren anders geworden. Vor dem Unterricht hielt mir eine Konfirmandin, mit eulenhaft verschminkten Augen auf der Mülltonne sitzend, provozierend die »Bravo« entgegen – das mehr als zwiespältige Teenagermagazin. Im Jugendkreis saß wie selbstverständlich stets einem Mitarbeiter seine Freundin auf dem Schoß, und die Pärchen standen nachher eng umschlungen zum »Kuscheln«. Das hatte man so auf einem Jugendleiter-Kursus gelernt. Die nächste »Konfi-

Freizeit« wurde ohne mich geplant (»Wozu brauchen wir denn einen Pastor?«, hörte ich). Ich durfte mit anderen bei einer der Bibelgruppen mitarbeiten. Einer der Leiter »kuschelte« vor den Konfirmanden mit seiner Freundin, was diese dann reihenweise mit Wonne nachmachten. Verantwortung? Vorbild? Das galt nicht.

Ich war verzweifelt. Was sollte ich tun? Dass für mich Autorität nicht einzufordern oder gar zu erzwingen ist, war mir klar. Sie konnte, wenn überhaupt, nur von unten her wachsen. So begann ich wortlos das Papier aufzusammeln, das Konfirmanden neben mir fallen ließen, und zum Schluss meldete ich mich als Einziger zum Klo-Putzen. Das fand man ganz in Ordnung.

In den Predigten wurde ich von den jungen Leuten darauf »abgehört«, ob ich die gerade gängigen gesellschaftspolitischen Schlagworte brachte. Wenn ich es nicht tat, sah ich in zynisch lächelnde Gesichter: »War mal wieder nix!« Zudem beging ich die Torheit, im Gottesdienst gegen den Selbst-Kult anzupredigen, in dem ich eine Wurzel des Übels sah. Wieso wusste ich nicht, dass so etwas ins Leere gehen musste? Konnte sich denn jemand selbst von sich selbst befreien? Langsam dämmerte mir, dass schon in der Zeit vor Krelingen eine Ursache der Misere lag: Ich hatte zu wenig klar vom Kreuz von Golgatha gepredigt. Hatte ich nicht erlebt, dass es der einzige Weg war, aus dem Sich-selbst-verhaftet-Sein herauszukommen?

Wie sollte es nun weitergehen? Was hatte ich zu lernen? Das zeigte sich auf einer Jugendfreizeit in Norwegen. Unser tüchtiger Gemeinde-Diakon, Walter Lorenz, war nur unter der Bedingung in der Gemeinde geblieben, dass er die Alleinverantwortung für die Kinder- und Jugendarbeit haben sollte.

Ich kannte Walter schon als Konfirmand, und wir hatten bereits eine ereignisreiche Geschichte miteinander: In der ersten Konfirmandenstunde sucht man schnell die Stör-Nester ausfindig zu machen. Walter hatte sich als Konfirmand in die dafür strategisch günstige hinterste Ecke verzogen. In der zweiten Stunde brachte er dann eine Schallplatte mit: »Können Sie uns die mal vorspielen?«

Was sollte ich tun? Wusste ich denn im Voraus, was sich in den schwarzen Rillen versteckte? Aber um des Jungen willen wagte ich es, setzte mein Programm ab und holte den Plattenspieler. Wir vernahmen ein Lied des damals bekannten Protest-Sängers Barry McGuire zu dem uns bevorstehenden Weltuntergang. Das war allerdings ein Thema! Wir nahmen es in den Unterricht auf, und der Junge kam auf eine Freizeit mit, fand dort zu Jesus Christus, schlug danach eine ihm angebotene Karriere als Elektroingenieur aus und ging nach Adelshofen auf die Bibelschule. »Uns wird nicht viel Zeit bleiben, um für Gott zu arbeiten – wir müssen sie nutzen«, war seine Begründung.

Nun, als ich wieder in Neumünster arbeitete, hielt er selbst das erste Jahr des Konfirmandenunterrichts, den wir faktisch als zweijährige, fast wöchentliche Jugendevangelisation gestalteten. Damit erfassten wir fast alle Jugendlichen des Stadtteils im schwierigen Alter entscheidender Weichenstellungen. Wir haben viel erzählt, wie sich der Glaube an Jesus Christus in Beispielen aus dem heutigen Leben bewährt. Walter Lorenz sorgte dafür, dass die Jugendarbeit in den Gemeindegottesdienst integriert war, welcher kraft Tradition das stabilisierende Element der stark fluktuierenden Jugendarbeit bildete.

Auf der nächsten Jugendfreizeit lebten wir in Blockhütten in einem norwegischen Heim, das gerade »boat-people«, Flüchtlinge aus Vietnam, aufgenommen hatte. Sie hatten unendlich Schweres erlebt, alle waren Christen. Denen führten wir mit der »Kuschelei« eine christliche Jugendgruppe vor! Schließlich platzte mir der Kragen, und ich donnerte die Jugendlichen zusammen. In der folgenden Nacht lagen Walter und ich in unserer Blockhütte stundenlang wach und besprachen Für und Wider meiner spontanen Reaktion: Wann muss man eingreifen und wie? Und wann und wie verletzt man nur und verschreckt? In den neuen Zeiten der Selbstbestimmung und Selbst-verwirklichung musste Autorität neu gewonnen werden.

Am folgenden Tag saß ich im großen »Palaver« etwa siebzig jungen Leuten gegenüber, und mit zwei Ausnahmen meinten alle, es sei vor Gott alles in Ordnung, weil sie es selbst so in Ordnung fänden. Ich war verzweifelt. In der Situation der Jugend sah ich die Zukunft der Gemeinde vor mir, und damit ihr Ende. Es war mir, als öffnete sich vor mir der Abgrund, und wie betäubt lief ich hinaus ins Moor, stürzte fast besinnungslos ins Moos, kaum mehr eines Gedankens fähig.

Wie ich da lag, war es wieder wie eine stille, klare Stimme: »Wer ist der Pastor der Gemeinde: du – oder ich?« Ich stutzte. Der Berg, der mich völlig zu Boden gedrückt hatte, wich im Nu – ich war wieder frei und mir war leicht wie einem kleinen Vogel: »Herr – du bist der Pastor. Nicht ich.« Ich ging zurück, setzte mich hinten still unter unsere gerade singenden jungen Leute, ich konnte mich freuen, jeden Einzelnen lieb haben, alle Angst war weg. Sie und ich, wir hatten gemeinsam unseren Guten Hirten, unseren »Pastor«. Diesen für mich wohl höchsten Berg hatte Gott »zum Weg gemacht«.

Damit hatte ich erst gelernt, Pastor zu sein, für den neben der persönlichen Lebensübergabe offensichtlich auch eine Gemeinde-Übergabe an Jesus Christus nötig ist. Diese Übergabe bewährte sich in den folgenden Jahren, als die Gemeinde in erhebliche Krisen geriet, von denen sie eine bis an den Rand brachte – und in ihr erweist es sich bis heute im Großen wie im Kleinen, wie Jesus Christus ihr »Pastor« ist.

Mit Walter Lorenz ergaben sich stundenlange gute Gespräche zu unserer Verantwortung in der Gemeinde- und Jugendarbeit. »Unsere Gemeinde ist durch den Konfirmandenunterricht aufgebaut worden«, meinte er einmal. Ihm ist ein wesentlicher Teil des Gemeindeaufbaus während seiner zehnjährigen Tätigkeit zu verdanken.

Damals erfuhr mein Gebet für unseren Sohn Arne eine Revolution. Der Gedanke, dass er ewig verloren gehen könnte, war mir entsetzlich. Ich nahm ihn vor Gottes Thron mit: »Hier bin ich und die Kinder, die du mir gegeben hast.« Bisher hatte ich für ihn gebetet und gebettelt. Das war in Ordnung. Aber nun war mir klar geworden, dass jede Sünde, die er tat, Jesus bereits in seinem Opfer für ihn getragen hatte. Ich sah seine Sünden, seinen verlorenen Stand jetzt nicht bei ihm, sondern bei Jesus. In diesem Blickwechsel wurde das Bitten zum Danken. Ich betete nicht mehr auf seine Erlösung hin, sondern von seiner Erlösung her. Es wurde zum Gebet auf Siegesboden, wie ja auch der Geisteskampf des Paulus nach 2. Korinther 10,3-5 als eines der Leitworte unserer Arbeit vom Sieg her geführt wurde.

Unseren Söhnen hatte der Umzug gut getan, obschon sich die

beiden Älteren nach Kräften gegen ihn gewehrt hatten. In Krelingen waren sie weithin vom Glauben abgekommen, weil sie Christen nur in der Sonder-Welt eines Glaubenswerkes erlebten. Das war wie ein Kessel, in dem alles ineinander kochte und kaum etwas hinein- und hinausging. »Wenn ihr wüsstet, wie es in der Schule zugeht! Die Welt ist anders als hier. Und wir müssen einmal in dieser Welt leben!« Sie hatten den Eindruck, dass die Christen nicht welt-fähig waren. Als wir in einer Familie eingeladen waren und die Hände zum Tischgebet gefaltet wurden, knallten sie dazu die Ellbogen auf den Tisch und hielten die geballten Fäuste nach oben. Aber in Tungendorf in der Gemeinde erlebten sie die Christen unter den Nicht-Christen, also den Glauben in der Normal-Situation der Welt-Bewährung: »in der Welt«, aber dabei »nicht von der Welt«, um so »für die Welt« da zu sein.

Strapaziös wurden nun aber die Mahlzeiten. Morgens lasen wir von jeher die Losung und beteten. Nun stieß das auf harte Opposition, ja bei Arne geradezu auf Wut. Als wir stattdessen Berichte von christlichen Sportlern lasen, war der Trick schnell durchschaut. Schließlich meinte Ruth: »Wir reizen sie nur zur Weißglut. Lass uns mit den Losungen aufhören.« Aber das lehnte ich ab: »Unsere Familie ist auf Gottes Wort gegründet – und diese zwei Minuten am Tag mute ich ihnen zu!« Bei Arne fiel dabei immer wieder der Kopf nach vorne – er schlief wohl ein.

Eines Tages fragte er, wo man ein Losungsbüchlein kaufen könne. »Was willst du denn damit?« – Er wollte es einer seiner diversen Freundinnen schenken. Später teilte er uns mit, dass sein Kopf deswegen nach vorne gesackt sei, weil ihn das Wort so getroffen habe. Nach einer Kutterfahrt auf der Nordsee mit seinen Krelinger Freunden bat er uns, ein Glas Wein mit ihm zu trinken. Er hob es und sagte dazu: »Ich bin wieder bei Jesus.« Die Freundes-Crew hatte sich auf dem Kutter so zerstritten, dass er verzweifelt in einem Hafen hinter einem Kistenstapel einen neuen Anfang mit Jesus Christus machte.

Die Mittagsmahlzeiten dauerten damals bis zu zweieinhalb Stunden, weil uns dann die Jungen ihre scharfen Thesen auf den Tisch knallten. Uns wurde dabei himmelangst um sie, und die Lautstärke kletterte oft bis an die Schmerzgrenze. Aber so lernten wir miteinander zu sprechen. »Das glauben wir ja selbst nicht alles, aber wir wollten sehen, wie ihr darauf reagiert.« Am Schluss stellten wir nicht selten erstaunt fest, dass wir mit verschiedenen Worten dasselbe meinten. Die Jungen haben sich dadurch kräftig »abgenabelt« und darum sind Arne und James heute beide als Pastoren in ihrer Art, zu sprechen und zu arbeiten, völlig eigenständig – und nicht selten besser als ihr alter Vater.

In den Achtzigerjahren erreichten die Folgen der »Achtundsechziger-Revolution« jene, die damals Kinder gewesen waren. Nun lebten sie mit gebrochenen Tabus, was sich vor allem als »sexuelle Befreiung« durchsetzte. Jener Bruch bewirkte durchaus eine Befreiung von Verpanzerungen, hinter denen sich viel Ungutes und Heuchelei verborgen hatte. Er hinterließ zugleich die Trümmer zerstörter Lebenssphären durch den Zusammenbruch ihrer kulturellen »Immunabwehr« (Peter Sloterdijk), durch den Bruch nötiger Tabus. In diese »Trümmer«-Generation wurde ich durch den Direktor unseres Gymnasiums gerufen. Er bat mich, bei Siebzehnjährigen den »Studienkurs Religion« zu übernehmen. Es wurden, wie ich einmal meiner Frau sagte, »sechs glückliche Jahre meines Lebens«. Daraus einiges, was für mich besonders eindrücklich war:

Unter den Trümmern befand sich vor allem die zusammengebrochene und verlorene Identität: »Wer bin ich eigentlich?« Sie erklang im verzweifelten Ruf: »Tell me, who I am!« der Pop-Gruppe Supertramp. Damit verbunden war der Verlust von »Sinn« und »Wert des Lebens«. In einer ersten Stunde fragte ich die jungen Leute, wie sie einen Studienkurs Religion einschätzten: als Nebensächlichkeit? Ich malte einen kleinen Kreis außerhalb des großen Kreises des allgemeinen Unterrichts mit den Fächern als einzelnen Sektoren im Kreis. »Nein! So nicht!« – Also wohl als eines der ordentlichen, abiturfähigen Fächer neben Mathematik, Geschichte, Physik usw. »Nein, so auch nicht!« Ich wunderte mich: »Wie dann?« Ein Schüler ging nach vorne und malte in die Mitte des Kreises einen eigenen Kreis, der alle anderen Sektoren in sich aufnahm. Dort hinein schrieb er ein »R« für Religion. »Ihr meint also, alle anderen Fächer sollten im Religionskurs präsent sein? Wieso denn das?« – »Ja, denn niemand auf der Schule sagt uns, was das andere alles für einen Sinn hat.« Und ein anderer Schüler malte dazu einen den ganzen Kreis der Fächer umfassenden neuen Kreis, wo er das »R« hineinzeichnete. Das prägte den folgenden Unterricht.

Nach einer Stunde blieb ein Mädchen unglücklich zurück. Sie könne mit dem Unterricht nichts anfangen, »denn ich finde bei Ihnen nichts zum Kritisieren«. Ich staunte, doch dann fiel mir ein, dass damals Kritik prinzipiell als Königsweg der Erneuerung galt, wie zuvor der Zweifel als Weg zur Wahrheit.

In zwei Kursen saß jeweils einer unserer Söhne, Arne oder James, als Schüler vor mir. Nun erlebten sie, wie sich ihr Vater schlug, wenn er »den Löwen zum Fraße vorgeworfen wurde«. »Papa, das kannst du doch so nicht machen ...« Oder: »So musst du es anfangen!« Damals fanden wir zu einem regen Austausch – unsere Gespräche gingen oft bis tief in die Nacht.

In der letzten Stunde, die ich mit Arnes Kurs vor dem Abitur hatte, fragten mich die Schüler: »Wie sind Sie Christ geworden?« Ich erzählte es. Darauf kam die Frage: »Und wie können wir Christen werden?« Alle wollten es wissen. Dazu lud ich sie zu uns nach Hause ein und konnte ihnen zeigen, wie man zu Jesus Christus kommt. Der Abend blieb nicht ohne gute Folgen.

Ali war bekennender Atheist. »Hier laufen so Typen herum mit dem Sticker ›Jesus lebt‹. Was heißt denn das?«, fragte er. – »Die Frage hast du gestellt!«, stellte ich fest, weil wir ausschließlich die Fragen besprachen, welche die jungen Leute selbst anbrachten. Nun hatte ich Gelegenheit, zwei Stunden davon zu sprechen.

Nach der letzten Stunde vor den Ferien stand Ali neben mir auf dem Parkplatz. Ich sah ihm ins Gesicht – er wirkte, als würde er in eine Depression kippen. »Ali – was ist los?« – »Lesen Sie das!« Er reichte mir ein Heyne-Taschenbuch. Heyne war damals der maßgebliche Verlag für Science-Fiction-Literatur. »Das Geheimnis der Tropis.« »Warum soll ich es lesen?« »Ich weiß nicht mehr, ob ich ein Mensch bin.« Das Buch, so erklärte er, zeige schlüssig, wie das Bindeglied zwischen Mensch und Tier, das Missing Link, gefunden worden sei. »Warum stört dich das? Wenn du ein Tier bist, dann sei es – miaumiau und wauwau ... und dann lebe wie ein Tier!« Denn wie alle anderen hatte er in

den Klausuren geschrieben: »Der Mensch ist ein höher ent-
wickeltes Säugetier.« Da sagte er leise: »Was hat es dann noch für
einen Sinn, wenn ich mich einsetze für Menschenrechte in der
Dritten Welt …«

Jetzt erkannte ich: Durch die Evolutionstheorie war Ali beim
Horizontalismus angekommen. An die Stelle der Vertikale war
die Horizontale getreten – statt des Ursprungs »von oben« die
Herkunft »von unten«. Nahm man sie ernst, wie Ali jetzt durch
das Buch, raubte man dem Menschen sein Menschsein. Er war
»das Tier Mensch«. Ich sagte ihm: »Was sich jetzt in dir so dagegen wehrt – das ist der Mensch in dir!«

Am Anfang jedes Kurses bat ich die Schüler, mir bis zum
nächsten Mal die Fragen aufzuschreiben, über die wir sprechen
sollten. In der Regel kamen an die fünfundzwanzig Fragen zusammen, die ich nach Themen und nach Häufigkeit ordnete.
Einmal war die häufigste Frage: »Gibt es ein ewiges Leben?« –
»Nanu, wieso interessiert euch denn das?« – »Ja, wir wissen doch
nicht, ob wir älter als zwanzig werden – da wollen wir doch wissen, was wir danach zu erwarten haben.« Es war die Frage einer
Generation in der Angst vor dem atomaren Weltuntergang.

Die Klausuren entdeckte ich damals als Möglichkeit, mit den
Schülern persönlich in Kontakt zu kommen, wenn ich die
Klausuraufgaben so formulierte, dass die Schüler sich persön-
lich öffnen konnten. In der Beurteilung konnte ich ihnen dann
seelsorgerlich antworten. Manche fanden den Weg zum
Glauben.

In den Neunzigerjahren, als ich den Unterricht wegen Über-
lastung aufgeben musste, änderte sich manches im Klima: »Sie
fragen nicht mehr!«, klagten die Lehrer. Das zeichnete sich im
Unterricht schon eine Weile vorher ab. Ich erklärte, Glauben
und Denken gehörten nicht nur zusammen, sondern im
Glauben könne man besser denken, weil man keine Angst vor
gefährlichen Fragen habe. Das merkten die Schüler, und daraus
erwuchs ein starkes Vertrauen. Dem widersprach Roger: »Ich
lehne es ab zu denken. Denn wenn ich denke, werde ich unglücklich. Und ich will nicht unglücklich sein.« Manchmal blickte
er mich aus verschleierten Augen an, damit ich wohl denken
sollte, er stünde unter Drogen. Als er eine Klausurfrage mit

lauter auseinander strebenden Strichen beantwortete, gab ich ihm dafür eine Eins – denn es traf die Lage. In ihm kündigte sich schon die folgende Schülergeneration an, die das Suchen, Fragen und Denken als sinnlos empfand – die postmoderne »Spaß-Generation«.

Der Schulsprecher, der öffentlich den freien Drogenkonsum für sich proklamierte, widersprach mir am heftigsten. Als auch er eine sehr gute Note bekam, war er verwundert. »Du bekommst sie, weil ich damit das Geheimnis ehre, das du mit Gott hast – sonst würdest du nicht so gegen ihn angehen«, erklärte ich ihm. Bald änderte sich sein Denken. In einer Klausur schrieb er: »Selbst, selbster, am selbstesten – der Selbst-Sumpf.« Ihm verdanke ich diesen Ausdruck.

In Hamburg stand ich eines Tages mit zwei Abiturienten in einer Chagall-Ausstellung vor einem großen Bild. »Versteht ihr, was ihr hier seht?« Sie verneinten es erwartungsgemäß, denn Chagall wirkt auf viele nur über einen Zugang von der Intuition her. Er malte als Jude »Bild-Vokabeln« vom Hören her zum Sehen. Ich erklärte ihnen einiges, und unvermittelt sahen sie mich groß an: »Hat Chagall die Vertikale?« Welche Aufmerksamkeit, ja Sehnsucht lag in der Frage!

So kündigt sich in vieler Form eine neue Zeit an, die des zunehmend ratlosen und menschenfeindlichen Horizontalismus müde zu werden beginnt. Chagall dagegen hat, von seinen Wurzeln im jüdischen Stetl her, die Wende zum Horizontalismus nie vollzogen.

Ich selber hatte es allerdings lange abgelehnt, mich je mit Chagall zu befassen – ich mochte keine grünen und roten Gesichter, und keine Menschen mit Tierkopf und Tiere mit Menschenkopf. Doch eines Abends, als ich mit meiner Frau in Krelingen – wir waren beide zum Umfallen erschöpft – auf dem Sofa saß, fiel mein Blick auf eine Chagall-Karte, die nur darum vor mir auf dem Wohnzimmertisch lag, weil ich sie nicht gleich weggeworfen hatte. Und nun, als mein rationales Denken in der Müdigkeit abgedämmert war, erkannte ich auf einmal im Bild Zusammenhänge. Überrascht zeigte ich sie meiner Frau, beide wurden wir hellwach, sahen immer neue Ver-

bindungen und erkannten darin erstaunliche, geradezu heil-
same Aussagen.

»Das muss ich auf dem Glaubenshof zeigen«, meinte ich, »um
den jungen Leuten gegen ihre entsetzlichen Horrorbilder, durch
die sie oft den ganzen Tag ›im Film‹ waren, gesunde, heilende
Bilder zu zeigen, welche sie erreichen könnten.« Die Erfahrung
mit ihnen war unvergesslich: Sie sprangen auf, liefen nach vorne
zur Leinwand und zeigten auf Zusammenhänge, auf die ich
selbst nicht gekommen war.

Offen sein

James und ich schrieben uns vor einiger Zeit den aufschlussrei-
chen Vorspann des Science-Fiction-Films »Akte X« auf: »… während wir unsere Welt wissenschaftlich erklärt haben, wollen wir
doch alle glauben und warten auf ein Zeichen, eine Offenbarung. Unsere Augen richten sich himmelwärts, bereit, das
wahrhaft Unglaubliche zu akzeptieren und unser Schicksal in
den Sternen geschrieben zu finden. Aber wie können wir das am
besten erkennen? Mit neuen Augen? Oder mit alten?«

Viele Science-Fiction-Filme neuer Art kommen mittels Magie
und Mystik den Zuschauern »außerirdisch«. Dann ist es im
Augenblick apokalyptischer Welt- und Lebensbedrohung oft ein
Kind, das intuitiv den einzigen Schlüssel findet, der aus der
selbst erzeugten technischen Katastrophe herausrettet.

»Wie kommen die Klingonen in den Kosmos?«, frage ich
gerne junge Leute, die sich aus dem Internet die Sprache dieser
fiktiven Außerirdischen, ja selbst die Bibelübersetzung ins
Klingonische holen. Doch während sie rätseln, ist die Antwort
verblüffend einfach: »Sie kommen aus uns selbst«, denn sie sind
Bilder unseres Inneren, die wir vor uns nicht »in den Kosmos«,
sondern auf den Bildschirm projizieren. Dort stehen sie uns
dann gegenüber und kehren durch unsere Augen wieder in uns
zurück, um aus uns wieder auf den Bildschirm zu kommen. So
ergibt sich ein dynamischer, in sich geschlossener Regelkreis
durch die Bannkraft selbst gemachter Bilder.

Nun drängen dort, wo man die Fragen verdrängte, die der Horizontalismus hinterließ, neue Fragen, neue Botschaften hervor: »Wir warten auf ein Zeichen, eine Offenbarung.« Ging es mir ebenso in meiner Bekehrung in Hermannsburg, als ich nach »Offenbarung« fragte? Und: »Wir wollen doch alle glauben«, und sind sogar »bereit, das wahrhaft Unglaubliche zu akzeptieren« – was meint das? Es ist etwas anderes, als was ich als Schüler gesucht hatte. Ich hatte in einer bestimmten Richtung, auf Jesus hin gesucht, und nicht nach einem »Klimawechsel« des »Geistes der Zeit«, der sich allgemein einstellt.

Auf dem 100. Jubiläum unserer Feuerwehr sollte ich ein Wort – »aber nicht zu lang!« – an die Festversammlung richten. Frage: Was verbindet die Feuerwehr mit der Kirche? Natürlich: das Feuer. Ich nahm drei Kerzen mit, und entzündete die erste mit Schillers »Glocke«: »Wohltätig ist des Feuers Macht, wenn sie der Mensch behüt', bewacht.« Das gefiel wohl. Zur zweiten Kerze zitierte ich weiter: »... wehe, wenn sie losgelassen ...« Man verstummte betroffen. Man kannte die entsetzlichen Folgen, die ein Atomangriff hatte.

Bei der dritten Kerze warnte ich: Wie das Wasser aus dem Schlauch des Feuerwehrmannes zischt, wenn es ins Feuer kommt, so sei das Wort Gottes aus dem Munde des Pastors, denn nach dem, was ich jetzt sagen würde, würden sie alle zischen. »Ihr sprecht von der Feuerhölle – ich aber spreche jetzt vom Höllenfeuer.« Denn das sei doch klar: So, wie wir sind, passten wir nicht mit Gott zusammen in den Himmel. »Und das weiß man nicht einmal, bevor Jesus uns nicht darüber sein Licht aufsteckt.« Ich wartete auf das Zischen. Alles blieb still. Dann erhob sich ein donnernder Applaus.

Als ich mich wieder an den Tisch zu meinem Tortenstück setzte, dachte ich: Was habe ich falsch gemacht? Doch ringsum nickte man mir betroffen zu, und der nächste Redner begann mit einem Stottern. War es so, dass die Leute »doch alle glauben wollten« – und dankbar waren, wenn ihr Pastor noch das glaubte, was sie nicht mehr glaubten – dass er also glaubte, was die Bibel sagt? Denn ihres eigenen Unglaubens waren sich die Leute nicht mehr so sicher.

So meldet sich bei uns die Vertikale zurück in neuer Suche

nach »Spiritualität«: »Wir brauchen Erleuchtung!«, erklärte mir ein Vikarsausbilder einer großen Landeskirche und erläuterte: »Wie sie der Hinduismus kennt.« Ich hörte in der Licht-Sprache die Geist-Sprache heraus und war erschüttert: »Aber man muss doch prüfen, aus welchem Geist dies ist!« Er hielt dagegen: »Nein – Hauptsache Erleuchtung!«

Dazu hatte ich auf einer Tagung Gelegenheit, beim Frühstück Richard von Weizsäcker, noch bevor er Bundespräsident wurde, zu fragen: »Was sagt Ihre Familie zu den hinduistischen Erleuchtungen Ihres Bruders Carl Friedrich mit seinem Kundalini-Yogi?« Er hatte diesen für sechs Monate in sein Max-Planck-Institut in München eingeladen. Die Antwort: »Wir sind gar nicht glücklich darüber – denn jene alten Kulturen wissen, in welch gefährliche Hochspannungen sie bei ihren Meditationen greifen, und verhalten sich dementsprechend. Wir aber sind da gänzlich unerfahren und tappen unvorbereitet in okkulte Schädigungen hinein.« Das ist bei den faszinierenden Asien-Importen von Spiritualität zu beachten.

Als seit den Sechzigerjahren die »charismatische Bewegung« bei uns aufkam, schien sie direkt der frisch aktivierten Vertikalen zu entsprechen. Viele Christen wurden schnell von der Bewegung erfasst. Ich selber kannte ja »übernatürliche« Wirkungen Gottes zur Genüge, und auch in unserer Gemeinde fanden sich so gut wie alle so genannten Geistesgaben.

Am Abendbrottisch bei einer Hauptvorstandssitzung der Evangelischen Allianz ergab sich dazu ein Gespräch mit einem Journalisten. Er fragte mich: »Was? In zwei Stunden hast du einen Traum, eine Vision und eine Prophetie gehabt – und wieso bist du dann der charismatischen Bewegung gegenüber kritisch?« Ich antwortete: »Ja – ich habe aus meinen Erfahrungen keine Bewegung gemacht. Sie sind doch, nach Markus 16, ›mitfolgende Zeichen‹, das heißt, sie folgen der Verkündigung wie das Kielwasser dem Schiff. Da ist ihr Ort. Und ›kritisch‹ bin ich, um zur Orientierung zu helfen, nicht um abzuurteilen. Allerdings, als ich parteilich im Linien- und Lagerdenken steckte, sah ich es noch anders.«

»Wieso hat es sich bei dir geändert?« »Jeder beruft sich doch auf die Schrift. Also muss man sie eingehend lesen. Und ich fragte: Wie ging Paulus mit seiner hoch charismatischen Gemeinde in Korinth um? Im ersten Brief an sie spricht er in Kapitel 12-14 von ihren erheblichen Schwierigkeiten mit den ›Geisterfahrungen‹. Die sind für sie nichts Neues – sie kannten sie schon als Nichtchristen. Aber nun traten sie bei ihnen wieder auf, und sie erlebten, dass jemand, der ›im Geist‹ war, Jesus verfluchte. Paulus erklärte ihnen, dass sich da ein falscher Geist eingeschlichen hatte. Die weitere Entwicklung war so, dass er den nächsten Brief ›unter Tränen‹ schrieb. Und danach stellte er – in unserem 2. Korintherbrief – erschüttert fest: Ihr habt einen ›anderen Geist, einen anderen Jesus und ein anderes Evangelium‹ widerspruchlos aufgenommen, von Leuten, die von außen kamen und in denen sich ›der Satan als Engel des Lichts‹ verstellt hatte. Und wie reagierte Paulus darauf? Daran habe ich Entscheidendes gelernt: Er will ›nichts unter ihnen wissen als Jesus‹, und diesen ›als den Gekreuzigten‹. Nicht als Gabenbringer. Zurecht kommen wir also nur, wenn wir sein Opfer für uns annehmen.«

»Aber Paulus selbst spricht doch ›mehr in Zungen als alle anderen‹!«

»Ja – und er zeigt zugleich, dass der Gabenweg gerade nicht der Königsweg ist. So meinten es – und meinen es noch heute – die Nichtchristen. Sie suchen das Übernatürliche, auch den schallenden Lobpreis, um sich selbst dadurch zu steigern. Aber Paulus erlebte, wie ihn seine übernatürliche Erfahrung unwiderstehlich in den Hochmut brachte, so dass ihm Gott sogar einen Satansengel verordnete, der ihn klein und schwach hielt. Echte Erweckung – als Auferweckung aus dem Tod – fängt mit dem Sterben ›mit Christus‹ an, im Leben aus der Taufe.«

Mir ging durch den Sinn, wie mir Detmar Scheunemann, der von Batu her viel mit Geistesgaben zu tun hatte, sagte: »Je mehr der Heilige Geist wirkt, umso natürlicher – nicht umso übernatürlicher – wird man.« Denn das Natürliche hat Gott geschaffen. Dagegen wird er selbst nie arbeiten. – »Aber Paulus spricht hoch von den Gaben …« – »… und darum zeigt er, wie sie der Gemeinde zuzuordnen und einzuordnen sind: Sie gehören zum Kindesalter der Gemeinde. Dort sind sie in Ordnung. Wenn aber das Kind zum Mann reift, hören sie von selbst auf oder sie werden zurückgewiesen, weil sie dann nicht mehr am Platz, also ›kindisch‹ sind. Diese Reife bezeichnet bei ihm das Wort ›vollkommen‹ (griech. teleios). In der indonesischen Erweckungsbewegung erlebte ich dieses Hinreifen von der Gründung auf Geisterfahrungen zur Gründung auf das geschriebene Wort. Wo dagegen Reife in immer höheren Geist-Erfahrungen gesucht wurde, pervertierte die Erweckung bald.«

So wurde klar: Paulus lebte zur Zeit des Kindheitsstadiums der Gemeinde. Vom Stadium der Reife spricht er als Zukunft. Aber immer gilt in allem der Glaube, die Hoffnung und die Liebe – darum sind sie es, die bleiben. »Das Vollkommene« ist also nicht im Himmel oder in der Neuen Welt, wenn Jesus wiederkommt! Wer es so sieht, beachtet nicht das Bild vom Reifen des Kindes zum Manne. Hier liegt der Schlüssel um zu verstehen, was für Paulus noch in der Zukunft liegt.

Oft werde ich gefragt: »Und was machst du mit denen, die es nicht so sehen wie du?« »Ich habe von Paulus gelernt, wie er mit jenen Leuten sprach. So finden wir heute, etwa in der Studentenarbeit, in herzlicher Liebe zueinander. Dann können wir frei und offen miteinander darüber sprechen. Und wir lernten, durch den ›Finger auf dem Wort‹ festzuhalten: So steht es geschrieben.«

In einem Gespräch sagte mir ein charismatischer Leiter: »Wir haben so viele Probleme mit unseren Prophetien.« Ich erwiderte: »Klar, da ja nach der Bibel jede Prophetie geprüft werden muss. Und auch das Prüfen kann verkehrt sein, wie wir es schon schmerzhaft erleben.« »Ja – darum habe ich ein Buch geschrieben, wie man Prophetien prüft!« »Dann muss ja nun auch noch Ihr Buch geprüft werden! Dass Sie mit dem Prüfen des Prüfens des Prüfens Probleme haben, ist klar. Da sieht man, dass dies kein Königsweg ist.«

Versuch einer Streitkultur

Wie sollten in solcher Zeit unübersichtlicher Entwicklungen die Weichen in die Zukunft gestellt werden? Wir hatten es einerseits mit den maroden Selbstverständlichkeiten des alten Paradigmas zu tun, das in tief eingeschliffenen Gleisen immer noch den

274

Fragehorizont, sein Problembewusstsein und dessen »Behandlung« vorgab. Aber die Leitbilder wurden brüchig, der bisher feste Rahmen riss auf, und während das alte Paradigma zusehends in sich selbst versteinerte, machte sich Auflösung breit: »Jeder hat eben seine eigene Wahrheit«, hieß es da, und in der Theologie wurde »alles möglich«. Was war da »Wahrheit«? Und was dann noch »Theologie«?

Inzwischen waren viele Studierende aus der studienvorbereitenden Arbeit in Krelingen an die Universitäten gekommen. Dort entwickelte sich ein »Arbeitskreis geistliche Orientierung im Theologiestudium« (AgO). Er setzte ganz auf die Eigeninitiative der Studenten. Darin konnten und wollten wir sie nur begleiten. So entstand die studienbegleitende Arbeit.

Als ein begüterter Herr der Bekenntnisbewegung Mittel für eine kleinere Stiftung vermachen wollte, schlug ich vor, zur Unterstützung jener Eigeninitiativen eine Studienstiftung einzurichten und sie, um dem Stifterwillen zu entsprechen, »Studienstiftung ›Kein anderes Evangelium‹« zu nennen. Wir entwarfen einen Prospekt unter der Frage: »Wer wird unser Pfarrer werden?«, um die Notwendigkeit einer »Offensive« darin bewusst zu machen.

Nun hatte ich neben der Gemeindearbeit viel zu reisen – allein an der Universität in Erlangen bin ich durch Initiative der Studenten etwa vierzigmal gewesen, und unsere Themen waren recht alternativ – etwa: »Denken im Geist der Kindschaft«. Unser Kirchenvorstand unterstützte es, weil er die Wichtigkeit erkannte, obschon ich damals zusammen mit Walter Lorenz als Diakon eine der größten Gemeinden der Landeskirche mit über 4.800 Gemeindegliedern und bis zu 130 Konfirmanden in einem Jahrgang zu betreuen hatte. Wie lange konnte das gut gehen?

Bald darauf erlebte ich auf einer Allianz-Gebetsversammlung in der Hammerhütte in Siegen: Für alles wird gebetet, aber niemand hat die Sicht für die eigenen künftigen Pfarrer. Tief bekümmert betete ich darum, dass doch jemandem eine Fürbitte für sie gegeben werde. Gleich darauf nahm der Direktor des Deutschen Gemeinschafts-Diakonieverbandes, Theo Wendel, dieses Anliegen auf. Als ich ihm danach dankte, meinte er:

»Wir denken darüber nach, euch eines unserer Häuser in Marburg für die Studenten zu geben.« Als wir dann ins schöne Haus an der Schwanallee nahe der Lahn einzogen, war es wie für uns gebaut, und im benachbarten Diakonissen-Feierabend-haus beteten unsere lieben »Großmütter« täglich für uns. Marburg, als die Stadt Bultmanns, führte einem die kritische Theo-logie ungeschminkt vor und durch die Studenten-Initiative der Marburger Theologiestudententagung hatten wir dort schon während der Studentenunruhen Wurzeln geschlagen.

Auf einer internationalen Theologiestudententagung der Studentenmission auf Schloss Mittersill berichtete uns Dr. Jim Stamoolis, der Sekretär der weltweiten Theologiestudenten-arbeit: »Wo ich auch in der Welt hinkomme, finde ich Bultmann und die deutsche Theologie an den Ausbildungsstätten. Dort wird sie entweder übernommen oder aber verdrängt. Doch über-wunden – und darauf kommt es ja an – wird sie nirgends!« Dann fügte er hinzu: »Mir ist klar geworden, dass sie nur dort zu über-winden ist, wo sie entstand: in Deutschland.«

Als er das Referat von Hans-Jürgen Peters gehört hatte, sagte er bewegt: »Es ist geschehen, es ist geschenkt! Hier ist sie über-wunden!«, und er suchte daraufhin Hans-Jürgen Peters zu sei-nem Mitarbeiter und wohl auch zu seinem Nachfolger in der internationalen Arbeit zu gewinnen. Als es dann aus verschie-denen Gründen nicht dazu kam, baten wir Hans-Jürgen drin-gend, seine Doktorarbeit zur Seite zu legen, um unser Studien-leiter in Marburg zu werden, nachdem Rudolf Westerheide vor ihm die Mühsal des ersten Anfangs tapfer durchgestanden hatte.

In den Achtzigerjahren wurde immer deutlicher, dass die Kraft der künftigen Kirche immer weniger aus der Tradition, dafür umso mehr aus der lebendigen Gemeinde kommen würde. Dazu waren aber nach wie vor Pfarrer nötig, die in ihrer Gemeinde Menschen im Vertrauen auf Gott und sein verschrif-tetes Wort persönlich zu Jesus führen konnten. So planten wir einen Theologischen Konvent in Krelingen mit dem Thema: »Die Verantwortung der Gemeinde Jesu für die Theologenaus-bildung«. Das wurde von den Kirchenleitungen durchaus begrüßt.

Im Anschluss daran ergab sich im Speisesaal ein denkwürdiges Gespräch zwischen dem anwesenden Ausbildungsleiter der württembergischen Kirche, Dr. Frik, einem Studienleiter am Predigerseminar der württembergischen Landeskirche, Dr. Rolf Hille, und mir: »Was Sie hier zeigen, ist ausgezeichnet und wichtig«, meinte der Oberkirchenrat, es müsse jetzt schriftlich zu den Verantwortungsträgern. Doch wie stünden Rolf Hille und ich zur offiziellen Kirche? Ich meinte: »In kritischer Solidarität«, und schlug vor, in diesem Sinne eine Konsultation zwischen Verantwortungsträgern der kirchlichen Ausbildung, Universitätslehrern und der Konferenz Bekennender Gemeinschaften zu planen, wie wir sie ähnlich schon zur Frage der gruppendynamischen Ausbildung, und hier nicht ohne Ertrag, durchgeführt hatten. Der Vorschlag wurde lebhaft aufgenommen, die Kirchenleitung der Vereinigten Evangelisch-Lutherischen Kirche beschloss einstimmig die Durchführung und Finanzierung über einen Zeitraum von drei Jahren, und die Planung begann unter dem von uns vorgeschlagenen Thema: »Konsultation zur Frage der sachgemäßen Schriftauslegung«.

Die erste der Tagungen stieß uns auf das Stichwort »Methode«, die zweite auf »Geschichte«. Denn die gängige horizontalistische Schriftauslegung steht da vor dem »garstigen Graben«: Wie ist der Abstand der zweitausend Jahre zu überbrücken? Das soll »die Vernunft« durch ihre Methoden leisten. Das Bild, das sie im kritischen Prozess rekonstruieren, gilt dann als »so, wie es wirklich war«.

Die letzte der drei Tagungen fand im »Wildbad« in Rothenburg ob der Tauber statt. Ich hatte die Morgenandacht zu halten und ging zur Vorbereitung frühmorgens in den Wald. Mein Blick strich über den moosigen Waldboden, die Morgensonne flimmerte durchs lichte Blätterdach. Hier irgendwo konnte es gewesen sein, was ich gestern Abend im Prospekt gelesen hatte: Ein Erdbeben hatte vor Jahrhunderten hier die festen Gesteinsschichten aufgesprengt und durch die Zerstörung eine neue Quelle freigesetzt. Bald kamen Fürsten und Könige in die Wildnis herbeigeritten, denn die Quelle zeigte Heilkraft – daher die Bezeichnung »Wildbad«. In der folgenden Andacht führte ich aus, dass wir uns in unserer verkrusteten Zeit nach »lebendigem

Wasser« aus der Tiefe sehnten – ob wohl das Erdbeben unter uns geschehe?

Die Konsultation hatte nicht die Gnade des Erdbebens, brachte uns aber wichtige Einsichten und Begegnungen, wie etwa mit einem der Vertreter der historischen Bibelkritik: »Bruder Findeisen – Sie müssen doch die Probleme sehen!«, rief er aus. – »Es tut mir Leid, dort, wo Sie Probleme sehen, habe ich keine. Mein Problem ist aber, dass Sie damit Probleme haben.« Aber das verband sich mit einer eigenartigen Erfahrung: Wir begegneten uns so, dass wir miteinander beteten, denn als junger Mensch hatte er eine Bekehrung erfahren, die später durch die Bibelkritik überlagert wurde. So trennten uns in der Schriftfrage Welten, doch im Streit darüber wurden wir fast Freunde. Das ist bei unserer verkopften Denktradition, die Denken und Leben – auch Denken und Glauben! – trennt, zu beachten, denn zwischen Kopf und Herz darf der »Hals« nicht fehlen.

Die Abschlusserklärung wurde im Amtsblatt der Lutherischen Kirche und als idea-Dokumentation Nr. 18/90 veröffentlicht. Aber der eigentliche Ertrag lag für mich in der Erfahrung des Schiffbauers: Erst wenn der Kahn ins Wasser kommt, werden seine Lecks sichtbar. Professor Slenszka, der uns mit einem vorzüglichen Referat zur sachgemäßen Schriftauslegung geholfen hatte, meinte: »Sie waren nicht reif für die Konsultation – Sie haben sich ja nur Ihre Methoden gegenseitig über den Tisch geschoben.« Die Begründung: »Wir müssen doch prüfen ...« Aber wer prüft das Prüfen? Hier erkannte ich meinen folgenschweren Fehler in der Vorbereitung der Konsultation: Ich hatte eingewilligt, dass die Frage nach den Methoden Vorrang erhielt, weil ich damals noch hoffte, sie durch die Konsultation zu klären. Ich hätte stattdessen, dem Thema der »sachgemäßen Schriftauslegung« gemäß, fragen sollen, »was denn hier Sache ist« und wie man zu ihr findet. Wir hätten dann erkennen können, dass sich »die Sache« immer aus der Vertikalen ergibt, und zwar dort, wo sie die Horizontale durchkreuzt.

Damals lernte ich, wie das, was »der Weisheit Gottes« entspricht, der menschlichen Weisheit als »töricht« gilt: »Was? Du glaubst das, obschon es die Wissenschaft anders zeigt?« Dieser

278

Wechsel wäre das Erdbeben als eine »Buße auf dem Felde des Denkens«. Aber sie hatte nicht stattgefunden.

Wie die erste Konsultation zur gruppendynamischen Seelsorgeausbildung in Pullach durch Dr. Reller, so erfuhren wir auch jetzt durch Dr. Friedrich Hauschildt, den Sohn unseres Propstes in Neumünster, eine kluge und faire Leitung.

Horst Reller hatte meine Berufung in die Generalsynode der Vereinigten Evangelisch-Lutherischen Kirche »wegen erwiesener Sprachfähigkeit« veranlasst, wie er mir sagte. Als dort der leitende Bischof ausführte, wir sollten doch unsere deutsche Theologenausbildung als Entwicklungshilfe in die Kirchen der Dritten Welt exportieren, erinnerte ich mich an ein Gespräch am Mittagstisch mit einem Gast aus Indonesien: »Wenn wir senden unsere Theologen nach Deutschland und kommen sie zurück, dann sie kaputt.« Als ich das der Synode in meiner ersten und einzigen Rede, vor Aufregung stotternd, mitteilte, fiel mir ein Dozent einer Theologischen Hochschule ins Wort: »Bei uns läuft alles nur nach Schrift und Bekenntnis.« Ich erinnerte ihn, dass wir im Material der Synode das Ergebnis von zweitausend Predigtanalysen hätten, nach der die Predigten heute »eine wilde Ehe zwischen Text und Zeitgeist« darstellten. Und wir wollten uns wohl mit dem Zeitgeist auseinander setzen, aber nicht mit ihm »unter eine Decke schlüpfen«.

Ich lud den Dozenten in der Mittagspause zu einer Pizza ein, getreu dem Vorbild von Vater Bodelschwingh, der im Preußischen Landtag nach einer sozialistischen Brandrede zu August Bebel meinte: »Bruder August, wir beide müssen mal eine Erbsensuppe zusammen essen.« Bald merkten wir, dass wir so offen wie ehrlich und darum auch hart miteinander streiten konnten. Da schlug ich ihm vor, dies vor seinen Studenten als Einübung in »Streitkultur« fortzusetzen. Das fand dann im überfüllten Auditorium Maximum statt. Daraus ergab sich ein offenes Vertrauensverhältnis zwischen uns.

Damals lernten wir also, wie das »Schwert des Geistes« ein »zweischneidiges« ist: Die eine Seite kehrt sich nach außen, die andere dafür nach innen, gegen einen selbst, denn »Christ ist man nur so weit, als man sich selbst beugen kann«. Aber wie steht es mit den eigenen Unsicherheiten und Ängsten, vor allem mit den Zweifeln? Wenn sie »unter den Teppich gekehrt« werden, weil sie dem heilen Image eines gläubigen Christen nicht entsprechen und man darum fürchten muss, sie vor anderen zuzugeben, ja, wenn das gar zu Frage- und Denkverboten in der Gemeinde führt, ist Alarm angesagt, denn da entsteht ein Binnendruck, der zur Explosion und Katastrophe führen muss.

Darum schlug ich auf einer internationalen Mitarbeiterkonferenz der Studentenmission in Würzburg vor, dies zum Thema einer Arbeitsgruppe zu machen: »Was tun, wenn die Zweifel kommen?« Hans-Jürgen Peters hatte es unter uns schon intensiv erarbeitet. Es wurde die zweitstärkste Arbeitsgruppe, die wir zweimal verlängern mussten, weil wir endlich den verdrängten Zweifeln an die Wurzel gingen. Hier bewährte sich die »Seelsorge auf dem Felde des Denkens« nachhaltig, in der wir den Zweifeln als Symptomen einer Grundlagenkrise in »biblischer Grundlagenklärung« begegnen. Das Gegenstück ist ein Fundamentalismus, der diese Krise verdrängt und darum das Denken auf falsche Fundamente gründet.

Wie sollte es bei so viel Aushäusigkeit zu Hause – in der Familie und in der Gemeinde – gut gehen? Die Antwort brachte unser tüchtiger Kassierer der Studienstiftung, Gerhard Wahnfried, ins Bild: »Wir sehen dich immer wie auf einem Hochseil balancieren, und jeder denkt: Das geht nicht mehr gut, gleich stürzt er ab! Aber nein – du bleibst immer noch oben!« Ich erklärte ihm: »Klar – weil ihr mir die Stange haltet!« Und wie viele heftige Schlingerbewegungen hatte meine Frau und andere – manchmal mit letzter Kraft bis an den Rand der Verzweiflung – aufzufangen und auszugleichen! »Du kannst keine Zeit planen.« Sie hatte Recht – ich konnte es nicht. Das wurde auch dem Vorstands-Vorsitzenden unserer Studienstiftung Martin Westerheide und vor allem Klaus Behl als Kirchenvorstandsvorsitzendem zur kaum mehr erträglichen Last. Oft saß er bei meiner Frau: »Was machen wir bloß? Er begreift es nicht!« Denn alles Reden, alle schöne Einsicht und jeder gute Vorsatz griffen nicht. Es war wie in einem Zug, von dem man umso schwerer abzuspringen vermag, je schneller er fährt. Und das steuerte auf Katastrophen zu.

Doch vorher fand die Hochzeit von Hans-Jürgen Peters und

Hans-Jürgen und Claudia Peters, 2000

Claudia, unserem ältesten Kind, statt. Schon mit zwölf Jahren hatte sie sich in ihn, unseren ersten Krelinger Zivi, verliebt. Als die Gäste am Hochzeitsmorgen anreisten, überraschte sie ein seltsamer Anblick: Arne, unseren Ältesten, hatten wir trotz aller Gegenwehr zu ihrem Empfang in einen schwarzen Anzug gezwängt. Darüber wehten tarzanmäßig wirr seine langen, blonden Haare, während er auf völlig ausgelatschten Pantoffeln, die lange, hellbraune Fransen zur Seite ausstreckten, den ankommenden Gästen betont lässig entgegenschlurfte. Das sollte nun der Vater aushalten! Aber es war ein herrliches Fest, bei dem ich offiziell erklärte: »Ihr braucht mindestens ein Jahr nichts von euch hören zu lassen«, als Garantie für ihre nötige Freiheit von elterlicher Nachfragerei.

Es war der Anfang der Ehe auf einem reichen, oft schweren Weg zusammen mit den drei Kindern, in Hans-Jürgens Assistentenzeit bei Peter Beyerhaus in Tübingen und danach in seiner intensiven Studienleiter- und Seelsorgearbeit im Bodelschwingh-Studienhaus in Marburg, während Claudia später in eine Seelsorgeausbildung nach Viktor Frankl wechselte.

Dann sollten wir als Familie ein eigenes Dach über den Kopf bekommen. Es begann mit einer morgendlichen Auseinandersetzung mit meiner Frau, als ich zu einem Trauerbesuch aufbrach: »Du bist für alle da, aber für deine Familie sorgst du nicht!«, ließ sie sich verzweifelt aus dem Bett hören. »Denn wo bleiben wir, wenn wir in den Ruhestand wechseln?!« Sie hatte Recht, aber dies musste Gott führen, und so beteten wir zusammen darum.

Als ich wiederkam, nahm ich sie zur Seite: »Du, die Witwe will das Haus verkaufen.« Abends schlichen wir daraufhin beide am stillen Eichenplatz aufgeregt durch die Büsche und beäugten das kleine Arbeiterhaus, das in Siedlergemeinschaft in der NS-Zeit errichtet worden war. Und bald konnten wir es günstig kaufen, seine drei Zimmer sollten für uns beide reichen, den riesigen Garten sahen wir als Hilfe für eine Hungerzeit, und ich plante eifrig, wie wir dort Flüchtlinge aufnehmen könnten – so tief saß noch der Schock der Hunger- und Fluchterfahrung. Hier würden wir im Alter unter unseren Leuten leben wie sie. Als wir eingezogen waren, luden uns die lieben Nachbarn ein: »Wir wollen Sie mit einem Fest in unsere Nachbarschaft aufnehmen!« – mit Kerzen, Torte und herrlichen Blumen.

Zunächst nahmen wir jedoch, da wir bis zur Pensionierung im Pastorat wohnen mussten, fünf muntere fränkische Theologiestudenten als Wohngemeinschaft ins Haus auf. Ihnen waren die Fahrten zur Universität in Kiel kein Problem, und sonnabends saßen wir zur »Theo-Session« um den Tisch zusammen, um die Fragen eines biblisch orientierten Studierens angesichts der Universitäts-Theologie zu bedenken.

Bald war nicht mehr zu übersehen, dass die Studienbegleitung mit vielen Reisen nicht mehr »nebenbei« zu bewältigen war. Der Kirchenvorstand schlug darum vor, für unsere übergroße Gemeinde eine zusätzliche halbe Pfarrstelle einzurichten, damit ich auf eine halbe Pfarrstelle reduzieren und mit der anderen halben Stelle die Arbeit mit den Studenten tun könnte. Das Geld für diese halbe Stelle sollte ich durch Spenden über die Studienstiftung erhalten.

Doch nun rückte die erste Katastrophe heran: Im Kirchenkreis bildete sich eine Lobby, die verhindern wollte, dass die halbe Pfarrstelle für mich eingerichtet würde: »Für Findeisen? – Niemals!« Ich kannte das strategische Geschick der Leute und die Mehrheitsverhältnisse in der Kreissynode, die den Beschluss zu fassen hatte. So entschied sich erst im November, ob ich ab Januar meine Pfarrstelle ganz an den zweiten Pfarrer verlieren, also nur noch das halbe Gehalt – nämlich aus Spenden über die Studienstiftung – zur Verfügung haben würde. Dann aber hätte ich meine drei Söhne von der Universität nehmen müssen und hätte durch die Kirche, für deren Pastorennachwuchs ich mich faktisch krankgearbeitet hatte, nicht mehr genug Geld zum Leben gehabt. Ich war verzweifelt. Die Künstlerin Margret Knoop-Schellbach warnte uns damals dringend, weil sie selbst erlebt habe, wie bitter es sei, nicht das Geld zu haben, das man zum Auskommen benötige. Doch das änderte sich bei ihr mit einem Mal, und nun gestaltete sie für unseren neuen Kamin eine Kupfertreibarbeit: die heilige Familie in der Ungeborgenheit kurz vor der Flucht nach Ägypten. Da begegnet Josef der Engel Gottes und reicht ihm den Wanderstab: »Geh!« Josef blickt nicht verwundert auf den Engel – er sieht an ihm vorbei direkt hin zum Kreuz unter der Auferstehungssonne. Wie oft hat mir dieser Blick geholfen!

Der Tag der Entscheidung kam. Ich hatte während der Verhandlung die Sitzung zu verlassen und ging wie betäubt draußen auf dem Flur auf und ab. Was mochte sich jetzt für uns entscheiden? Später erfuhr ich, was sich hinter der Tür abspielte: Alles deutete auf »Ablehnen!«. Aber da stand Ehrenfried Müller, einer unserer bewährten Kirchenältesten, auf: »Wie kommt ihr dazu, so etwas abzulehnen! Wäre einer von euch bereit, wie Findeisen auf Spendenbasis zu leben? Wir beten in unserer Gemeinde darum, dass das gelingt, und ihr wollt es verhindern?« Darauf schlug die Stimmung um. Die Stelle wurde genehmigt.

Nun musste ein neuer Pastor gefunden werden. Der Bischof brachte das Problem auf den Punkt: »Wenn in diese Gemeinde ein Pastor kommt, der nicht hineinpasst, gibt das eine Katastrophe.« Da sich der Passende damals in der Nordelbischen Kirche nicht fand, wurde Gerhard Heil aus Bremen berufen, obwohl solch ein »Grenzverkehr« zwischen verschiedenen

Landeskirchen wegen der damaligen »Pastorenschwemme« nicht erlaubt war.

Dafür mussten wir nun das Pastorat räumen. Unser Haus am Eichenplatz war natürlich viel zu klein für uns Eltern und drei Söhne, also musste angebaut werden. Da griffen auch unsere fünf Studenten, obschon sie nun bald umziehen mussten, handwerkserfahren zu und standen begeistert schon morgens im Blaumann zur Arbeit bereit. Jetzt hatten auch wir vier Männer der Familie die einmalige Chance, gemeinsam unser künftiges Wohnzimmer aufzumauern, und die Jungen staunten: »Unser Pappi – der ist aber schnell.« Das lag daran, dass sie sorgfältig mit der Wasserwaage die Mauer hochzogen, während ich dem Feingefühl in meinem Daumen vertraute. Als der Putzer kam, vernahm ich seinen Kommentar: »So eine schiefe Mauer habe ich in meinem Leben nicht gesehen!« Ich sagte: »Das stimmt – die habe ich gemauert!« – »Oh, ich habe nichts gesagt!«, meinte er erschrocken, doch ich bestätigte: »Sie haben die Wahrheit gesagt.«

Den Kamin für das Wohnzimmer schenkte uns die Gemeinde zur Silberhochzeit, damit wir mit vielen Gästen am Feuer sitzen könnten. Das erste Feuer, das darin prasselte, freute mich besonders: Ein junger Mann brachte mir, in Angst fast aufgelöst, das »6. und 7. Buch Mose« und bettelte: »Bitte, bitte verbrennen Sie es im Feuer!« Ich übergab das Zauberbuch den Flammen und schenkte ihm dafür eine Bibel, in die ich hineinschrieb: »JESUS IST SIEGER über Sünde, Tod und Teufel.« Das freute ihn sehr, und auch die Schwierigkeit, damit Staatseigentum verbrannt zu haben – das Buch hatte er in der Stadtbücherei entliehen –, ließ sich klären.

So war die materielle Basis wieder gesichert – aber wie sollte ich das arbeitsmäßig schaffen? Ich meinte, da ich zwei Arbeiten mit dem Herzen zu tun hätte, würde ich eben mein Herz zwischen ihnen teilen. Aber schnell zeigte sich, dass man jede der Arbeiten nur mit ganzem Herzen tun konnte – und das schlug mir aufs Herz: Mein Blutdruck stieg in schwindelnde Höhe. Und doch war es so nötig, wie es mir ein Beispiel zeigte. Das Telefon klingelte: »Herr Pastor – da ist ein schwerer Trauerfall …« – und damit eine der wichtigsten und schwersten Herausforderungen

Arne als Student

James, der »Schotte«

Andreas bei unserem
Hausumbau, etwa 1987

meines Dienstes. Gleich darauf rief ein Theologiestudent an: »Wie komme ich mit diesem historisch-kritischen Problem in meiner alttestamentlichen Proseminararbeit zurecht?« Das Grundvertrauen zur Schrift als Gottes Wort an uns stand wie immer auf dem Spiel. Und als ich jetzt an die bevorstehende Beerdigung dachte, wusste ich nicht, ob ich laut dazu lachen oder weinen sollte – wie läppisch und abwegig war jenes Problem angesichts der alltäglichen Herausforderung eines Pfarrers am offenen Grabe! Ich entschloss mich, in der Doppelung meiner Aufgabe die Spannung am eigenen Leibe durchzustehen – anders würde es kaum gelingen.

Mit Genehmigung der halben Pfarrstelle war die erste Katastrophe abgewendet, doch nun nahte die zweite als bittere Frucht der ergebnislosen Gespräche von Klaus Behl mit Ruth über mich: Ich hatte nicht mehr die dringend nötige Zeit und Kraft für die Gemeinde. Da lud mich Klaus Behl zusammen mit Willem Petersen, dem Leiter unserer Jugendarbeit, zu sich ein, und sagte mir in direkter Tungendorfer Art: »Es tut mir jetzt Leid, dass ich dich aus Krelingen zurückgeholt habe.« Ich schlug vor Entsetzen so auf die Stuhllehne, dass meine Armbanduhr, die mir die Jugendgilde in Stockholm geschenkt hatte, in hohem Bogen durch den Raum flog. Nachher war es Ruth, die mir sagte, sie habe mich noch nie so verzweifelt erlebt. Aber ich wurde darin gehalten, dass dies meine lieben Brüder sind und bleiben, und sie tun, was sie in ihrer Verantwortung vor Gott erkennen. Dafür sind sie nur zu ehren. Was uns durch alles hindurch bleibend verband, war die tiefe, bleibende »Liebe in Christus«, in bewährter und herzlicher Bruderschaft. Später deutete sich mir die Entwicklung im Vergleich mit der Ehe: Der Entzug ausreichender Zuwendung kann bis in die Ablehnung, ja zum Hass führen. Und den Sieg in der »Liebe in Christus« hatte ich ja bereits mit Ilse Hausen und Heinrich Kemner erlebt.

Die dritte Katastrophe zog den Schlussstrich unter die ganze Entwicklung. Als ich mir an einem düsteren Morgen die Schuhe zum Morgenlauf band, überfiel mich wortlose Verzweiflung: Es war aussichtslos, ich vermochte nicht einmal mehr die Briefe zu lesen, die von mir dringend zu beantworten waren. In mir war es nur noch wie ein dumpfer Gedanke: »... irgendwie habe ich gehört, dass du auch mit Unmöglichem fertig werden kannst – und das hier ist unmöglich ...«

War es überhaupt ein Gebet? Doch im Rückblick zeigte es sich, wie sich genau von diesem Morgen an alles Schlag auf Schlag zu lösen und das Unmögliche präzise zu ordnen begann. Zuerst bot mir das Landeskirchenamt von sich aus die Frühpensionierung wegen meines nicht mehr therapierbaren Erschöpfungszustandes an. Mein Arzt kam zum gleichen Ergebnis und meinte dazu: »Nach zwei Jahren geht es Ihnen wieder gut.« Und auch in der Gemeinde ordnete es sich so, dass ich, wie ich im Gottesdienst am Pfingstmontag 1959 meinen Dienst begonnen hatte, ihn nach genau dreißig Jahren am Pfingstmontag mit demselben Predigttext beenden konnte, mit dem mein Urgroßvater Armin seinen Dienst in St. Petersburg begonnen und beschlossen hatte: »Als ich zu euch kam, war ich entschlossen, nichts unter euch zu wissen als Jesus Christus und diesen – als den Gekreuzigten.« Nun bin ich glückliches Gemeindeglied in meiner Gemeinde mit drei tüchtigen Pastoren als Nachfolger.

Der Ruhestand hatte zwar den Vorteil, ja und nein sagen zu können, aber der Terminkalender lief bald wieder so randvoll, dass es sich dramatisch zuspitzte: »Unmenschlich!«, sagte Ruth im klaren Empfinden der Frau für das Gesunde und Menschliche. Bald fehlte uns der gegenseitige Austausch so, dass ich ihr nicht mehr erreichbar war. Obwohl wir nebeneinander schliefen, schrieb sie mir nur noch erschütterte Briefe, die ich bald nicht einmal mehr lesen konnte. Ich verwies sie auf die neuen Großmutter-Aufgaben an unserer munter wachsenden Enkelschar, aber sie verweigerte sich dem und zog sich immer mehr in sich zurück: »Ich kann noch mehr, ich habe noch andere Aufgaben.« Damals stellte sich mir ein rettendes Bild ein: »Dir geht es wie der Raupe, die sich verpuppt – und wir warten jetzt, bis der schöne Schmetterling herauskommt!« Der zeigte tatsächlich bald erste zarte Flügelspitzen.

Ein Hoffnungsschimmer ergab sich aus einer gemeinsamen Chagall-Vortragstätigkeit. Doch mit einer Gemeinsamkeit war es zunächst nicht weit her. Ich meinte in der Vorbereitung: »Wenn du es machst, wie ich es dir sage, wird es richtig.« Hatte ich nicht darin Erfahrung? Sie aber protestierte und forderte genug Zeit für ihre persönliche Vorbereitung. Einmal erklärte sie, als in einer Stadt auf Plakaten zu einem gemeinsamen Vortrag von uns eingeladen worden war, kurzweg: »Du hast mir keine Zeit gegeben – ich komme nicht mit.« Und tatsächlich: Als ich ins Auto stieg und ihr die Tür offen ließ, winkte sie mir unter der Haustür freundlich zu: »… damit du es lernst.« Ich hatte eine Keltin geheiratet! Neben mir im Auto saß meine alte Mutter und blickte in der Weisheit ihres Alters nur still geradeaus.

Im Allianz-Hauptvorstand, dem offiziellen »Bruderbund« aus Kirchen, Freikirchen und Werken, waren wir uns in den fünfundzwanzig Jahren, in denen ich ihm angehörte, einig, weil unser Grundkonsens stark genug war, auch einen Teildissens zu tragen. Nach der politischen Wende im Osten Anfang der Neunzigerjahre wurden auch internationale Treffen mit vielen Osteuropäern möglich. Einmal kam das Gespräch beim Frühstück auf unsere eigenen Ehen. Von Ungarn bis England zeigte sich, dass unsere Frauen – manchmal bis an den Rand einer Depression – ausgehungert waren nach Austausch und unsere Ehen damit in Gefahr. »Selbst wenn meine Frau schreit – ich höre es nicht oder verstehe es nicht«, war unsere erschütternde Erfahrung mit uns selbst. Da fragte jemand: »Und wie steht es damit in den USA?« Die Antwort war verblüffend: »Dort kennt man das Problem so nicht.«

Was war der Grund? Ich erinnerte mich an den Satz aus dem Training für Leiter von Campus für Christus: »Zuerst gilt dein Leben mit dem Herrn. Dann das Leben mit der Familie. Und dann erst, als drittes, dein Dienst für den Herrn.« Bei uns steht der an erster Stelle, und das Leben mit der Familie vielleicht an dritter. Wir hatten es erlebt, als wir 1989 während der Wende Billy Graham zu einer Evangelisationsansprache am Brandenburger Tor nach Berlin einluden. Er sagte ab: »Es geht da nicht – da heiratet meine Enkeltochter.«

Die Spannungen zeigten sich auch bis tief in unsere Gemeinden, die zunehmend von Krisen geschüttelt waren. Hier konnte oft unbemerkt jene »bittere Wurzel« aufwachsen und ihre Frucht vergifteter Bilder verbreiten, in denen sich eine Situation zum Bösen wendete. Das richtete dann viel Schaden an, bis zur Zerrüttung, ja Zerstörung in Gemeinden und Werken, und führte nicht selten zu schweren seelischen Störungen. Dagegen halfen keine oberflächlichen Stimmungsgottesdienste und kein Drängen zu hohen Geist-Erfahrungen. Auch psychologische Erklärungsmuster und Konfliktstrategien erreichten die eigentliche »bittere Wurzel« nicht.

Als Pastor Wilfried Reuter damals als Nachfolger von Heinrich Kemner in Krelingen eingeführt wurde, grüßte ich ihn offiziell mit dem Wunsch: »Alle Brüder werden Menschen ...«, denn unter uns ging es oft nicht nur unchristlich, sondern unmenschlich zu.

Aber ein Wunsch ist noch keine Lösung, und die Frage wurde unausweichlich, wo die Gemeinde Jesu heute eine offene Flanke zeigt, die so schwere Einbrüche der Finsternis ungeschützt, ja sogar unerkannt möglich macht. Da es mir auch selbst, wie geschildert, widerfuhr, weiß ich, wie man unbemerkt in Verfinsterung hineingezogen werden kann, die sich dann etwa in fruchtlosen Vorwürfen und törichten Schuldzuweisungen äußert. So entsteht jener lähmende »Gemeindesumpf« als reicher Nährboden vieler »bitterer Wurzeln«, und zu geistlichen Schritten und den Lösungen, die die Bibel dafür zeigt, ist man kaum noch fähig. Doch was half da weiter?

Eine richtungweisende Antwort empfing ich, als ich in einen Theologiestudentenkreis eingeladen wurde. Dort hatten sich unter dem Deckmantel fundamentalistischer »Bibeltreue« giftiges Misstrauen und Machtansprüche eingeschlichen. Nun war der Kreis wie gelähmt. Wie war dem beizukommen?

Wir lasen zusammen in Kolosser 2 den Abschnitt mit dem Leitwort unserer studienvorbereitenden und -begleitenden Arbeit: »In Christus liegen verborgen alle Schätze der Weisheit und der Erkenntnis.« Aber davor wird die Voraussetzung genannt: dass »die Herzen zusammengefügt werden«, durch die es zum lebendigen Austausch untereinander kommt, zu einem gesunden Blutkreislauf im Leibe Jesu, der auch Krankes überwindet. Die Herzen – nicht die Köpfe! – werden erst dann wirklich »zusammengefügt in der Liebe«, wenn jeder von uns mit Jesus Christus zusammengefügt wird: dass der am Kreuz zwischen uns ist, der »Frieden machte durch das Blut an seinem Kreuz« (Kolosser 1,20). So wurden wir zusammen, wie es

Römer 12,1 zeigt, in die Einung mit dem Opfertod Jesu gewiesen, denn erst wenn wir tot sind, werden wir den alten Geist mit seinen unguten Motiven los. Darum kam Gott dem nur dadurch an die Wurzel, dass »Jesus Christus dafür gestorben und wieder lebendig geworden ist, dass wir nicht mehr uns selbst leben« und ich nicht nur »mir selbst« denke, was ich für recht halte.

Das wurde jetzt gehört und daraufhin Schuld so erkannt, dass sie bekannt werden konnte. Dabei wurde klar, dass »die tiefste Wurzel in uns Gott- und Christusfeindschaft« war, wie es einer der Schwabenväter ausdrückte. Von da an blühte jener Kreis auf und bekam bald eine wichtige Funktion für die ganze Arbeit. Jetzt konnten »die Schätze der Weisheit und Erkenntnis«, die uns Jesus Christus gibt, wieder erreicht werden.

Bald weitete sich für mich der Radius der Verantwortung wieder weiter aus. Als ich bei hauptamtlichen Mitarbeitern des Jugendverbandes Entschieden für Christus (EC) über die Verwendung von Karikaturen in der Verkündigung zu referieren hatte, freute ich mich sehr, an den Tischen viel Sächsisch zu vernehmen. »Aber in wenigen Jahren gibt es uns nicht mehr!«, hörte ich dort, »denn wir Hauptamtlichen sind bald nicht mehr bezahlbar.« »Und was geschieht dann mit eurer Arbeit?« »Darüber wagt man bei uns nicht einmal nachzudenken!« – Auf der Rückfahrt im Zug ergab sich ein ausführliches Gespräch dazu mit einem Bundeswart aus den neuen Ländern. In mir entstand der Eindruck: Wenn hier jemand helfen kann, dann müssten wir es tun.

Uns wurde im Gespräch klar: Die Entwicklung im Osten wird auch uns im Westen erreichen. Wenn dann, wie oft schon im Osten, ein Pastor für zwanzig Dörfer verantwortlich wäre, dann wäre dort für zwanzig Dörfer faktisch kein Pastor da. Was wird aus einer Kirche, die kraft Tradition Kirche ist, wenn ihre Tradition ausläuft? Sie hört dann nicht auf, wenn sie als Traditionskirche nicht von der Gemeindekirche abgelöst wird. Dann ist sie keine Betreuungs- bzw. Pastoren-Kirche mehr, wohl aber eine Beteiligungskirche. Zu ihr gehört man dann aus persönlichem Glauben durch eigene Bekehrung – wie denn sonst? Und wenn hauptamtliche Theologen fehlen, nehmen Nicht-Theologen geistliche Gemeindeleitung wahr.

Darauf suchten wir uns nun einzustellen. Dabei war klar: In so schwieriger Zeit der Ab- und Umbrüche ist eine geordnete Ausbildung unumgänglich. So entstand das berufsbegleitende »Kolleg für Gemeindedienst«, zu dessen Aufbau Pastor Harm Bernick mit seiner Familie nach Marburg zog. Die Studienstiftung – jetzt »Bodelschwingh-Studienstiftung« benannt – trug diesen neuen Arbeitszweig in Kooperation mit der Studienarbeit in Krelingen.

So kündigte sich im Traditionsabbruch der bisher flächendeckenden Volkskirche die »Kirche nach der Kirche« an. Und welche Herausforderung das bedeutet, zeigte sich mir auf einer Seminartagung von Religionslehrern aus Mecklenburg: »Wenn wir in einer Schulklasse fragen, wer von den Kindern das Wort Gott kennt, kann sich zeigen, dass kein Kind in der Klasse das Wort je gehört hat.«

So stellen sich die Weichen nach Abbruch der Traditionskirche wieder auf die urchristliche Normalsituation, in der keine Tradition mehr selbstverständlich vorgibt, wie die Worte zu verstehen sind.

Aber wie schwer fällt die nötige Umstellung! Das zeigte sich damals auf einer Sitzung des Leiterkreises der Konferenz Bekennender Gemeinschaften. Da stimmten zwar alle der Parole zu: »Wir gehen nicht zum Kirchentag!«, weil dort Irrlehren verkündigt würden, aber anschließend erklärten die meisten: »Mit unserem Verband gehen wir auf den Kirchentag.« Ich hatte den Eindruck, dass der Präses des Gnadauer Verbandes, Christoph Morgner, ähnlich dachte: Wir erlebten hier Abgesang und Ende einer Ära. Und gleich war uns klar, dass wir für den Übergang in die neue Zeit auch neue Kommunikationsformen brauchten. Es wurde jetzt wichtig, ja entscheidend, die kommenden krisenhaften Veränderungen – ob sie sich offen oder verdeckt einstellten – wach wahrzunehmen, sensibel auf sie einzugehen und dann flexibel zu reagieren. Was war dazu nötig?

Spontan ergab sich als Antwort ein Stichwort: »Runder Tisch.« Auf der Rückfahrt von der Sitzung zeigte sich, dass auch Pastor Burghard Affeld von der Bekenntnisbewegung das Gleiche gedacht hatte. Bald fand die Sache die nötige Zustimmung und der Initiativkreis beauftragte mich, das Konzept des »Runden

Tisches« und Leitlinien für seine Praxis zu formulieren, so dass ich mich intensiv mit den neuen Perspektiven zu beschäftigen hatte.

Aber wie sollte das greifen, wenn das Neue noch nicht ganz erschienen und das Alte noch nicht ganz vergangen war? Mir steckte in den Knochen, was uns im Allianz-Hauptvorstand Ulrich Parzany, der Generalsekretär des CVJM, gesagt hatte: »Früher sagten wir: Tradition – das ist nicht das Echte! Du musst dich bekehren. Aber jetzt, wo die kirchliche Tradition weggeht, sehen wir erst, was wir an ihr haben! Und nun hätscheln wir sie wie ein krankes Kind, damit sie uns noch so lange wie möglich am Leben bleibt. Denn wenn sie weg ist, dann wird es schwer.« Doch wie soll man in einer Zeit schwieriger Übergänge zu den nötigen und auch richtigen Entscheidungen finden? Man befindet sich ja wie in einer unübersichtlichen Kurve. Da kann man sich nicht auf seine Klugheit verlassen. Man braucht Hinweisschilder, die jemand aufstellt, der den Überblick hat. Wo finden sich dafür orientierende Wegweiser?

Diese Gedanken beschäftigten uns nun seit 1967, also über dreißig Jahre lang. Carl-Herbert Hausen hatte mir gesagt: »In Lukas 21,24 erfahren wir zwar, woran wir die ›Gnadenzeiten für die Völker‹ erkennen: Jerusalem ist in diesem Zeitraum in ihre Gewalt gegeben. Aber sieh dir doch dazu die biblische Parallelstelle an: Wie sich uns diese Gnadenzeit zeigt und wie wir damit umgehen sollen, das lesen wir in Offenbarung 11,1-2.« Und mit Erstaunen lasen wir dort die einfache Anweisung an Johannes: »Leg das Maß Gottes an das Heiligtum, an den Rauchopfer-Altar der Anbetung und an die, die dort anbeten.« Genau das hatten wir an uns selbst erfahren. Doch dann lasen wir weiter: »Aber den Vorhof außerhalb des Heiligtums – den miss nicht, denn er ist den Völkern gegeben.« Der Vorhof dient der Verbindung, dem Schritt ins Heiligtum. Und nun zeigt sich der Sinn der christlich-abendländischen Tradition, ihrer Institutionen und ihrer Taufsitte: Es ist die Zeit einer – begrenzten! – »Gnadenzeit«, bis im Auftrag Jesu »alle Völker« (nicht alle Menschen!) mit dem Evangelium erreicht sind.

»Leg das heilige Maß Gottes an das Heiligtum, den Anbetungsaltar und an die dort Anbetenden.« Das gilt nur denen, die schon im Heiligtum sind. Doch dem Gebot ist ein Verbot verbunden: »Den Vorhof – miss ihn nicht!« Er darf nicht mit dem Maß gemessen werden, das der Gemeinde Jesu gilt, »... denn er ist den Völkern gegeben«. Offensichtlich liegt das im Sinn des »Vorhofes«, der den Völkern als naher Zugang zum Heiligtum gegeben ist. Er steht offensichtlich in der »Gnadenzeit« unter der besonderen Gnade und Geduld Gottes und ist darum nicht der Ort, an den sein heiliges Maß angelegt werden darf, damit sein einziger Sinn erhalten bleibt: die Nähe zur Rettung zu bieten.

Es ist Zeit

Mit diesen Gedanken im Sinn erlebe ich heute den Gottesdienst in unserer Andreaskirche. Wir gehören zur Nordelbischen Evangelisch-Lutherischen Kirche als der Institution der Volkskirche in unserem Land. Zum stets vollen Sonntagsgottesdienst kommen viele, weil sie »zur Kirche gehören«. So ging es auch mir, als ich damals suchend in die Leipziger Thomaskirche ging. Aber in unserem Gottesdienst fände mein jugendlicher Zorn darüber, dass mit meiner Taufe schon alles gegeben sei, was das Christsein ausmacht, keinen Anlass. Hier werden die Menschen eingeladen, mit anderen zusammenzukommen, »die als Christen leben«. Der Unterschied zwischen denen, die noch »draußen im Vorhof« sind, und denen, die den Schritt zu Jesus getan haben und daraufhin »drinnen« sind, ergibt sich von selbst.

Die Einladung bestimmt auf unterschiedlichste Weise seit Jahrzehnten hier die kirchliche Arbeit: »Komm zu Jesus.« So war der Steinzeit-Frau im Urwald auf den Philippinen der Schritt ebenso zu zeigen, wie ich es in Hermannsburg und Wyk selber gefunden hatte, und wie er das ganze Neue Testament, die Reformation und die Erweckungsbewegungen bestimmt. Bei diesem Schritt »ins Heiligtum« wird Gottes heiliges Maß angelegt, denn hier steht die Frage im Brennpunkt: Was ist von Gott her hier maßgebend? Dann wird auch klar, was in Gottes Maß nicht bestehen kann, wie ich selbst es unter Tränen in Hermannsburg erlebte. Denn Erweckung ist dort, wo Menschen – nach gutem, altem Sprachgebrauch – zur Sündenerkenntnis finden, zur Sündenvergebung und zur Heilsgewissheit.

In diesem entscheidenden Sinne war die Reformation eine biblische Erweckungsbewegung, die sich in den späteren fortsetzte. So sind wir geborgen in der biblisch-reformatorischen Erweckungstradition, welche die Bekenntnisschriften und die Präambeln unserer Kirchenverfassungen prägt. Ihnen entsprechen wir, wenn bei uns den Hörern geholfen wird, für sich selbst zu unterscheiden: Bin ich »drinnen« oder bin ich noch »draußen«? Habe ich schon in die Gemeinschaft mit Gott – »in das Heiligtum« – gefunden? Oder – in anderem biblischen Sprachgebrauch – bin ich schon durch Jesus gerettet oder nicht, also noch verloren wie der verlorene Sohn im Gleichnis Jesu?

Als ein lieber Freund meinte: »Gib es doch zu – ihr seid doch schon Freikirche!«, konnte ich ihm antworten: »Nein, wir sind freikirchlich in der Landeskirche und sie gibt uns dazu die Freiheit« – und das tut ihr selber gut. Darum ist jede kirchliche Taufe mit Hinweis und Hilfe zum lebendigen Glauben verbunden, und der zweijährige Konfirmandenunterricht, der noch die meisten jungen Menschen des Wohnbezirks erreicht, ist als wöchentliche Jugendevangelisation gestaltet, um ihnen den Weg zum Herrn Jesus Christus zu zeigen. So wächst heute in nicht wenigen landeskirchlichen Gemeinden innerhalb der traditionellen Kirchengemeinde die Gemeindekirche, die zwar Kirche ist »durch Tradition«, nicht aber »aus Tradition«, und die Tradition dankbar und umsichtig nutzt, solange sie noch gegeben ist.

Die Chancen zeigen sich darin, dass mit der zunehmenden Schwächung der Tradition auch falsche Traditionen mit ihren Fehlprägungen und Verkrustungen wegfallen. Als Chance zeigt sich auch ein neues Erschrecken in der Öffentlichkeit: Was wird fehlen, wenn die Kirche fehlt?, und es wird gefragt – bis in die Feuilletons großer Zeitungen und unter wachen Philosophen –, was denn das Eigentliche des Christseins ausmache.

Aber im Schlamm des versiegenden Traditionsstromes zeigt sich auch gleichgültiger und blasphemischer Umgang mit christlichem Traditionsgut und die Auflösung christlicher Wertordnung, wie wir es zum Beispiel in Ehen und Familien sehen.

Die biblische Nüchternheit hilft dazu, sich von den Übergangskrisen nicht lähmen zu lassen, damit die neuen Chancen wahrgenommen und den Gefährdungen begegnet werden kann. Dem sollte der »Runde Tisch« dienen, mit seinen Glaubenskonferenzen und missionarischen Tagungen. Weil er »rund« ist, führt er um eine sammelnde, orientierende Mitte zusammen. Um sie bitten wir Jesus Christus, der »mitten unter uns« sein will, wenn wir in seinem Namen zusammen sind. Zudem sitzt in einer Runde niemand »oben«, so dass dort alle gleichberechtigt gemeinsamen Rat suchen und frei sind, was anliegt, offen »auf den Tisch zu legen«. Das gilt es einzuüben.

Als ich fünfundsechzig geworden war, saß ich im Lehrsaal unseres Bodelschwingh-Studienhauses mit meinen Vorgesetzten von der Studienstiftung zusammen, von denen die meisten unsere ehemaligen Studenten waren. Vor mir lagen die Notizen meines letzten Tätigkeitsberichtes, den ich dem Kuratorium als Studienleiter zu geben hatte. Als meine Augen über das Papier glitten, kamen mir spontan die ersten Zeilen eines kleinen Gedichtes von Rilke in den Sinn, das ich als Sechzehnjähriger in Leipzig für mich auswendig gelernt hatte:

> *»Herr: es ist Zeit. Der Sommer war sehr groß.*
> *Leg deinen Schatten auf die Sonnenuhren,*
> *und auf den Fluren lass die Winde los.*
>
> *Befiehl den letzten Früchten voll zu sein;*
> *gib ihnen noch zwei südlichere Tage,*
> *dränge sie zur Vollendung hin und jage*
> *die letzte Süße in den schweren Wein.*
>
> *Herr: es ist Zeit ...«*

Martin Westerheide, unser Vorsitzender, der als ehemaliger Student nun mit Geduld und Treue mein Chef war, hatte kurz davor mich in sein Arbeitszimmer gebeten, den gewohnten Becher Kaffee eingeschenkt und so lieb wie offen erklärt: »Ich muss dir sagen, mit fünfundsechzig ist es für dich bei uns zu Ende. Es ist Zeit – wir brauchen in der Arbeit eine Altersgrenze, und wenn wir bei dir nicht anfangen, bekommen wir sie nie.«

Sofort wusste ich: So ist es gut. Wie viele Werke hatte ich kennen gelernt, die sich über Jahre quälten, ja gelähmt waren, weil die Alten den Jungen nicht den Raum frei machten, den sie brauchten, um die Arbeit weiterzubringen. Nachher saßen wir wieder alle zusammen und ich blickte in die Runde. Wie vieles, wie Wesentliches habe ich mit ihnen und mit vielen tun können, und eine Fülle des Reichtums floss nun in den Worten zusammen:

»Der Sommer war sehr groß!«

Ein unfasslich reicher »Sommer« unserer vierzigjährigen Ehe. Die vier Kinder waren erwachsen und wir lernten langsam, was es heißt, eigenständige Kinder zu haben und sie freizugeben. »Ich bin froh, dass ihr Eltern nicht vor mir her, auch nicht hinter mir, sondern neben mir geht«, meinte unser Jüngster.

Die drei Hochzeiten unserer Kinder waren helle Höhepunkte auch in den drei Familien gewesen, die uns nun verwandt wurden und sich in unseren gemeinsamen Enkeln verbanden. Claudias Mann Hans-Jürgen Peters, Arnes Frau Heike und James' Frau Anja wurden für uns wie eigene Kinder und trugen nun unseren schweren Weg mit. Dass die zehn Enkel gesund und vergnügt heranwuchsen, empfand Ruth gerade jetzt als Wunder. Arne und James waren beide Pastoren in Gemeinden geworden, die vorher eine lange Vakanz in Kauf genommen hatten und ihnen nun sagten: »Sie sind der Pastor, um den wir gebetet haben.«

Andreas, unser Jüngster, hat sich mit unserer theologischen Familientradition am intensivsten auseinander zu setzen. Nach seinem Großvater, dem Arzt, heißt er mit zweitem Vornamen Leo, und diagnostisch-therapeutisch entwickelte sich auch sein Denken durch ein Studium der Theologie, der Komposition am Wiener Konservatorium und der Philosophie. Nun ist er Wissenschaftlicher Mitarbeiter am Lehrstuhl für Kulturphilosophie und Medientheorie von Peter Sloterdijk an der Akademie der Bildenden Künste in Wien. Während wir mit seinen beiden Pastoren-Brüdern intensive Gespräche über Gemeindeleitung hatten, nahm er seine Eltern in nächtelangen Kamingesprächen in seine Denkerfahrungen und schärfte uns so den Blick für wache Zeitwahrnehmung, die uns bis in die Seelsorge hinein half.

Wie sieht der Jüngste seinen Vater? Zu meinem zweiundsiebzigsten Geburtstag meinte er, es gehe mir ähnlich »wie dem Kind, das sich am Strande gern Muscheln ans Ohr hält, um einen inneren Ozean rauschen zu hören«, denn ich gehörte zu den Wenigen, »die ein Rauschen vernehmen, wenn sie sich Worte ans Ohr halten«. Und er schrieb, ich sei »als Theologe genug Philosoph, um die Medientheorie zu bereichern«, und meinte: »Er ist als Pastor mein Vater, mittlerweile aber auch Freund im Geist und distanzfähiger Mentor meiner eigenen Denkbewegungen.«

Dem Sommer ging der helle Frühling unserer Kindheit voraus, für mich in Estland und in Posen, der uns die Grundstabilität und auch die Grundbilder für unser Leben schenkte. Dem folgte für mich die Zeit des umfassenden Zusammenbruchs und des Hungers in Leipzig, von denen die Weisheit der Bibel sagt, es sei »dem Manne gut, sein Joch in der Jugend zu tragen«. Dann setzte in kaum fasslicher Fülle der »große Sommer« ein in einem Licht, das man treffend »die Gnadensonne« nennt. Da war jeder Tag durch und durch sinnerfüllt, weil er auf die Ewigkeit bezogen war. »Es gibt wohl keine zweitausend Pastoren, die in ihrer Gemeinde so glücklich sind wie ich«, äußerte ich einmal gegenüber meinem Bischof und einem Theologieprofessor, die sich beide verwundert freuten. Das Gleiche galt für die Studentenarbeit. Und die Härten und Umbrüche, die zahllosen Krisen, meine Irrungen und Verwirrungen wurden immer wieder aufgenommen und zu meinen Anfängen geführt: »… wirf dich ruhig auf ihn – er fängt dich auf und wird dich heilen«.

Doch nun kamen die nächsten Worte des Gedichtes. Da versagte mir die Stimme, und ich konnte sie kaum aussprechen, rang um meine Fassung, und alle wussten, warum:

»Leg deinen Schatten auf die Sonnenuhren …«

Kurz davor hatte ich in der Telefonzelle auf dem damals noch öden, leer hallenden Querbahnsteig in Leipzig gestanden, über dessen Trümmerberge wir als Kinder vor genau fünfzig Jahren nächtens auf der Flucht von Posen geklettert waren. Ich sollte schnellstens meine Frau anrufen und erfahre: »Ich hatte schlimmes Bauchweh, ging gleich zum Arzt ...« Sofort war klar: akuter Krebsverdacht.

Im Zugabteil traf ich Uwe Holmer, der den DDR-Staatsrats-vorsitzenden Erich Honecker mit seiner Frau in seine große Familie aufgenommen hatte, als sie nach der Wende niemand haben wollte. Holmer erzählte mir von der schweren Krankheit seiner Frau und ihrem Sterben, und mir ging durch den Sinn, wie ich in den letzten Jahren oft, vor allem vor Studenten, die Bitte ausgelegt hatte: »Lehre uns bedenken, dass wir sterben müssen, damit wir klug werden.«

Als meine Frau unsere Haustür öffnete, genügte uns ein Blick in die Augen, und wir fielen uns, keines Wortes mächtig, laut weinend in die Arme. Wir ahnten beide mit Entsetzen, dass es nun aufs Letzte – den Tod als dem »Letzten Feind« – zuging. Nie war er uns »natürlich« oder gar »Freund«. Wir erkannten, dass er »der Sünde Sold« ist, und Sold ist die Bezahlung für das, was man verdient. Umso unfassbar wunderbarer wurde uns jetzt, dass Jesus, der den Tod nicht verdient hatte, ihn für uns starb und damit für uns bezahlte.

Jenes Gespräch in der Bahn mit Uwe Holmer war wie der Anfang einer nicht versiegenden Quelle von Worten, Liedern und Chorälen, die uns in den folgenden viereinhalb Jahren leiteten: »Der Herr hat's gegeben, der Herr hat's genommen – der Name des Herrn sei gelobt.« Sie halfen, uns darauf einzustellen, dass wir unseren Tod in seinen Tod hinein sterben können. Jetzt erst begriff ich etwas davon, was ich bei den etwa tausend Beerdigungen als Pastor getan hatte.

»In so einer Zeit gewinnt das Leben, vor allem die Beziehung zueinander eine große Dichte und neue Qualität«, meinte unser Arzt. Und so trat uns unser Trauspruch jetzt neu vor Augen: »... auf dass wir etwas seien zum Lobe Seiner Herrlichkeit, die wir unsere Hoffnung zuvor auf Christus gesetzt haben.«

Unsere abendlichen Wege durch die Wohnsiedlung wurden immer kürzer. Aber in nie geahnter Kraft erfuhren wir jetzt, was es heißt, »in Christus« zu sein. Wenn wir morgens zusammen sangen: »Freuet euch in dem Herrn (!) allewege ...«, verstanden wir jetzt wohl, warum dies wie bei Paulus gleich wiederholt wird: »... und abermals sage ich euch: Freuet euch!«

298

Für die letzten Wochen kamen die Kinder oft, und unser Jüngster verließ seine Arbeit in Wien, um die Pflege seiner Mutter zu übernehmen. Bei den Operationen und Chemotherapien hatte sich immer wieder gezeigt: Ihr sollt und dürft kämpfen, und Ruths Geist blieb ein Kämpfergeist bis zum letzten Atemzug. Kurz vor dem Sterben fragte die Kieler Studentengruppe, ob sie, wie immer, noch zum Semesterabend zu uns an den Kamin kommen dürfte. Ruth wollte es. Der Blumenstrauß der Gruppe steht noch heute als Trockenstrauß in unserem Wohnzimmer. Ruth lag mit dem Blick in ihren winterlichen Garten: »Wie viele Vögel jetzt da sind ...« Am Fenster stand in einem Kübel ein unfasslich schöner gelber Rosenstrauch der Familie von Rainer Biermann, den ich vor vierzig Jahren als Jungen »illegal« im Stockholmer Seemannsheim aufgenommen hatte. Noch bis zum vorletzten Tag schleppte sich Ruth selbst unter Aufbietung ihrer letzten Kraft ins Badezimmer.

Arne, unser Ältester, hielt uns im Kreis der Familie die letzte Abendmahlsfeier und sang mit uns: »Such, wer da will, ein ander Ziel, die Seligkeit zu finden – mein Herz allein bedacht soll sein, auf Christus sich zu gründen ...« Jedes Wort war hier wie Gold und Diamanten. Dann konnten wir mit Ruth noch alle Einzelheiten der Beerdigung in großer Selbstverständlichkeit besprechen.

Dann kam die Nacht, die ihre letzte wurde. Sie saß, nach Luft ringend, auf dem Bettrand und Andreas unterstützte sie im Durchatmen. Plötzlich drehte sie sich zur Seite, Andreas hielt sie in seinen Armen und rief: »Mutti stirbt!« Ich blickte in ihre Augen und sah nur in zwei leere, schwarze Löcher. »Such einen Spiegel!«, bat Andreas, »damit wir sehen, ob sie noch atmet.« Ich irrte im nachts um drei hell erleuchteten Haus umher und fragte mich benommen: Wo finde ich einen Spiegel? Im Flur spürte ich eine Bewegung um mich her – ich stutzte: Um mich war es wie lichter Sonnenwind, er ging für Augenblicke mit mir, wirkte wie voll Leben und Helligkeit, dann begann er mich zu überholen. Da wusste ich mit einem Mal: Diese Bewegung hat meine Frau aufgenommen, und in ihr zieht sie dahin.

Ich ging zu Andreas zurück und wusste, was ich ihm sagen konnte: »Mutti ist unterwegs ...« Und ich verstand den Ausdruck in ihren Augen vorhin. In ihr war das Lebenslicht erloschen, sie war ausgezogen, und wie in einem leeren Haus ging das Licht in den Fenstern aus.

Wir setzten uns dann entspannt, fast heiter an den Kamin, und als der Morgen graute, meinte Andreas: »Wir müssen jetzt Mutti zudecken.« Wir fassten gemeinsam das Laken, als er sagte: »Hast du jetzt ein Wort für uns?« Da brach es aus mir heraus mit großer, zum Himmel aufsteigender Kraft wie eine hohe Fontäne: »Dank, Dank – nichts als unfasslicher Dank …« Es war so deutlich, dass mir Gott diese Erfahrung unseres Auseinandergehens ebenso gegeben hat, wie er vor über vier Jahrzehnten unser Zusammenfinden führte – von Ewigkeit her, dann für eine wichtige Zeitspanne hier auf der Erde und so wieder zur Ewigkeit hin.

Die tiefste Erschütterung jener Zeit war für mich, dass nach den noch monatelang folgenden Trauerattacken stets der Dank beherrschend durchbrach: Die vorher nie so konkret erfahrene Realität der ganzen Erlösung durch Jesus Christus, der für sich nicht zu sterben brauchte und es für uns getan hat, und nun lebt! Und ich verstand jetzt, warum die Ewigkeit kaum ausreichen wird, »dem Lamm auf dem Thron« für das Wunder ewiger Erlösung zu danken.

Hans-Jürgen Peters hielt vor dem weißen Sarg am Altar unserer Andreaskirche die unvergessliche Beerdigungsansprache, zusammen mit unserem Gemeindepastor, Christian Grabbet. Bewegende Worte fanden dann die Freunde aus der Gemeinde und aus der Studentenarbeit bei der großen Abschiedsfeier im Gemeindesaal. Da gewann jede Zeile der alten Gesangbuchlieder, jeder Vers der Bibel eine uns bisher unbekannte Dichte, vor allem das Wort, das dann über der Anzeige und nun auf unserem gemeinsamen Grabstein steht: »Jesus Christus hat dem Tode die Macht genommen und das Leben, und ein unvergängliches Wesen ans Licht gebracht durch das Evangelium.«

So hatten mich die Worte der Bibel wie ein starkes Stahlnetz über den Abgrund getragen und ich war dankbar, dass ich es gelernt hatte, nicht die Stahlzange der Kritik ans Wort anzusetzen; ich wäre sonst durchgebrochen und in die Tiefe gestürzt.

In Itzehoe, nordwestlich von Hamburg, liegt ein stiller, wunderschöner Waldfriedhof. Mein Bruder Gunnar hat in dieser Stadt große Teile unserer Familie aus ihrer weiten Zerstreuung von Sibirien über das Baltikum bis in die ehemalige DDR zusammengeführt. Dort liegen nun die meisten unserer Gräber. Nahe dem Waldrand trifft man auf einen in lichtem Granit schimmernden Grabstein, auf dem groß zu lesen steht: »Jesus Christus hat dem Tod die Macht genommen« – dann der Name meiner Frau mit ihrem Geburts- und Sterbedatum. Daneben steht schon mein eigener Name, dem zum Geburtsdatum mein Sterbedatum noch hinzuzufügen sein wird. Einer der Söhne fragte mich: »Kannst du das aushalten?« Und ich dachte: Ja, wenn es unter jenem Wort vom Sieg Jesu steht.

So erfüllt sich hier, was ich damals in dunkler Stunde in der Leipziger Thomaskirche ahnte: ein Leben, in dem man auch unter Tränen hier schon jubeln kann im großen »Soli Deo gloria«.

Dies sollte der Schlusssatz unter dem Bericht meines Lebens werden. Aber als unser Jüngster ihn im Manuskript las, schrieb er mit grünem Filzstift darunter: »Tut mir Leid, Vati, dies ist kein gültiger Schluss für deine Biographie …« Der Grabstein als Schluss – das raubt den Blick für die vielen weiter bestehenden Aufgaben im »Herbst des Lebens«. Mir gingen dazu die weiteren Zeilen des Rilke-Gedichts durch den Sinn:

> »Befiehl den letzten Früchten voll zu sein;
> gib ihnen noch zwei südlichere Tage,
> dränge sie zur Vollendung hin und jage
> die letzte Süße in den schweren Wein.«

Als ich es bedachte, fiel mein Blick vom Computer durch die Tür auf die gegenüberliegende Wand. Dort ist vor dem großen Gartenfenster über dem Schaukelstuhl, den mir die Krelinger Studenten zum Abschied geschenkt hatten (»… damit du dich ausruhen kannst«), der »sehr große Sommer« unseres Lebens zu sehen, den mir unsere Kinder in einer riesigen Collage ungezählter Bilder mit viel Freude zu meinem siebzigsten Geburtstag zusammengestellt haben.

Mit Enkelkindern, 2001

Die Bilder von meiner Frau und mir, zusammen mit unseren vier Kindern, werden von einem grünen Hintergrund getragen – dem Chagall-Grün des aufkeimenden, blühenden, dann Frucht bringenden, aber danach wieder vergehenden Lebens. Über uns spannt sich der Friedensbogen Gottes aus Chagalls Bild vom Ende der Sintflut, aber der ist verblüffenderweise – weiß! Zwischen unseren Bildern erscheint unter dem Friedensbogen Chagalls eigenes Elternhaus – als Brandopferaltar! Quer über seinem Dach liegt das Opferlamm. Weißer Rauch steigt von ihm empor, verdichtet sich und wird zum alles überspannenden weißen Friedensbogen. Für die kommenden Zeiten und Generationen sehe ich keinen anderen Weg als diesen: »Sie haben über-wunden durch des Lammes Blut«, indem sie lernten, »ihren Leib darzustellen im Opfer.«

Der Blick geht nun aus dem Fenster in Ruths Garten: Zarte Krokusse blühen im Schnee. Ruth hatte die Zwiebeln im Herbst gesetzt und mir gesagt: »… damit du dann im Frühling eine Freude hast.« Wir wussten beide, was das besagte. Nun erinnern sie mich an das biblische Gleichnis: Der Same ist wie dieser irdische Leib, das Wunder der aus ihm erblühenden Blume aber ist der himmlische, ewige Auferstehungsleib. Und im stillen Nachsinnen habe ich ihn im Bild vor Augen.

Wie geht es nun weiter? Dazu nahm James mich kürzlich zur Seite: »Papa, such keine Frau. Sieh zu«, und er streckte seinen Zeigefinger senkrecht nach oben, »… dass du oben richtig ankommst!« Von dort, so meinte er später, hätte er wohl diesen Satz bekommen. Ich wusste, dass es so war.